心理学理論の新しい見方
比喩から学ぶ心理学

田邊敏明　著

北大路書房

はじめに

　比喩に興味をもち始めたのは，私が短期大学に講師として赴任して間もない頃である。心理学を短期大学生にわかりやすく，しかも興味深く教える方法はないかと，考えあぐねていたところ，それまで関心のあった創造性からふと思いついたのが比喩であった。その後，心理学理論を比喩で教えた場合の効果をさぐり，論文にまとめたりもした。しかし，それまでの比喩への関心といえば，あくまで心理学理論をわかりやすく，イメージ豊かにいう域に留まっていたように思う。

　それから新たな展開を迎えたのは，心理学比喩についての Leary の著作，そして Gentner と Grudin，さらには Pepper，Sarbin の文献との出会いであった。比喩は理解をうながすだけでなく，心理学の底に流れる見方であることに気づき始めた。そのことには以前から薄々気づいていたものの，自分と同じ考えが幾人かの研究者によってすでに提唱されていたことを知って，改めて自分の考えを強くした。その間，九州大学の南博文先生や，東京工業大学の楠見孝先生からは，貴重な論文を紹介していただき，興味はさらに深まった。また広島大学名誉教授，元広島経済大学教授の吉岡一郎先生からは，数々のご助言を賜り，大いに勇気づけていただいた。先生方には，この場をお借りして深く感謝する次第である。

　また，平成5年から山口大学に赴任して，心理学をそういった底流なるものからまとめてみたいという願いは高まった。その結果生まれたのが自作のテキスト「比喩から見た心理学」であり，後の「比喩から学ぶ心理学」である。これについては，学生諸君から忌憚のない意見を受けながら4年にわたり修正を繰り返してきた。まさに他者評価を加えながら自己点検自己評価を繰り返してきたわけである。中には，比喩があるからかえってわかりづらいとか，比喩は失敗に終わったとかの厳しい意見を寄せた学生もいれば，この比喩は面白いと興味を示してくれる学生もいた。このテキストは，あくまで私自身が描いた比喩であり，最終的には学生諸君がぴったりする比喩を見つけだしてくれればよ

い。それが私の最終的な結論であった。そうした中，学生にわかりやすい比喩を揃えようとする反面，この比喩しか説明できるものはないと少々難解な比喩をあえて提示したこともある。学生がよく知っている比喩だけでなく，勉強を強いるような比喩を与えることもあった。なぜなら，比喩は学問の橋渡しをするものであり，比喩を新たに学ぶことは，心理学の理解はもちろんのこと，他学問にも知識が拡がり，幅広い教養を身につけられると確信したからである。たとえばシステムという比喩がそうである。

　また比喩については心理学概論で使用される比喩を多く扱ってきた。しかし，大学院の学生に対しても，心理学をまとめ直すために比喩を用いてほしいと考えるようになった。そして大学院生にも，比喩について幅広い意見をいただくようになった。平成10年，11年度修了生からは，多くの示唆をいただき，深く感謝している。

　そうこうするうちに，発案から10年あまりが経過し，当初のアイデアを何とか実現したいとの願いはいっそう高まり，以前からその案について相談していた北大路書房へ，いよいよ草稿を送るという運びとなった。最終的には，発刊を引き受けて下さった丸山一夫社長には心より感謝している。そして，編集担当の北川芳美さんが私の拙い草稿を隅々まで読んで下さり，よりよい方向性を示して下さった。また，北川さんからいただいた意見は，私一人ではとうてい思いつかないものばかりで，深く感謝している。

　この本で用いた比喩は，私の独りよがりのものもあるかもしれない。しかも，あてはまる比喩が日に日に変わり，どの比喩で説明したらいいのか迷うこともしばしばであった。しかし，そのように迷うことも一つの楽しみであった。私にとって，発案からこれまでの日々は結構楽しいものであったように思う。

　読者の皆さんも，用いた比喩の中には自分にはあてはまらないと感じるものがあるかもしれない。その場合は，自分ならどんな比喩がぴったりするか自由に考えてみていただきたい。また，これから将来どのような比喩が登場してくるか思い描いたりしていただきたい。本書をそのような楽しみのために利用していただければ幸いである。

平成12年3月

田邊敏明

目　　次

はじめに　　i

I部　心理学概論に見られる比喩

序章　心理学で比喩を用いる意義 …………………………………3
- 1 思考の基本としての比喩　4
- 2 比喩と実践　4
- 3 心理学における比喩の意義　5
- 4 比喩の将来と本論の目的　6

第1章　比喩から見た感覚・知覚 ……………………………………7
- 1 感覚は感知器　8
  1. 感覚は閾　8
  2. 感覚は弁別器・測定器－関数　8
  3. 感覚は変動する感知器－順応　9
  4. 感覚はエネルギーの受容器－感覚のモダリティー（様相）　10
- 2 知覚は推測　11
  1. 知覚は創作　11
  2. 幾何学的錯視における推測　11
  3. 空間的知覚は手がかりからの推測　12
  4. 仮現運動は動きの推測　13
- 3 知覚は過去経験　14
  1. 知覚は経験による仮説　14
  2. 知覚は欲求から作られる－社会的知覚　15
  3. 知覚は枠の設定　16
- 4 知覚は生理上の鋳型？　17
  1. 図と地　17
  2. 主観的輪郭線　18
- 5 知覚は安定化　18
  1. ゲシュタルト体制化の法則における安定性　18
  2. 知覚は周囲とのバランス－場依存と場独立　20
- 6 注意における情報処理比喩　21
  1. 注意はフィルター　21
  2. 注意は資源（限界容量）　22

　　　　3．注意はネットワーク　22
　7知覚は環境から立ち上がる　24
第2章　比喩から見た認知 ……………………………………………25
　1認知は鋳型　25
　　　　1．鋳型による理解　26
　　　　2．鋳型による誤り　27
　2認知はデーモンの行い　28
　　　　1．代理人モデル　28
　　　　2．認知は代理人による情報処理　30
　3認知は可変的な枠による同化と調節　31
第3章　比喩から見た記憶 ……………………………………………33
　1記憶は連合・痕跡　33
　　　　1．エビングハウスの忘却曲線　33
　　　　2．記憶過程における連合（痕跡）　35
　2記憶は運ばれる情報　36
　　　　1．記憶は空間貯蔵　36
　　　　2．記憶は情報処理－コンピュータとの共通性と特異性　37
　3記憶は階層構造－長期記憶における比喩－　39
　　　　1．記憶は図書館　39
　　　　2．記憶はネットワーク　42
　　　　3．記憶は処理水準　43
　4記憶は創造・構成　44
　　　　1．記憶は変容する　44
　　　　2．記憶は能動者　45
　　　　3．記憶は構成される　46
　5記憶は展望　47
　　　　1．必要性としての記憶　47
　　　　2．目的や手段としての記憶　47
　6忘却における比喩　48
　　　　1．自然崩壊説　48
　　　　2．干渉説　48
　　　　3．抑圧説　48
　　　　4．創造的忘却説　49
　　　　5．検索失敗説　49
第4章　比喩から見た学習 ……………………………………………51
　1学習の様態の比喩　51
　　　　1．学習は連合　51
　　　　2．学習は全体の見通し　54
　　　　3．学習は要素連合と全体の融合　55
　2学習は主体の行い　56

1．学習は認知地図　56
　　　2．学習は成長システム－サイバネティックスとしての学習　58
　　　3．学習は上位意識の行い　59
　③学びは意味への問いかけ　59
　　　1．学びは文化活動　59
　　　2．学びは意味を問う活動　60
　④学習指導法における比喩　60
　　　1．学習は連合・形成－プログラム学習　60
　　　2．学習は鋳型のあてはめと調整－有意味受容学習　61
　　　3．学習は発見である－発見学習　61
第5章　比喩から見た欲求 …………………………………………63
　①欲求は閉鎖のシステムか，成長するシステムか　63
　　　1．欲求は閉鎖システム－1次的欲求　64
　　　2．欲求は内的動力　65
　　　3．欲求は成長システム－2次的欲求・社会的欲求　67
　②欲求の起源　70
　③力学から見た欲求－葛藤状況における力学比喩－　72
第6章　比喩から見た思考 …………………………………………75
　①流れとしての思考　75
　　　1．思考の収束と拡散　75
　　　2．思考の固着　76
　②操作としての思考－ピアジェの考え－　77
　③情報処理資源としての思考　79
　　　1．思考は情報処理容量　80
　　　2．思考は符号化とその組み合わせ　80
　④演算処理システムとしての思考　83
　⑤思考は知識構造のあてはめ？　84
　　　1．思い込みによる思考の誤り　84
　　　2．類推－知識構造の新たな適用　85
　　　3．状況に左右される思考－領域固有の知識　87
　⑥成長する思考　88
第7章　比喩から見た知能 …………………………………………91
　①知能の定義　91
　②知能の構造の比喩　92
　　　1．知能は領土（集合）　92
　　　2．知能は流動物あるいは結晶物　93
　　　3．知能は情報処理過程　94
　③知能発達におけるハードとソフト　95
　④新しい知能観　97
　　　1．知能は多面能力　97

2．知能は階層構造　98
　　　3．知能は調整　100
　　　4．知能は国家のバランス　102
第8章　比喩から見た発達　105
①発達の原理における遺伝と環境の比喩－発達は植物の成長か陶芸か－　106
　　　1．発達は植物－遺伝メカニズム　107
　　　2．発達環境は触発機能　107
　　　3．発達は可塑性－環境説における初期経験と臨界期－　109
　　　4．発達は機械の組立－極端な環境説　109
　　　5．遺伝素質はダイヤモンドの原石－相互作用説　111
②発達の様相における比喩　111
　　　1．発達は細胞分裂－分化の比喩　111
　　　2．発達は昆虫の変態－発達における飛躍的発展　117
③発達における他力から自力への変化　120
　　　1．社会化における他力と自力　120
　　　2．道徳性の発達における他力と自力　121
④発達は状況　122
　　　1．子ども対大人　122
　　　2．新しい発達観　122
　　　3．障害児における新しい見方　123
第9章　比喩から見た人格　125
①人格の定義に関する比喩　126
　　　1．人格は仮面　126
　　　2．人格は仲介変数　126
　　　3．人格は内的組織体　127
②人格の理解についての比喩　127
　　　1．人格は樹木の年輪　127
　　　2．人格はユニークな全体または機械の組立　128
③人格の理論についての比喩　129
　　　1．人格はシステム－フロイトの比喩　129
　　　2．人格の適応は融和・合致－人格の適応におけるロジャースの説　136
　　　3．心の療法は場の癒し－ユングの考え　138
④心理療法における対立する比喩　140
　　　1．精神分析療法はウイルスの根本治療で，行動療法は対症療法　140
　　　2．ロジャースとマズローの成長原理　141
　　　3．ユングの治療は周囲からの癒し　142
　　　4．精神障害を相対的にとらえる方法　142
　　　5．まとめ　144
⑤心の姿をとらえる心理検査　144
　　　1．質問紙法－人格は要素　144

2．投影法－人格は深層，心は創造者・統合者・木　146
　　3．作業検査法－人格は曲線　148
第10章　比喩から見た社会心理　…………………………………………………151
　①集団に見られる生物比喩と物理化学比喩　151
　　1．集団の形成　151
　　2．集団心から起こる集団力学　152
　　3．集団は人物－リーダーはその頭　154
　②社会的認知に関わる責任のありかと量　156
　　1．責任の分散　156
　　2．ミルグラムの命令への服従　156
　　3．ステレオタイプは資源配分の節約　158
　③対人認知における均衡化システム　158
　　1．対人認知は一貫性の原理－初頭効果と後光効果　158
　　2．情報認知における均衡化－認知的不協和理論　159
　　3．対人認知は均衡を保つシステム－バランス理論・適合の理論　159
　④態度変容（説得）における免疫　161
　　1．態度変容に有効な呈示方法　161
　　2．説得における免疫　162

II部　心理学における比喩理論

第11章　心理学全領域を扱う比喩　……………………………………………165
　①心理学史に見られる比喩　165
　②心の比喩－レイコフとジョンソンの心の概念としての比喩－　166
　③ゲントナーとグルーディンによる比喩の分類と変遷　166
　④世界事象の視座としての根元的比喩　170
　　　　根元的比喩のまとめ　171
　⑤心理学の研究と理論における根元的比喩　172
　⑥ソイランドによるキーワードから見た心理学の比喩　174
　　　　ソイランドの比喩のまとめ　175
第12章　領域別における比喩　……………………………………………………177
　①レアリーの『心理学の歴史における比喩』に紹介された各領域の比喩　177
　　1．意識と認知の比喩　177
　　　　意識と認知の比喩のまとめ　178
　　2．神経心理学におけるコンピュータ比喩　179
　　　　神経心理学のまとめ　180
　　3．認知比喩　181
　　　　認知比喩のまとめ　186
　　4．感情・情緒比喩　187
　　　　感情・情緒比喩のまとめ　189
　　5．動機比喩　190

　　　　　　　動機比喩のまとめと展望　192
　　　　　　　機械比喩と神比喩のまとめ　195
　　　6．社会心理学の比喩　196
　　　　　　　社会心理学の比喩のまとめ　198
　　　7．心理的介助の比喩　198
　　　　　　　心理的介助の比喩のまとめ　200
② 記憶比喩－ローディガーの記憶の空間比喩－　201
　　　1．初期の空間比喩　201
　　　2．空間比喩からの発展－コンピュータ比喩へ　203
　　　3．空間比喩に代わるもの　205
　　　　　　　記憶比喩の今後　207
　　　　　　　比喩トピックス①　209
　　　　　　　比喩トピックス②　209
③ 知能比喩　210
　　　　　　　知能比喩におけるまとめと展望　213
④ オルズの自己の比喩　214
　　　　　　　オルズの自己の比喩のまとめ　216
⑤ シーゲルマンの心理臨床家の比喩　216
　　　1．フロイトの心理療法過程　216
　　　2．ユングの心理療法的空間　217
　　　3．ラングスとミルナーの治療的枠という視点　217
　　　4．ウィニコットの環境と潜在的空間の保有　218
　　　　　　　シーゲルマンの心理療法家の比喩のまとめ　218
⑥ 心の比喩のまとめと展望　219
心理学理論の比喩に関する参考図書　223
引用文献　227
事項索引　237
人名索引　245

【編集部注記】
　ここ数年において，「被験者」（subject）という呼称は，実験を行なう者と実験をされる者とが対等でない等の誤解を招くことから，「実験参加者」（participant）へと変更する流れになってきている。本書もそれに準じ変更すべきところであるが，執筆当時の表記のままとしている。文中に出現する「被験者」は「実験参加者」と読み替えていただきたい。

第Ⅰ部

心理学概論に見られる比喩

心理学で比喩を用いる意義

　われわれは，理解していないことばに出くわす時，誰かにその意味をたずねたり，辞書に当たったりする。そして，他のことばによって理解できるまで絶えずさぐっていく。また，われわれは，経験したことが理解に値すると感じる時，何か類似した例を探すであろう。比喩的，類推的な思考が知識の獲得と拡張に基礎的な役割を果たすという提唱は数多い。

　心理学についてもその例にもれない。心の世界は物理的世界と違ってつかみにくい。そこで心理学では，仮のモデルで心を表現する仮説構成体（Hypothetical construct）なるものを用いる。心理学理論のすべてが，そのような見立てと言ってよい。したがって，研究者によっても，あるいは時代によっても心の見方は異なることになる。そうした見方の中でも代表的なものが比喩（metaphor）である。比喩は，本来レトリックの一種とされてきた。しかし，現在比喩は単にレトリックではなく，現象に対して新しい見方を提供する手段である。例えば構成主義心理学の提唱者で，実験心理学の祖と呼ばれるブント（Wundt, W.）は，心を要素から構成されるとした。つまりブントは，水がH_2Oの化学式から構成されるように，心は感情と感覚から構成されるとした。また，場の理論で知られるレビン（Lewin, K.）は人格理論を記述するのに分節という用語を用いているように，細胞分裂をイメージしたのはなかろうか。さらに，彼は電磁場のような物理原理も取り入れている。

　このように，心理学史を眺めるとそこに心の見方，つまり比喩が見えてくる。心理学をこのような比喩からまとめることもできよう。それは従来の知覚，学習，人格といった分類ではなく，見方からの分類である。例えば視覚の理論だから知覚の領域というような表面的分類でなく，その現象をどのような見方からとらえるかといった分類である。

||1|| 思考の基本としての比喩

　レイコフとジョンソン（Lakoff & Johnson, 1986）は，比喩とは，われわれが考えたり行動したりする概念体系の本質とした。この考えは心を比喩から見ていく上でもっとも基礎となるものである。

　それに関連させて，比喩の特徴をレアリー（Leary, 1990）に従って以下のように提言してみたい。

①比喩は，会話や思考形態の1つではなく，むしろ会話と思考のもとをなす形態である。つまり，比喩はわれわれの考えたり行動したりする方向をさし示すものである。

②比喩的言語と字義的言語は完全に異なっているわけではなく，現在比喩らしさを発揮しているものも，それが繰り返し使用され，万人の概念として定着すると比喩ではなくなる。つまり，その比喩が比喩として用いられている間は，人々に新しい視点を提供している。

　この2つをまとめると，われわれはいつも新しい比喩を生み出しては，それに沿った生き方をして，最後にそれがあたりまえのこととして定着する，ということになるだろう。

　例えば，「認知はコンピュータ」という比喩は以前は斬新な比喩であったが，現在ではあたりまえになり，比喩性は薄れている。一方で，「認知は神経コネクション」という比喩については，神経コネクション自体は今までもさぐられてきたわけだが，それが認知に対して与えられると新しい比喩となる。

||2|| 比喩と実践

　レアリー（1990）によれば，心理学者が関心を寄せる対象を解釈するために使う比喩は，しばしば基本的なところで彼らが従う方法論的・社会的な実践に密着しているという。つまり，比喩は実践によって築かれた信念から生まれる。例えば，カウンセリングにおいて，来談者をpatient（苦しみに耐えている人）というよりclient（サポートを受けようとして自発的にやってくる人）という

方が，職業上での交流をしようとする意味が明らかである。

また，例えば「生理科学」における比喩を眺めても，そのすべての比喩が心理学のゆくえを方向づけているともいう。比喩は現象を理論化するが，またその理論を実践に移す前に，すでに研究者の視野を，例えば「神経システム」という1つの側面に向けさせている。したがって，現象は，違った比喩の保持者にとっては，多少とも違って概念づけられたり扱われたりするという。

結局，比喩は科学をことばで脚色すること以上に，科学を実践に移させ，結果をもたらすものであるとしている。

3 心理学における比喩の意義

また，心理学概念に対する比喩の適用可能性について，レアリー（1990）に沿って2つの点を指摘してみたい。
①比喩は，理論的だけでなく実践的なインパクトをもちうる
②比喩的な概念は，進化的，歴史的発展，時には類推のよろいを変えていく
比喩が新たな進展をもたらすという②については，ゲントナーとグルーディン（Gentner & Grudin, 1985）も，その比喩の質によっては，もっとよい比喩に取って代わられると述べている。そして新たな比喩が適用に値するかどうかは，以下のような3つの基準をもって決められるという。
①領域間の要素対応が厳格に定義され保持されるかどうか（正確さ）
②これらの対応から導かれる予想が正しいかどうか（もっともらしさ）
③もし上の2つの条件が保たれるならば，導かれる結果がおもしろくて力強いかどうか

最後の③の条件は，比喩から導かれる仮定が，その他の密接に関連する理論をうまく説明できるかどうかということではないだろうか。このようにして，比喩が心理学自体の発展をうながしている。

また，田邊（1996）は，比喩のさらなる意義として，学問間の連関がわかり，好奇心が旺盛になる点を挙げている。いわば比喩によって学問間を串刺しにすることである。例えば，各学問間に幅広く浸透しているものにシステム理論がある。工学にもシステム管理という分野が見受けられるが，心理学にもあらゆ

る面にシステム理論は適用されている。なかでも家族療法には，システム理論がもっともうまくあてはまる。このシステムという観点から見れば，あらゆる学問の共通点に気づくことができる。他にも経済学から応用されたものである交換理論も，社会心理学の理論に大きく貢献している（Gergen, 1969）。

4 比喩の将来と本論の目的

　レアリーは，比喩が心を説明する上で，どのような性質をもち，さらにはどのような結果をもたらすか振り返るべきという。そして，心理学がこれからどのような比喩を選択していくかによって，個人や集団の生きざまや技術が影響を受けるならば，比喩から心理学を見るという視点には重要な役目があるという。また心理学がその前に立ちはだかる対象や機会にうまく対応していけるかどうかは，いかに的確な比喩を選択していくか，さらにはいかにそれを使用できるかにかかっているとも述べている。

　そこで本論では，まず第Ⅰ部として，初学者にもなじみのある心理学概論で扱われている理論を比喩から眺めてみたい。それもペパー（Pepper, 1942）のフォーミズム，機械論，有機体論，文脈主義という世界仮説に基づいた4分類からまとめてみたい。われわれは今まで，知覚・認知・記憶というような心理学領域にあたりまえのようになじんできた。本論でもそのように領域ごとに説明はするものの，各々の中身は比喩別にまとめてみたい。さらに第Ⅱ部としては，第Ⅰ部では物足らず，心理学の比喩をさらに学びたい人のために，国内では紹介されていない文献を中心に紹介してみたい。ここでは，レアリー（1990）の著作からの抜粋が中心となっている。なお，国内で紹介されている文献は，巻末の「心理学理論の比喩に関する参考図書」を参照していただきたい。

第1章 比喩から見た感覚・知覚

　われわれは，外界から受ける刺激を何らかの形で感じ取る。では，その感じたものとはどのようにしたら表すことができるだろうか。物理学で扱う物体なら，長さ，重さを測ったり，温度を計ったりもできよう。しかし，心が感じるものを表すことはそう簡単ではない。

　そこで，心理学はまず，外から与えられる物理的刺激と内に感じる感覚との間にどのような関係があるかを見出すことから始まった。このような「身体と精神に関する精密理論」を，フェヒナー（Fechner, G. T.）は精神物理学と呼んだ。この物理刺激と感覚との関係についてはいろいろな見方がある。

　まず刺激が一定の値を越えなければわれわれは感知できない。つまり，刺激を感知するには一定のハードルがあると考える。さらに，刺激を受けるという見方をすれば，感覚器は刺激の受け皿である。そして，それぞれの刺激に合った感覚の受け皿が存在することになる。また，物理的刺激を受け取ってそれを感覚に変換するという関数という見方もある。

　また，知覚についてはどうだろうか。われわれは，外界をそのまま再現しているのであろうか。つまり網膜はカメラのように外界そのままを光学的に写し取っているのだろうか。しかし，光学上で考えてみても網膜はあくまで2次元であり，3次元の外界をとらえるには不十分である。つまり，外界をそのままでは再現できないはずである。

　つまり，知覚において留意すべき点は，われわれは物理刺激そのままを知覚するのではないという点である。われわれの知覚は，網膜に映った像をもとにしているが，この像は物理的にいえば実は逆転しており，しかも平面に映されているはずである。それを正立した立体に知覚するためには，われわれの側が何らかの操作をする必要がある。

1 感覚は感知器

　感覚は，精神物理学の実験に見られるように感知器の働きをする。刺激を受け取って反応する機関である。

1．感覚は閾

　感覚器官の受ける刺激は，一定の範囲を越えて初めて刺激として知覚される。感覚を生じさせたりさせなかったりする境目を閾（threshold）という。刺激は，いわば，ある高さのハードルを越えたり，あるいはサーチライトの明かりの中に入って初めて感知される。このように刺激が変化したのが感じられる最少の量を弁別閾，あるいは最小可知差異という。

　例えば，コウモリはわずかな音波も感知でき，犬はわずかな臭いも逃さない。また，人間には見えないようなわずかな光を感知できる動物もいる。このように，動物の種類によっても閾値は異なる。また，身体の中の部位によっても弁別閾は異なる。例えば，2本の鉛筆を適当な間隔をあけて刺し，2本と弁別できるかどうか確かめる場合，目のまわりのような敏感な箇所であれば，わずかな間隔でも2点として弁別できるが，おしりのような鈍感な箇所であれば大きな間隔でも1点とみなしてしまう。

2．感覚は弁別器・測定器－関数

　弁別閾については，以下のような研究が報告されている。例えば，まず両手におもりを均等に乗せた上で，一方のおもりを少しずつ減らしていった時，どのくらいの差になるとその違いに気づくかを調べた実験がある。その結果，おもりが重くなるにつれて，弁別に要する差も大きくなるという。このように，弁別閾DL／S（DL：differential limen）／標準刺激（S：stimulus）は，いつも一定となる。これをウェーバー（Weber, E. H.）の法則というが，重さだけでなくいろいろな感覚においても同様な法則性が認められている。

　その中で，物理的刺激と感覚の大きさには一定の法則があるという，フェヒナー（Fechner, G. T.）の法則と呼ばれるものがある。例えば，部屋に電球を

灯したとしよう。1個，2個，3個と順に増やしていっても，感じられる明るさはそれほど増加しない。実は，電球を1(2^0)個，2(2^1)個，4(2^2)個，8(2^3)個と等比級数的に増加させると明るさも直線的に増えていく。つまり図1-1のように，刺激の強度（S）と感覚の大きさ（R）には，R＝K log S＋Cという関係が成り立つ（Kは定数）。これは，人間の感覚には法則性があることを示すものであり，物理的刺激と感覚の間に関数を設定した見方である。

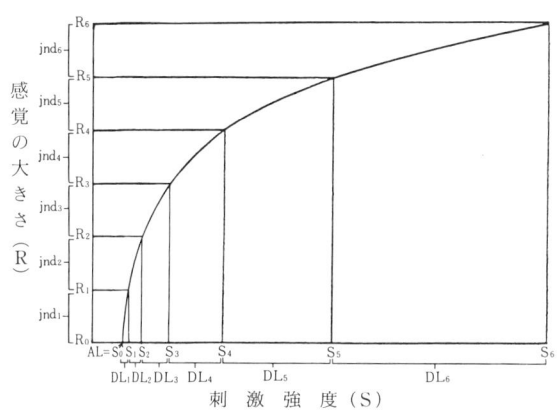

↑図1-1　刺激強度（S）と感覚強度（R）の関係（フェヒナーの法則）
(Guilford, 1954)

3. 感覚は変動する感知器－順応

　では，人の感覚器は物理的刺激をいつも正確に感知できるであろうか。人間の場合は必ずしもあてはまらない。その証拠に順応という現象がある。例えば，最初は鼻をつんざく強烈な臭いも，しだいに臭わなくなってしまうように，刺激特性は生活体にとって常に一定の効果があるとは限らない。

　順応の代表的なものに光の明順応と暗順応がある。明順応とは，明るいところに急に出ると最初はまぶしくて見えないが，すぐにまぶしくなくなる現象をいい，逆に，暗順応とは映画館に入った時のように，最初は暗くてよく見えないが，しだいに見えてくる現象をいう。このように，人の場合は感知器の感度が変化するのである。

4. 感覚はエネルギーの受容器－感覚のモダリティー（様相）

　感覚を分類すれば，表1-1のように視，聴，嗅，味，皮膚，平衡，運動，有機感覚（内蔵）の8種類に分けられるという。これらを感覚のモダリティー（様相）と呼ぶ。また，ヘルムホルツは感覚経験をそのモダリティーとモダリティー内での質の違いに分けた。モダリティー同士は類似性がなく，他方へ連続して移行できないような性質のエネルギーのことである。例えば赤，甘さ，熱さの間は移行できない。しかし，色の赤と黄色は橙色を媒介にして移行可能であり，モダリティー内での質の違いとして区別できる。このモダリティーとは，刺激1つひとつに対応したカテゴリー（受容器）があるという考えであろう。さらに，感覚神経を受け皿とみなした考えが，特殊神経エネルギー説であろう。この考えでは，感覚は刺激の種類によって決定されるのではなく，どの神経が興奮したかによるとした。光を感じたからといって，刺激は光というわけではなく，光を感じる神経が何らかの圧力を受けたと考えるのである。

表1-1　感覚の種類（早坂・上野，1968）

感　覚　名	所　在	感覚器官	妥　当　刺　激	例
視　　　覚	眼	網　膜	光	明暗・色彩
聴　　　覚	耳	蝸　牛　殻	音	音（高低・音色）
嗅　　　覚	鼻	嗅粘膜	空気中の化学物質	腐敗性，果実性，花香性，焦臭性，樹脂性，薬味性
味　　　覚	舌	味　蕾	口内の液体中の化学物質	塩からい，すっぱい，甘い，苦い
皮膚感覚　温　覚	皮　膚	温　点	温　　熱	熱い（35°～70℃）
冷　覚	皮　膚	冷　点	寒　　冷	冷たい（10°～30℃）
触(圧)覚	皮　膚	圧　点	身体に対する圧・触	
痛　覚	皮　膚	痛　点	輻射刺激，電気刺激，化学刺激，機械刺激が過度	痛い
平　衡　感　覚	耳	三半規管	身体の位置の変化	
運　動　感　覚	筋　肉　関　節	筋紡錘体　ゴルジ錘体　パチーニ小体	身体諸部分の運動	
有　機　感　覚	身体内部の諸器官		身体の一般的状態	渇き，空腹，排泄のもよおし，性感，腹痛

2 知覚は推測

1. 知覚は創作

　例えば，ストラットン（Stratton, G. M.）の実験を挙げてみよう。その実験の被験者は逆転メガネをつけるわけだが，その報告によれば，最初は視野は逆転し，音は下から聞こえるはずなのに，その発生源が上に見えたり，見えている対象と触れている対象とが一致しなかったりして，戸惑いを覚えるという。ところが8日も経つと，しだいに視野は正立して見えるようになる。この実験から，視覚は他の感覚や運動系と一致するように作られているらしいことがわかる。この現象については，新しい情報処理回路が頭の中にできるという理論が現在有力である。このように，知覚は何らかの創造的な作業のもとに成立している。おもしろいことに，逆転メガネを30日間つけた被験者に，「今逆転して見えているのか」とたずねたところ，「そんなことを聞いてほしくなかった」と答えたという。本当に成立して認知しているのか，それとも慣れによって奇妙さが薄れてきたのか，わかっていないようである。

2. 幾何学的錯視における推測

　図1-2に幾何学的錯視の例を挙げておいた。例えば，右のミューラーリヤー（muller-Lyer）の錯視（図中太線部分）では，矢の周囲の開く方向によって同一の長さの中心線が力動的に変化する。これは，経験から推測しているからである。つまり，開いた矢印の中心線は部屋の奥まった部分のようにみなし，一方閉じた矢印にはさまれた中心線は手前に突き出た家の角のようにみなす。人間の知覚には，遠くのも

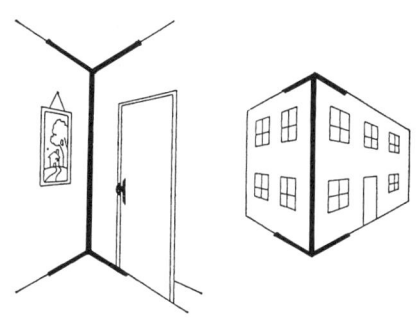

↑ 図1-2　ミューラー・リヤーの錯視と3次元との関係（Kaufman, 1974）

のでも近くに寄せれば大きいのだろうと，なるべく本来の姿を再現しようとする（エンメルトの法則）。だから，遠くにあると思うものは大きく見て，近くにあると思うものは小さく見るわけである。また，図1-3のエビングハウス（Ebbinghaus, H.）の図形では，周囲との対

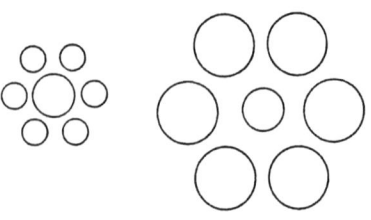

↑ 図1-3　エビングハウスの図形

比効果から，大きな図に囲まれた小さな図はより小さく見え，逆に小さな図に囲まれた大きな図は，より大きく見える。結局，周囲と対比させながら部分を見るのである。このように，過去経験による連合と反復によって形成されることをヘルムホルツ（Helmholtz, H. L. F.）は無意識的推論と呼んだ。

3. 空間的知覚は手がかりからの推測

　網膜上に映る2次元の映像を3次元にみなすには何らかの手がかりが必要であろう。この手がかりには，大きく分けて生理的手がかりと絵画的手がかりがあるといわれる。

　まず，生理的手がかりとは，近くのものを見る時には，①両眼の映像が違ったり，②視差が生じたり，③意識的に眼球を寄せたりすることである。これらを手がかりに，近くと遠くを区別している。しかし，この生理的手がかりでは，遠くの奥行き感は説明できない。

　一方，空間的知覚における絵画的手がかりは，遠くの奥行き観までうまく説明できる。絵画的手がかりは，知覚が推測から成り立つことを示しており，平面に描かれた絵画をあたかも3次元に見えるように施す技法として応用されている。例えば図1-4では，対象との距離が大きくなるにつれて，①小さく描かれているものは遠くにあるように見える。また，②図の中心より下の線については末広がり（中心より上の場合は先すぼまり）となる。さらに，③遠くの対象は手前の対象によって隠されるし，④遠くにいくほどきめの密度が高くなる。それらを絵画に適用すると2次元のものでもあたかも3次元空間のように見える。

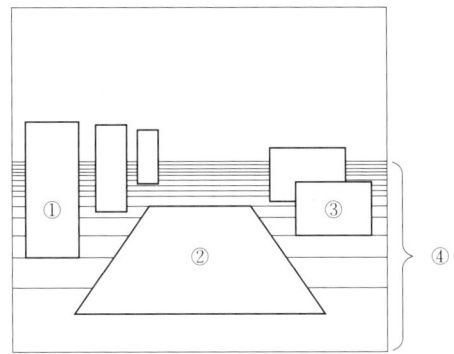

🔼 図1-4　絵画的手掛りによる表現（Hochberg, 1964）

4. 仮現運動は動きの推測

　例えば，図1-5に示されているように，Aという棒を点滅させた後に適切な時間間隔（60／1000秒）でBを点滅させると，左図の例ではAの棒がBに倒れたかのように見えるし，右図では，あたかも移動したかのように見える。Aという棒がBの位置まで移動したわけではないのにあたかもそう見える。このように，物理的には起こっていないのに，われわれが動いているように見る現象のことを運動知覚の中でも仮現運動と呼ぶ。

　仮現運動には，さらに身近な例がある。例えば，映画やネオンサインを思い起こしてほしい。映画はもともと，1枚1枚の写真を連続して写すものである。しかし，われわれの目には1枚1枚の絵としては映らず，まるで流れているように見える。ネオンサインももとはといえば，時間をずらして点滅していく光の現象に過ぎない。しかし，あたかも光が流れているように見える。

　これらの説明としては，「現象を要素の寄せ集めとしてではなく，

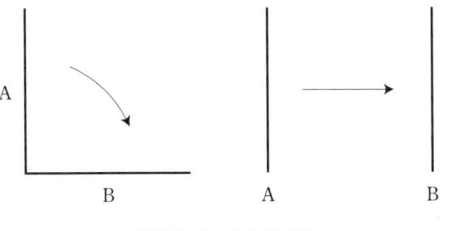

🔼 図1-5　仮現運動

全体として流動的に感じ取る」というゲシュタルト（形態）の原理があてはまる。「全体としてとらえる」とか「流動的に感じられる」とは，われわれが経験や欲求をもとに外界を作り出そうとしている証拠であり，われわれの知覚が瞬時の映像をつかめないからでもある。

3 知覚は過去経験

1. 知覚は経験による仮説

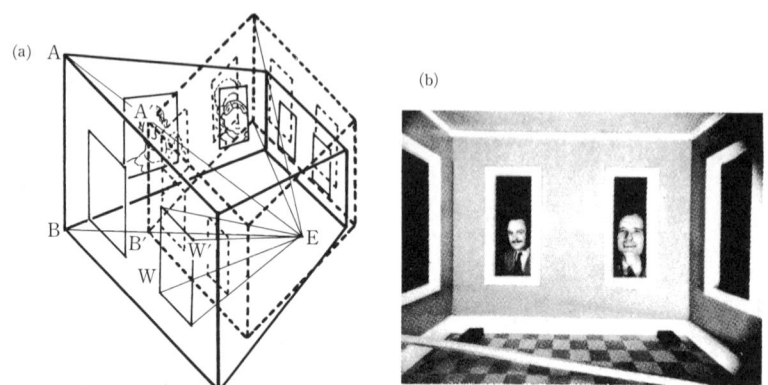

↑図1-6　エイムズの歪んだ部屋 (Ittelson, 1952)

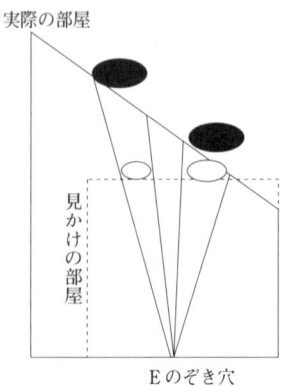

↑図1-7　エイムズの部屋を上から見た場合

図1-6のエイムズの部屋と呼ばれる例を見てみよう。この部屋は，実際には実線の形で，歪んでいるのだが，Eから単眼で見ると，A，BがA'，B'といった位置に見え，破線で示したような四角い部屋として見えてしまう。この場合，人の顔も実際には，右側の方が距離が近く，左側の方が遠いのだが，その2つの顔を同じ距離にあるものとして見るために右側の方が大きく見える。また，それを上から見たのが，図1-7である。では，"顔の大きさが違う"という不自然さがあるにもかかわらず，歪んだ部屋そのままになぜ見ないのであろうか。

その理由として，われわれは「部屋は四角いもの」という長い経験から培われた知覚的仮説をもって外界を認識するからといわれる。このように，われわれは物理的世界そのままを知覚するのでなく，経験による仮説によって構成された世界を知覚している。

2. 知覚は欲求から作られる－社会的知覚

また，知覚に欲求や動機が影響を及ぼす例として，ブルーナーとグッドマン（Bruner & Goodman, 1947）の研究を図1-8に挙げてみよう。彼らは，コインがどういう大きさで見えるかを貧困家庭の子どもと裕福家庭の子どもの間で比較した。そして，貧困家庭の子どもの方がコインの大きさを過大視する傾向を見出し，対象に対する欲求の違いが知覚に差をもたらしていると解釈した。また，シェイファーとマーフィー（Schafer & Murphy, 1943）は，図1-9のような(a)と(b)の2つの顔のうちどちらか一方を子どもに見せ，一方の提示の際に常に4セントを賞として与え，他方の提示の際に常に4セント取り上げるという経験を与えた。そして，(c)のような両方が合わさっている図形を与え，どちらを図として見るかを確かめたところ，賞を得た方を

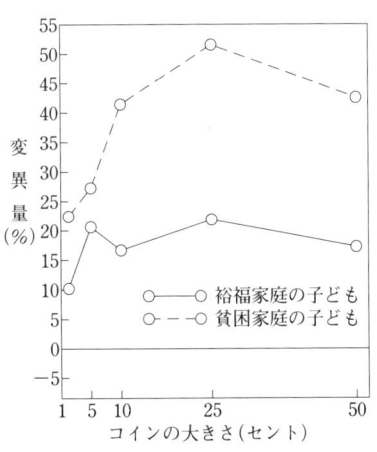

↑ 図1-8 コインの見えの大きさの判断
(Bruner & Goodman, 1947)

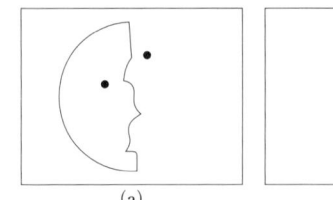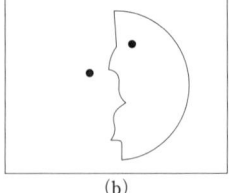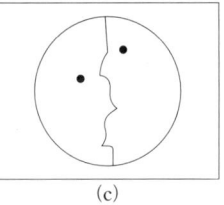

(a) (b) (c)

図1-9　シェイファーとマーフィーの刺激図形（Schafer & Murphy, 1943）

図として見て，取り上げた方を地として見る傾向にあったという（図と地については4節1.参照）。これらの実験結果は，主体の要因によって知覚が作られることを証明している。このような研究領域は，社会的知覚あるいはニュールック心理学と呼ばれている。

3. 知覚は枠の設定

次に，準拠する枠（frame of reference）という特性から眺めてみたい。われわれが対象の動きを知覚できるのは，基準にするものがあるからである。

a 誘導運動

誘導運動の例としては，雲間に見える月が挙げられよう。これは，実際には月ではなく雲が動いているにもかかわらず，見た目には月が動いて見える現象である。ところで，われわれは舞台の役者を見る場合，どのような判断を下すだろうか。おそらく舞台は枠として動かず，一方，中心に位置する役者は動いていると判断しているだろう。雲間の月も，これと同じように雲を舞台に，月を役者にみなすのである。月が動いて見えるのは，静止しているとみなされる枠（舞台）を基準にして月が運動していると判断しているからに他ならない。

また，自分を動く主体とみなしやすく，周囲を基準とみなしやすいことも知られている。実際は隣の電車が動いているのに，停車しているはずの自分の電車が動いているように錯覚してしまう現象がある。人は自分を動く主体とみなしやすい。だから絶対的な基準がなくなると，実際は動いてもいないのに，相対的な関係から自分が動いているように感じてしまうのである。

外国に行ったら2年以内にその国の批評をせよといわれることがある。2年以内なら日本という国の基準が自分の身に残っており，それを基準にして外国との違いがわかる。しかし，2年以上住んでいると日本の基準がその国の基準

に変わってしまい，判断基準があいまいになるからであろう。

b 自動運動

　自動運動とは，暗室の中であるいは暗闇の天空で小さな光点を見ると実際はその光点が静止しているにもかかわらず，光点が動いて見える現象のことをいう。これも静止している基準を失うことから起こるものである。夜に飛行機の操縦かんをとるパイロットが位置を見失いやすいのは，この現象のせいである。

4 知覚は生理上の鋳型？

1. 図と地

　図1-10は，ルビン（Ruwin, E.）の杯と呼ばれる反転図形である。ある時は黒い背景に白い杯が浮き立って見えたり，またある時は，白い背景に2人の顔が向き合っているように見える。物理的にはどちらが浮き立つともいえないが，われわれは自分の経験に沿った像を見出す。このような注意の対象となりやすい部分を図，注意からそれて背景となりやすい部分を地という。

　ちなみに，大学生に図1-11のボーリングの図形が若い婦人の横顔に見えるか，老婆の顔に見えるかを尋ねたところ，圧倒的に若い婦人が多かった。しかし，いったん老婆と指摘すると，婦人の耳が老婆の目に，あごが老婆の鼻に変転する。この現象は，人が生理上に鋳型のようなものをもっていることも考え

↑ 図1-10　ルビンの杯

↑ 図1-11　若い婦人と老婆

られるが定かではない。また、一方ばかり見ていると、飽和して他方が現れるという報告もあり、その原因が現在もさぐられている。

2. 主観的輪郭線

　図1-12は、境界線が存在しないにもかかわらず設定してしまう現象で、主観的輪郭線と呼ばれる。「図と地」の現象と同様に、知覚がありそうなものを作り上げているからである。これはゲシュタルト心理学を説明する例としてよく用いられる。ゲシュタルトとは、形態という意味であり、部分に分割できない全体性と力動性をその特徴とする。ケーラー（Köhler, W.）は心理現象がゲシュタルト性をもつのは、それを支える生理過程にもゲシュタルト性があるからだとした。これは心理過程と生理過程は平行するという考えで、心理物理同型説と呼ばれる。この考えに従えば、生理過程に三角形というゲシュタルトが存在することになる。

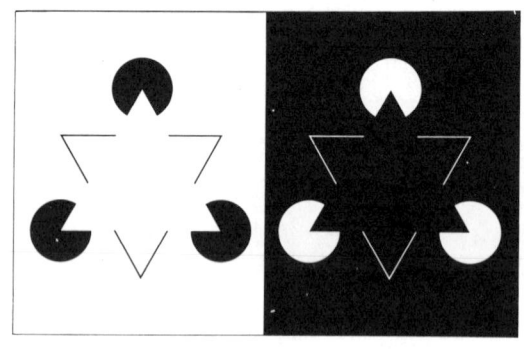

↑ 図1-12　主観的輪郭線（Kanizsa, 1979）

5 知覚は安定化

1. ゲシュタルト体制化の法則における安定性

　また、私たちの経験する知覚世界は、秩序だった構造を保とうとする。図1

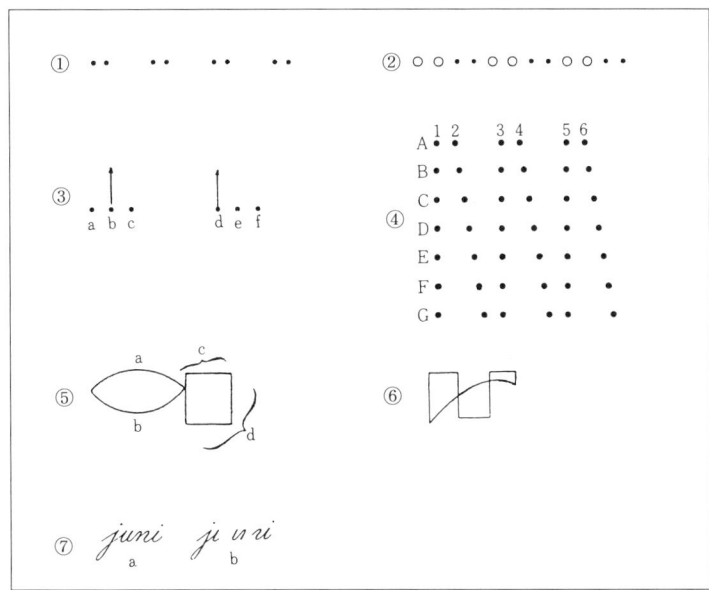

図1-13　ゲシュタルト要因（Wertheimer, 1923）

-13に示したゲシュタルト体制化の法則は，「群化」あるいは「まとまり」の法則といわれるように，安定性を得ようとする心的原理であり，例えば，以下の要因がある。

　①近接の要因：空間的・時間的に接近しているものはまとまって見える。
　②類同の要因：共通の性質をもつものはまとまって見える。
　③共通運命の要因：同一方向へ，同じ早さで運動するものはまとまって見える。
　④客観的構えの要因：刺激条件によって規定された構えによってまとまりが規定される。
　⑤閉鎖の要因：輪郭線によって囲まれたものはまとまりやすい。
　⑥よい連続の要因：なめらかな経過を示すものはまとまって見える。
　⑦経験の要因：経験したものは，その流れでとらえられやすい。例えば，図1-13の⑦でaはbのように分断されて知覚されることはなく，つながりのよい形で知覚される。

これらの現象は，場の安定をめざす原理により制御されており，知覚が全体として簡潔な秩序あるまとまりを作ることを示している。これをプレグナンツ（簡潔性）の法則という。

2. 知覚は周囲とのバランス－場依存と場独立

　ウィトキン（Witkin, H. A.）らは，知覚する者の性格特性が知覚に反映するとした。彼は，暗室で図1-14のような傾斜した枠と直線（上図）を被験者に提示し，ハンドルを操作させて直線を垂直に立てるように指示した。その結果，枠に影響される人(a)と，影響されにくい人(b)があることを見出した。そして，周囲の環境に影響されやすい知覚判断を場依存（field-dependent）と呼び，影響されにくい知覚判断を場独立（field-independent）と呼んだ。前者の様式をとる人は，依存的で暗示されやすく，不安傾向が高い傾向性をもち，一方，後者の知覚様式をとる人は，自己主張的であり，自信があり，情緒的にも安定しているといわれる。

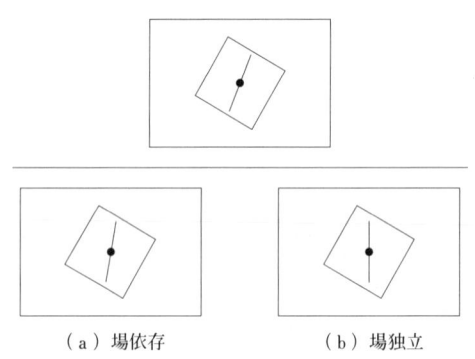

↑図1-14　ウィトキンの実験（早坂・上野，1968を改変）

　人は，注視する部分だけから形を判断すると思いがちである。しかし，場依存の知覚は，われわれが周囲とのバランスをとりつつ知覚していることを明らかにしている。

　推測のところで紹介した錯視現象の中にも，周囲とバランスをとるゆえに歪んで見えるものがある。図1-15にあるツェルナー（Zöllner）の図形はその例

であろう。長い斜線は実際には平行なのであるが、平行には見えない。われわれが、部分ごとに分析して見ているのではなく、部分を全体の布置から見るせいである。

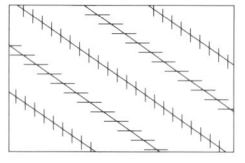

↑図1-15　ツェルナーの錯視図形

|6| 注意における情報処理比喩

知覚の中でも、注意という現象は重要な位置を占める。ある対象に注意を向けると、他の対象には気がつかないことがある。これは、われわれがある対象だけに注意を注いでいるからである。では、注意はどのような原理から説明されるのだろうか。

1. 注意はフィルター

われわれは必要な情報のみに注意を向け、他の情報は無視することがある。賑やかなパーティーの中でも、関心のある人の声だけは聞こえ、他の声は聞こえないという体験は、誰にもあるだろう。このように、特定の情報にのみ注意が向く現象を、カクテルパーティー効果と呼ぶ。

その理由としてまず考えられたのが、図1-16のようなブロードベント(Broadbent, 1958)によるフィルターモデルである。このモデルでは、人間の情報処理過程の中で、必要な情報のみを通過させるフィルターを想定する。

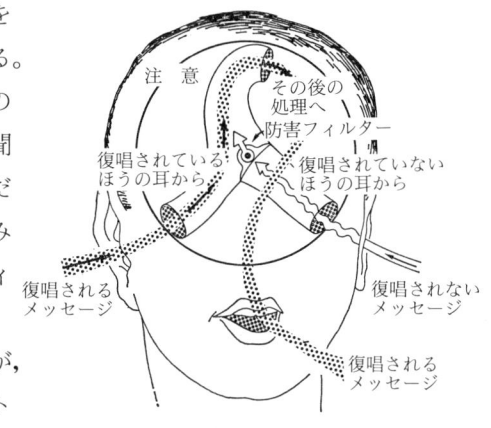

↑図1-16　ブロードベントのフィルターモデル（Klatzky, 1975；箱田, 1987）

例えば、実験者が「右耳から入る情報のみを選択するように」と指示した場合、

左耳には妨害フィルターをして通過させないと考える。しかし、このモデルに対しては、ノイズの中に子音があるかどうかを発見する課題でどちらの耳に注意を傾けるかわかっている条件とわかっていない条件で成績に差がないことがシフリンら（Shiffrin et al., 1974）によって報告され、疑問視されるようになった。

2. 注意は資源（限界容量）

　フィルターモデルに対抗して現れたのが、次の限界容量説である。これは、フィルターモデルのように、情報が耳から入る時点でカットされるわけではなく、情報を処理する資源に限界があると考える。つまり、もしも1つの課題が易しければ資源に余裕があって、もう1つの課題の処理にも資源を廻せるが、難しければそこで資源を使い果たすので、他の課題にまで廻せないと考える。

　前の反転図形も、この限界容量から説明できよう。つまり、資源の限界により一面のみしか処理できないから、その方のみが浮き立って見えるわけである。また、社会心理学の対人知覚で見られるような、人の特性も調べないで枠をあてはめるステレオタイプ（疑似知覚）も、資源が制限されているゆえに起こるといえよう。われわれは他者の1人ひとりを丹念に吟味していくだけの資源をもっていない。したがって、全体にあてはまりやすい特徴を個人に安易にあてはめてしまう。

　ただ、フィルター比喩にしても資源比喩にしても、それらを管理する主体については触れられていない。一面のみに注意を向ける現象は説明できようが、なぜその面だけに向けるか、となると説明できない。主体のいかなる判断が、フィルターや資源の使い分けに関与しているのだろうか。その解明は、今後に残された課題といえよう。

3. 注意はネットワーク

　以上のような、フィルター比喩にも資源比喩にも反論するのが、ナイサー（Neisser, 1976）で、彼によれば、われわれが情報を扱うのに限界はないという。人間の脳は、多数の脳細胞がネットワークを形成しており、その組み合わせからいえば注意には際限がないとする。ルーメルハートら（Rumelhart et

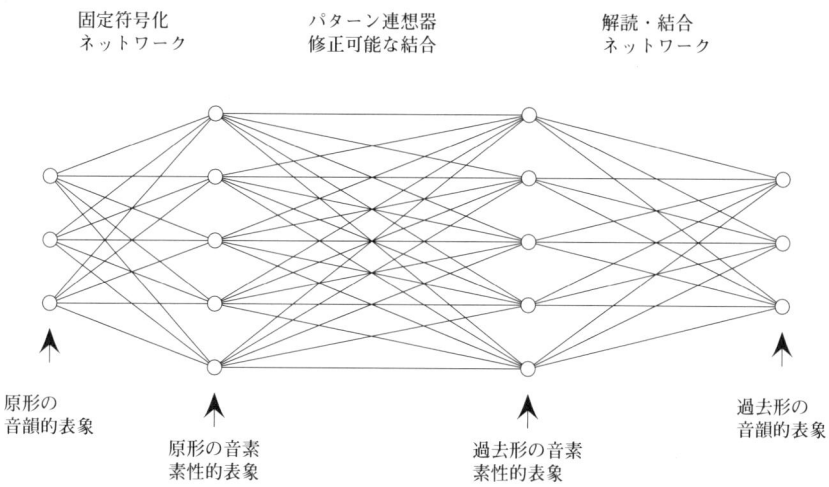

図1-17　過去形の学習に関するモデルの基本構造（Rumelhart et al., 1986；小松, 1991）

al., 1986）の並列分散処理（Parallel Distributed Processing：PDP）モデルも同様である。そのモデルでは，認知の主体は想定されておらず，練習を何回も繰り返していくうちに，注意をどこに向けるのが適切かという規則らしいものができあがっていくという。このモデルでは，知識は入力と出力のユニット間結合の重みづけとされ，何回も重ねて注意を向けていると，注意を向けるユニット間に重みづけが作られるという。図1-17には，英語の過去形を修得する上でのPDPモデルのイメージを挙げてみた。たいていの場合は，原型にedをつければよい。しかし，新たな語に適用していくうちに例外も無視できなくなる。学習はこのモデルに対してまず原型を入力し，今までの結合強度に基づいた過去形を表象する。しかし，このモデルから計算されたものと実際のものとは食い違い，その違いを減じるように結合強度が調整されていく。すべての動詞の過去形の不規則変化までは予測できないものの，何回も試行を繰り返すうちに徐々にその規則は成立していく。

　このような数々の比喩を眺めていくと，情報処理を行う人の習熟レベルも考慮する必要がある。つまり，未熟なレベルでは，資源の限界で説明できようが，練習が進むと，注意の分配は集中と統合されるようになり自動化が進む。しか

しナイサーによれば，そこでも注意が働いており，わずかな情報の変化にも柔軟な反応ができるという。

7 知覚は環境から立ち上がる

　今までに述べた知覚理論は，主体の要因を重視している。それとはまったく逆のことを提唱したのがギブソン（Gibson, 1977）の説である。ギブソンは，1960年代になってアフォーダンス（affordance）なる概念を提唱した。この概念を，佐々木（1994）に従ってまとめてみたい。

　彼は環境を，特定の生体が生活している生態系の中で相互に依存し合って立ち現れる性質と定義する。極論すれば，知覚は主体者の欲求によって存在するのでなく，環境の中にあるという。知覚者の主観が知覚される価値を決定してしまうとすれば，その価値にはなんらの実体はない。例えば，あるものが食べられるかどうかは主体の欲求によって左右されるとされてきた。彼は，そうした考えとは逆に，主体の価値とは関係なく価値はその食べ物に存すると説いた。主体が環境との長い相互作用の末に築き上げたところの環境の性質を生かした認知がアフォーダンスといえよう。長い年月をかけて環境に光学上の公式が備わることにより，対象を見ただけで即座にその意味が立ち上がるといえよう。

　例えば，極めて早いテニスボールをとっさに打ち返すことを考えてみよう。その場合，テニスボールの早さを認知してから反応するのでは間に合わない。むしろ，そのものを見た瞬間に何らかの反応を予測して提出していると考えた方が妥当である。

　また，体重100キログラムの知覚者には渡れそうもなく，50キログラムの知覚者には渡れると知覚される１本の橋があるとする。この場合，100キログラム者に渡れないとアフォードした情報と，50キログラムの者に渡れるとアフォードした情報は，ともに橋にあるとする。それを考える根拠として，50キログラムの者が，たとえ50キログラムの重りをつけたとしても，「渡れない」というアフォーダンスが知覚できるわけではない。それには，かなりの時間をかけてのその体重での環境との交渉の経験が必要という。

第2章 比喩から見た認知

　例えば，われわれが数字の7を与えられた際に，どのようなことを思い浮かべるであろうか。おそらく7という形態だけが知覚され，何も意味づけしないということはないだろう。ラッキーだなと思う人もいるだろうし，そういえば電話番号は7桁以内だと思う人もいるだろう。さらに野球好きな人なら背番号7をつけた選手を思い浮かべるかもしれないし，高校野球好きならレフトのポジションを連想するかもしれない。つまり，7という形態だけを知覚するのではなく，それにまつわるさまざまな意味を7に与えている。これが認知と呼ばれるものである。

　やや難解な表現であるが，認知とは，「まず環境の事物・事象あるいは自己の状態について，さまざまの感覚からとらえ，これらを過去経験と照合し，個に固有な処理形式に従って分析解釈しつつ知識体系の中に取り入れていく過程」と説明される。

　認知のたとえには，大きく分けて鋳型比喩と小人比喩の2つがある。鋳型とは，溶けた金属を注入して鋳物を作るための，空所のある型はめのことで，新たな刺激が入ってくると，それに合うような型をあてはめて理解するのが鋳型による認知である。これはどちらかといえば全体的な理解を示している。また小人による認知とは，小さい代理人が働いては情報を集め，それを管理者が最終的に判断するという，どちらかといえば能動的な認知である。感覚・知覚も外界刺激の処理に関わるものであるが，認知の方が他の感覚系，運動系，さらに過去経験，思考，言語からの影響を受けやすい。それゆえに，認知においてはこのような小人比喩に代表される代理人比喩が主となろう。

1 認知は鋳型

　比喩の1つは，鋳型照合モデルと呼ばれるものである。これは，刺激に対し

て長期記憶にあるすべての鋳型が照合され，最も適合する鋳型が採用されるという説である。この考えは，どちらかといえば認知を受動的なものにみなしている。しかし，認知が図2-1に示した鋳型のように固定的なものであれば，少し違っていても同じとはみなされない。したがって，すべての情報を認知しようとするなら数限りない鋳型が必要になり，それは不可能だろう。

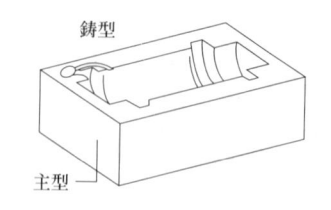

鋳型とは型をとる枠のことで，その枠と同型のものであればぴったり合うことになる

図2-1 鋳物（製品）製作のための鋳型の例（平凡社世界大百科辞典1998年版より）

1. 鋳型による理解

では，認知が鋳型として働いている例を挙げてみよう。次の文は，ブランスフォードとマッカレル（Bransford & MaCarrell, 1975）による「あることがらを説明した文章」である。

手順はまったく簡単である。まず，ものをいくつかの山にまとめる。もちろん，量によってはひと山でもよい。設備がその場にない場合は，次の段階としてどこか他の場所に行くことになるが，そうでない場合は準備完了である。やりすぎないとことが重要である。つまり，1度にあまり多くの量をこなすぐらいなら，少なすぎる量をこなすほうがよいということである。短期的には，このことは重要なことではないように見えるかもしれないが，やっかいなことはすぐに起こる。これをミスると高くつくこともある。最初は手順全体が複雑なものに見えるだろう。しかしすぐにそれは単なる生活の1側面にすぎなくなってしまうだろう。近い将来この仕事の必要性がなくなるという見通しをたてることは難しい。誰にもわからないことである。手順が完了すると，ものをまたいくつかの山にまとめ上げる。それからものを適切な場所に入れる。やがてそれらのものはもう1度使われ，そしてサイクル全体を繰り返さなくてはならなくなる。しかし，これは生活の1部なのである。

これを何の知識もなく読んでも理解しがたい。ところが，これは「洗濯の話

である」と，種明かしをされて読んだ場合はどうだろうか。今度は，極めて明快に読めるだろう。そのわけは，われわれが1つの鋳型に沿って読み進んでいるからである。つまり，洗濯ということばには「毎日の日課であり，あまりいっぺんに行うと汚れが落ちずに結局服をだいなしにしてしまう。また，洗濯が終われば乾かしてタンスにしまう。」という知識が含まれている。このように大枠があらかじめ与えられると細部の意味までわかってくる。

この大枠は，個別というより，一般的なできごとのついての知識といえる。レストランといえば，まずウェイターによって席に案内され，注文し，食事をして，会計して，出るという一連の行為を誰しもが思い浮かべるだろう。このような1つの概念がひとつながりの知識を駆動させることを，認知の全体的理解を重視したトップダウン（概念駆動）型認知という。

2. 鋳型による誤り

一方，認知が鋳型の性質をもつゆえに，誤って推測してしまう例を，表2-1に挙げてみよう。バウアーら（Bower et al., 1979）は，医者に行った時と歯医者に行った時の出来事の文章を多数被験者に与え，その文章を再生させた。それらの文章に書かれてあることは，標準的な展開をもつ出来事である。したがって，ある出来事についての標準的展開についての知識であるスクリプト（台本）をもつと予想される。つまり，受付をするという行為は，双方のスクリプトの情報に含まれていると予想される。しかし，彼らは歯医者の文章だけ

⬇ 表2-1　バウアーらが用いた文章の例（Bower et al., 1979；鈴木, 1989）

「医者」の文章
　ジョンは今日気分が悪かったので，家庭医の所に行くことに決めた。彼は受付係のところで受付をし，それから椅子のそばのテーブルに置いてあった医学雑誌に何冊か目を通した。やっと看護婦がきて，彼に服を脱いでくれと言った。医者は彼にとても親切だった。最後に医者はジョンのために丸薬の処方をした。ジョンは診療所を去り家に向かった。

「歯医者」の文章
　ビルは歯がひどく痛かった。やっと歯医者につくまでに永遠の時間が流れたようにさえ彼には思えた。彼は壁にはってあった歯科のポスターを何枚か見渡した。ようやく歯科衛生士が彼の歯を調べる番になり，X線撮影をした。彼は歯医者が何をしているのかなあと思った。歯医者はビルには虫歯がたくさんあるといった。次の予約をするや否や，彼は歯医者を後にした。

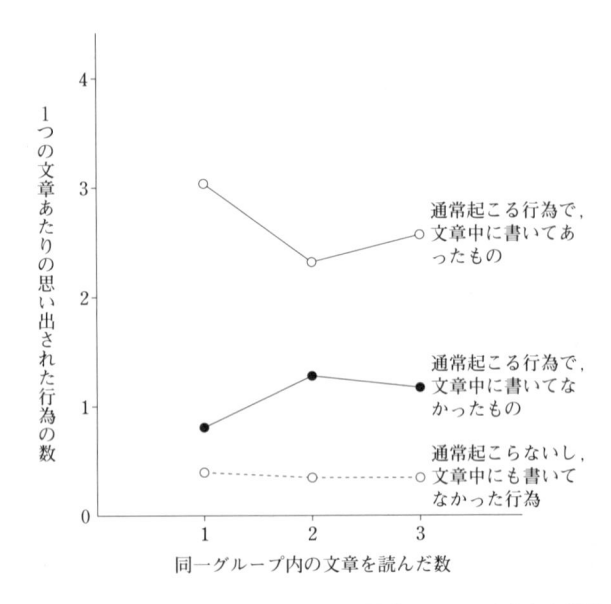

図2-2 文章中に書いてなかったのに，間違って思い出された行為の数
(Bower et al., 1979；鈴木，1989)

グラフの縦軸：1つの文章あたりの思い出された行為の数
グラフの横軸：同一グループ内の文章を読んだ数

- 通常起こる行為で，文章中に書いてあったもの
- 通常起こる行為で，文章中に書いてなかったもの
- 通常起こらないし，文章中にも書いてなかった行為

にわざと「受付」の記述を設けなかった。そこで，本来ないはずの「受付をする」が歯医者の文章に誤って再生されれば，認知が鋳型として働いたことが証明されると考えた。結果では，図2-2のように，同一グループの文章を複数読まされた者は，1つの文章だけ読む者より，文中に書かれてないことを高い率で再生した。つまり，鋳型が活性化されたことが証明されたわけである。

||2|| 認知はデーモンの行い

1. 代理人モデル

ⓐ パンデモニュームモデル

鋳型照合モデルと対比されるモデルとして，図2-3のようなセルフリッジ (Selfridge, 1959) によるパンデモニューム（万魔殿）モデルがある。これは，鋳型と異なり，認知は要素の組み立てから作られるという考えである。要素を

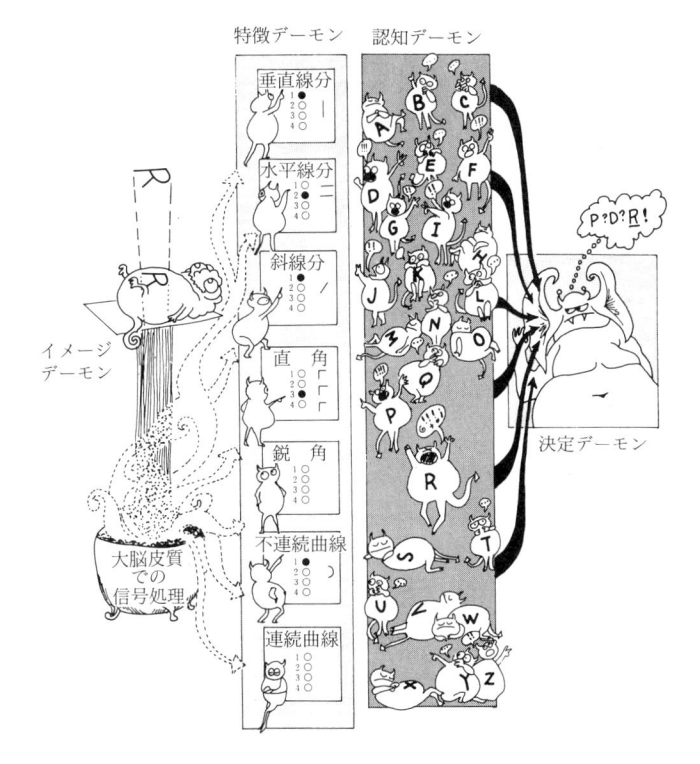

図2-3 パンデモニュームモデル (Lindsay & Norman, 1977)

組み立てる主体は，デーモンと名づけられた小さな生物であり，それらは各々の情報をつかみとり，もち寄られた情報は，最終的には決定デーモンによって決定されるという。図の例でいえば，まずイメージデーモンは，入ってきた情報のイメージを記録し符号化する。次に特徴デーモンが細かい特徴をリストアップし，決定デーモンから派遣された認知デーモンがそれらを決定デーモンにもち寄って判断が下される。これは，要素から寄せ集めては認知するというボトムアップ（データ駆動型）の考えである。このモデルでは，鋳型をたくさん貯えておく必要はない。多数のデーモンが，情報を柔軟に統合し，リストを作成してくれるからである。これは認知を創造者とみなす代表的比喩であり，あてはめるだけの鋳型に比べて能動的である。

b 心は社会

また，ミンスキー（Minsky, 1986）は，『心の社会』（The society of mind）という著書の中で，認知が代理人（エイジェント）の集合によって成り立つことを提唱している。その一節を紹介しよう。

　　われわれは，考えたり行動したりするのは自分であると知っている。それでは，自分とは何だろうか。また，自分の仕事をするのに，自分の心の中でお互いに協力して働いている小さなものはどんな種類のものだろうか。

　　手始めに自分自身で次のようなことを思って欲しい。「紅茶の入ったカップを取りなさい。」この時，心のエイジェントたちには，次のようなことが起こるはずである。

　　「つかむ」エイジェントたちは，カップを持っていたい。「平衡をとる」エイジェントたちは，紅茶をこぼさないようにしたい。「のどが乾いている」エイジェントたちは，紅茶を飲ませたい。「動かす」エイジェントたちは，口元にカップを持っていきたい。

　　なぜお互い関心をもたなくてすむのであろうか。お互い同士が依存し合えるからだ。エイジェントたちが，それぞれ小さな仕事をすれば，そういう仕事が全部合わさって非常に大きな仕事―ここでは紅茶を飲むこと―になる。

ミンスキーが述べているエイジェントとは，パンデモニュームモデルでいえばデーモンに当たろう。そして，ミンスキーはさらにエイジェントたちの集まりの働きを代表している意味でエイジェンシーということばも使っている。これが決定デーモンをさすのであろう。エイジェント自体は"どのようにして動かすか"のみに集中しているが，その上位で"なぜ動かすか"をつかさどるのがエイジェンシーである。

2. 認知は代理人による情報処理

存在する物理的世界がそのまま取り込まれるわけではないのは知覚のところで述べた。図2-4のメッツガー（Metzger, 1954）の考えを説明した古崎（1977）の提唱を紹介してみよう。そのプロセスは，刺激が有機体の受容器に作用し，それが神経興奮として大脳皮質の特定部位に送られ，そこで初めて意

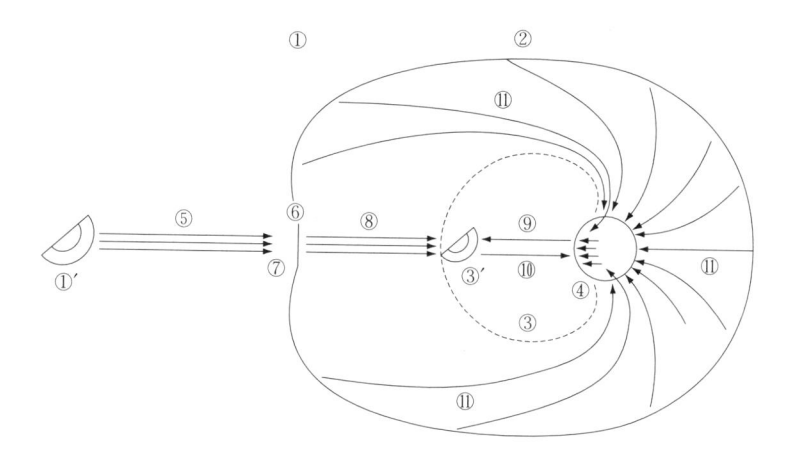

①物理的世界，①′物理的対象，②物理的有機体，③精神物理的水準，③′①′に対応する現象的所与，④精神物理的身体的自我，⑤光線（一方的），⑥眼，⑦刺激，⑧視神経興奮（一方的），⑨要求，⑩誘発性，⑪身体感覚。

図2-4 物理的世界と心理的世界との関係 (Metzger, 1954；古崎, 1977)

識経験としての対象が認知されるものである。

　感覚受容器からの刺激は，心理的世界に入ると，特定の部分のみが選択的に取り入れられたり，意味が付与されたり，再構成されたりする。つまり人間がコンピュータと異なる点は，コンピュータが情報をそのまま再現できるのに対し，人間は独自の意味を与えるため，そのまま再現することができない点にある。たとえていえば，対象を見てその認知像を作り，その認知像をまた背後から眺めるといった姿であろう。その背後にあるものとしては，欲求，態度，過去経験などが挙げられよう。しかし，このようなとらえ方をすれば，小人化主義（homunctionalism）と呼ばれるように，背後に限りなく認知者が存在することとなり，最終的に誰が判断を下すのかわからないといった問題点が残る。

3 認知は可変的な枠による同化と調節

　認知心理学では，以上述べてきたような理解の大枠のことをスキーマ（schema）と呼ぶ。スキーマの起源は，そもそもピアジェ（Piajet, J.）にある。彼は，認識の下敷きとしてシェマ（schéme）という概念を採用した。そして，

認識の2つの方略として図2-5に示したような同化と調節を考えた。同化とは，生活体が外的環境に働きかけを行う際に，もちあわせていた反応様式（シェマ）をそのまま適用して取り込むことをいう。一方調節とは，同化がうまくいかない時に，既存のシェマを環境に合うように変化させて取り込むことをいう。例えば，胃は食べ慣れたものが入ってきた場合，通常の胃液を分泌して体に合った形に変えていく。しかし，食べ慣れないものが入ってきた時には，さまざまな器官が分泌物を出し，この慣れないものを取り込もうとする。つまり，前の2つの比喩でいえば，同化はシェマの鋳型的側面に，一方調節は，デーモン的側面にあたる。それら2つの働きを併せもつのが，認知心理学でいうスキーマなのであろう。一方で，デーモンが働いていくうちに鋳型が形成されることもある。われわれは，データを試行錯誤的に集めているわけではない。というのは，いくつかのデータを集めていくうちに全体像が浮かび上がってくるからである。またスキーマにおける鋳型反応様式はそれほど厳格なものではなく，もっと柔軟性をもったものと推測される。だから，スキーマは鋳型とデーモンの両方の性質をミックスさせたものといえる。

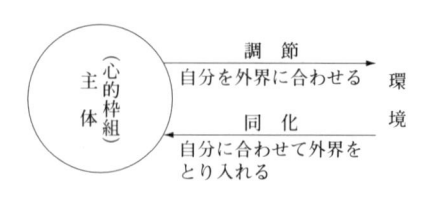

図2-5 同化と調節 (前田, 1991)

第3章 比喩から見た記憶

　われわれは記憶というものをどのようにとらえているだろうか。例えば，話したい相手の番号を知るために，公衆電話から番号案内にかけて教えてもらったとしよう。その時，あいにく筆記用具がなければ，その番号を忘れないように何回も繰り返して覚えようとするのではなかろうか。この行為は，リハーサルと呼ばれるが，記憶を「連結を作ること」あるいは「刻むこと」とみなしているゆえに起こるのである。試験の一夜漬けという表現も，しっかり定着していないという点では，同じく刻み込むという発想から生まれたものであろう。しかし，その電話番号も一夜漬けの内容も，後になるとすっかり忘れてしまう。ところが，また元の場所に戻ればそれを再び思い出せることがある。つまり，手がかりがあれば思い出せるわけである。この現象は，番号がある場所に保存されるものの，それを検索する手がかりだけが不足しているからとも考えられる。つまり，記憶に空間あるいは貯蔵庫を想定し，ある手がかりからその情報を探し出すのである。

　さらに，ある場所に行った時，これはどこかで見たと感じることがある。これは，以前に見た像が記憶の貯蔵庫に保管されていて，その像を新しい刺激にあてはめようとする記憶の能動的な働きをさしている。

　これだけ挙げただけでも，記憶にはいろいろな見方があることが実感できよう。

|1| 記憶は連合・痕跡

1. エビングハウスの忘却曲線

　記憶という高等な精神機能に，初めて数量化を導入したのがエビングハウス（Ebbinghaus, 1885）である。彼は表3-1のような無意味綴りを記銘させ，再

表3-1　CVC 無意味綴の例（古崎，1977）

連　想　価*		
93%	53%	13%
CUM	CUY	CUX
KAF	KAR	KAQ
MIN	MIC	MIV
NOS	NOK	NOJ
YEL	YEZ	YEK

*連想価は Glaze の表（1928：Stevens, S. S.(Ed.) "*Handbook of experimental psychology*", 1960. 541-544.) による

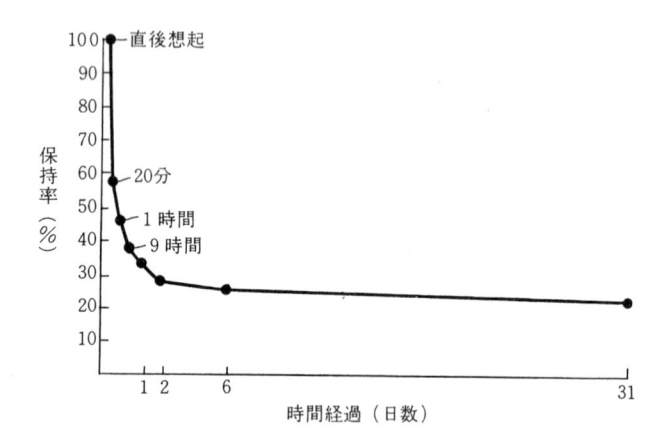

図3-1　エビングハウスの忘却曲線（Ebbinghaus, 1885，宇津木，1978）

び記憶する際に、時間が経過してもどれくらい保持されているか、いい換えればどれくらい節約されるかを測定し、保持曲線として示した。それが図3-1である。これは、以下のような保持率（節約率）という公式から導かれる。また、この保持曲線は、曲線の下がり具合から、時間の経過とともにどれくらい忘れてしまうかに注目して忘却曲線と呼ばれることもある。

$$保持率(節約率) = \frac{最初の学習に要した回数(時間) - 再度の学習に要した回数(時間)}{最初の学習に要した回数(時間)} \times 100$$

記憶は、まず刺激を取り込む記銘、それを保とうとする保持、そして必要とされる時に引き出す再生という過程からなる。エビングハウスは、保持という

用語を用いているように，記憶を事物としてとらえている。しかし，無意味綴りを用いていることから，記憶を意味あるものとはみなしていない。連結された刺激をそのまま保っているイメージである。付箋あるいは磁石をくっつけたイメージであったり，堀り刻まれてできた痕跡というイメージかもしれない。

この保持曲線では，1日のうちに情報の大半は消えてなくなっている。しかし，逆に3分の1は数日経ってもなくならない。つまり，残った情報は，なくならないような場所に保存されたか，あるいはなくならないような形に変えられたと考えられる。ここから，記憶は次節で述べる貯蔵庫に保管されるという見方が生まれ，さらに後の情報処理比喩につながる。まず連合あるいは痕跡としての記憶から眺めてみよう。

2. 記憶過程における連合（痕跡）

ⓐ 記銘における連合

まず情報が入ってくる。それを保持するには入れ方が大切である。例えば，電話番号を覚えるように何回も繰り返し暗唱（リハーサル）する。これは，記憶を連合あるいは痕跡とみなすからである。復唱するほど連合が強くなる，あるいは深い刻みができると考えるからである。

ⓑ 保持における連合

記憶を連合（痕跡）と考えるならば，断ち切れないように，あるいは風化しないようにすれば，保持されることになる。記憶した後で何か作業をして寝る場合と，作業を行わないで寝る場合に，後の再生がどのように異なるかを検討した実験がある。その結果では，前者の方が妨害を受けやすいという。このように，後に行われる作業は前の連合を弱めるあるいは痕跡を消す働きがある。

ⓒ 再生における連合

連合（痕跡）が強いほど再生されやすいのは当然であろう。これと関連して，プライミング効果という現象がある。例えば，テレビ，ラジオのように関連のあることばを続けて呈示した場合と，リンゴ，ラジオのように無関連なことばを呈示した場合とでは，ラジオに対する判断時間に差が見られるだろうか。結果は，テレビ，ラジオの方が判断時間が短いという。このように，そもそもの強く連結されている方が再生されやすい。しかし，この連合は単なる結びつき

というより，後に述べる体制化された，あるいはネットワーク化された構造に沿って拡散して連想されていく。

2 記憶は運ばれる情報

"心は情報を運ぶ導管だ"と提唱したのはレイコフとジョンソン（Lakoff & Johnson, 1986）であるが，ローディガー（Roediger, 1980）も同様に，記憶を空間比喩（spatial metaphor）からうまくまとめている。彼は①心は場所空間である，②記憶は場所空間に貯えられたものである，③検索は場所空間に貯えられたものを探索するプロセスである，という3つの原理から記憶をとらえた。これを図示すると図3-2のようになろう。

このように記憶は，エビングハウスが描いたような単なる観念連合から，空間を占める存在と認識され，さらに発展して分類される

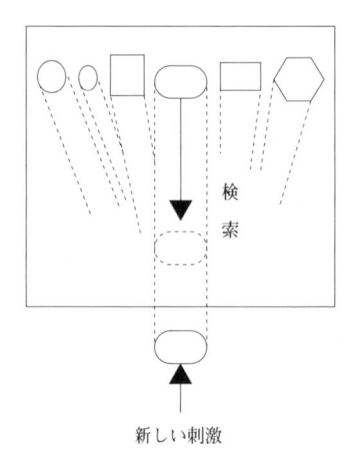

図3-2　ローディガーの空間比喩の検索イメージ

情報とみなされるようになり，コンピュータのように検索も可能と考えられるまでに至っている。このように記憶を情報処理過程とみなすことも，元はといえば記憶を事物とみなすことから生まれる。それではまず，記憶を空間貯蔵比喩とその応用としての情報処理比喩から眺めてみよう。

1. 記憶は空間貯蔵

空間貯蔵比喩に基づいた記憶理論として代表的なものが，ミラー（Miller, 1956）の直接記憶の限界（7±2）の考え方であり，さらにアトキンソンとシフリン（Atkinson & Shiffrin, 1968）の貯蔵庫モデルもある。ミラーはランダムな数字を読み上げて記憶させ再生させたところ，再生される数字の数が5〜7にとどまることを確認し，不思議な数7と呼んだ。これは瞬時に保存できる容量には限界があることを示している。またアトキンソンとシフリンは，図

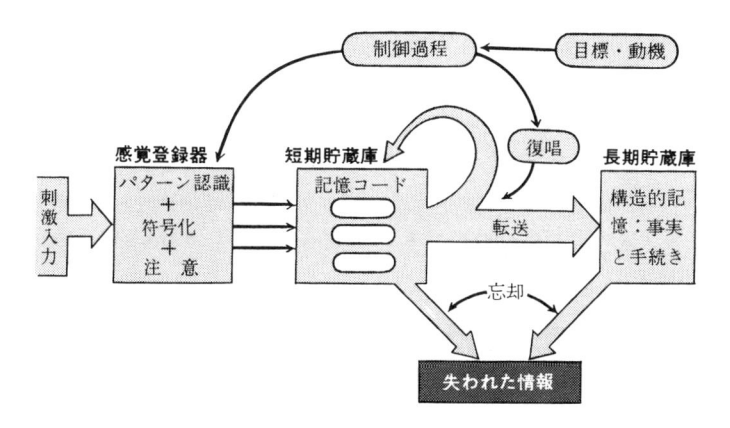

図3-3 アトキンソンとシフリンの記憶モデル（Bower & Hilgard, 1981）

3-3のように，記憶には瞬時に蓄えられる短期記憶（short term memory：STM）と，忘れずにいつでも引き出せる長期記憶（long term memory：LTM）があるとした。そのモデルによれば，まず情報は感覚登録器に一時的に保存され，注意を受けて選択されたものが短期貯蔵庫に送られる。しかし，そのままでは消え去ってしまい，符号化やコード化を受け長期貯蔵庫に転送されて初めて忘れない記憶となる。短期貯蔵庫は，その制御過程によって復唱したり，体制化して長期貯蔵庫に送ったり，長期貯蔵庫に蓄えられているものを検索するといった作業を管理する場所でもある。こうした働きから，短期貯蔵庫には，作業記憶（working memory：WM）という働きもある。作業記憶は，長期貯蔵庫の中から記憶を引き出しては短期貯蔵庫に現在あるものと比較する。このように，貯蔵庫という考えでは，記憶は事物としてとらえられ，空間に保有されるもの，そして必要に応じていつでも取り出せるものとして扱われる。さらに，符号化という表現はコンピュータから導かれたもので，情報をそのままに保ち，変換も容易にできるという意味合いがある。しかし，記憶が意味ある情報を保管するという点は，後の階層比喩で明らかとなる。

2. 記憶は情報処理ーコンピュータとの共通性と特異性

記憶は，刺激を刻み込む記銘，それを保存する保持，引き出す再生という一

連の過程である。コンピュータの流れも，これと共通し，情報を入れて，それを加工し，必要に応じて取り出すという過程から構成される。記憶の過程が提唱されたのは，コンピュータの発明より前である。しかし，原理は驚くほど共通している。原理の普遍性がうかがい知れよう。

それでは記憶の過程にどのようなコンピュータ比喩が活躍しているのか，さらにどのような面で人間の記憶と異なるのか，以上の2点について概観したい。

ⓐ 情報処理としての記憶過程

記銘における情報処理　電話番号の語呂合わせのように，何らかの違った情報に変換することは符号化と呼ばれる。他にも数学での平方根の解の暗記や，歴史の年号の暗記なども符号化である。

保持における情報処理　意味のあるまとめをした方が記憶がうながされるといわれる。コンピュータでも，階層ごとにうまくまとめることがある。その場合，コンピュータは情報を符号化などによって変換するが，内容そのものを変えたりせず，元通りに再現できるのが特徴である。

再生における情報処理　スターンバーグ（Sternberg, 1966）は，記憶における前に見たものかどうかの再認をコンピュータの検索原理である走査という比喩から説明した。走査とは，対のものが同じものかどうか確認していく作業である。そして，今経験していることについて過去に経験した事柄とどのような比較をしているかを，以下のような実験により確かめた。

彼は被験者に，記憶セットの中のいくつかの数字を見せて記憶させ，わずかな時間をおいてその中の任意の数字を再び1つだけ見せ，先に記憶させた数字の中にあったかどうかを判断させた。そして，記憶セットの大きさと反応時間の関連を調べると，セットの大きさに比例して反応時間も増加したという。この結果に従えば，被験者は記憶セットに含まれるすべての数字を1つひとつ照合していることになる。これが系列的悉皆型走査と呼ばれるもので，一見無駄のように見えるが，われわれはひと通り全部を眺めてから判断していることになる。照合という名称からもわかるように，この実験はコンピュータの概念から生まれたものであろう。

ⓑ コンピュータとしての記憶過程

このように記憶の過程を見てきたが，人間の記憶とコンピュータの処理は驚

くほど似ている。例えば，図3-4を見てみよう。(a)が人間による情報処理で，(b)がコンピュータによる情報処理である。人間は，情報を目や耳で受け取り，その情報を言語的に抽象化したり，記憶しやすい形に直したりし，最後に判断処理して身体的部位から反応する。一方の，コンピュータはカードや紙テープ等の入力装置からデータを取り込み，主記憶装置に入ったそれらのデータを中央処理装置が制御・演算し，最終的に印刷物や映像として産出する。記憶の過程はコンピュータが出てくる前から気づかれていたものであるが，原理の共通性をうかがわせる。

3 記憶は階層構造
　－長期記憶における比喩－

　アトキンソンとシフリン（1968）の貯蔵庫モデルでは，短期貯蔵庫で符号化を受けたものが長期貯蔵庫に保管されるとした。これは記憶について，貯蔵庫という単なる空間でなく，その構造にまで及んだ見方である。この長期記憶の貯蔵のされ方においても数々の理論がある。

1. 記憶は図書館

　まず記憶は，図書館のようにジャンル別に整理整頓されているとする考えがある。図書館の本の配列は，人がいかにもそう配列しそうなカテゴリーからまとめられている。記憶を辞書とみなすのも同様な見方である。
　例えば，図3-5は鉱物をカテゴリー化して記憶する方法を示したものである。このような階層構造で記憶すると，大まかなジャンルを目安にして探すことができ，しかも多くの情報を効率的に蓄えられる。つまり，ここでの記憶は意味ある情報の集まり，いわば概念ともいえるものになっている。
　記憶が概念構造で保存されている例は他にもある。例えば，図3-6を見ていただきたい。この提示された項目を順に読み上げて，後で再生させてみると，カテゴリーごとにまとめて再生されることが報告されている。つまり，「ライオン」，「トラ」，「ゾウ」などの動物が連続して再生されたり，次に「ミカン」，「リンゴ」などの果物が連続して再生されたりする。こうした現象は記憶がカ

● *40* ● 第Ⅰ部　心理学概論に見られる比喩

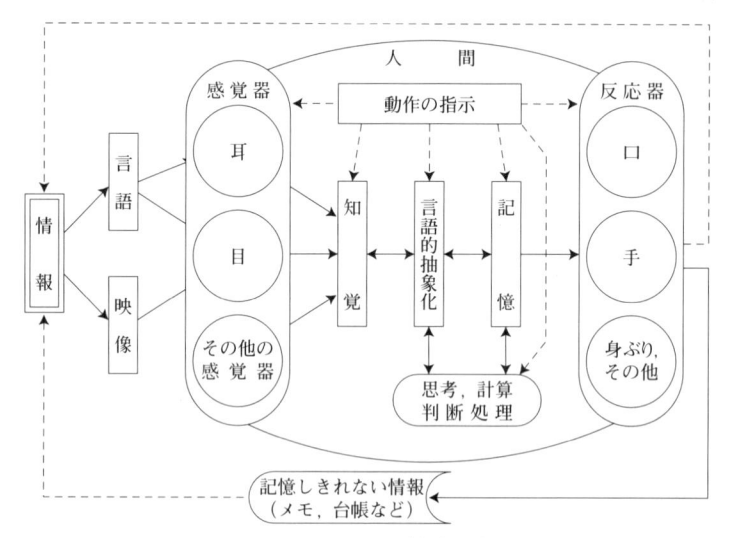

(a)人間の情報処理の構造と流れ

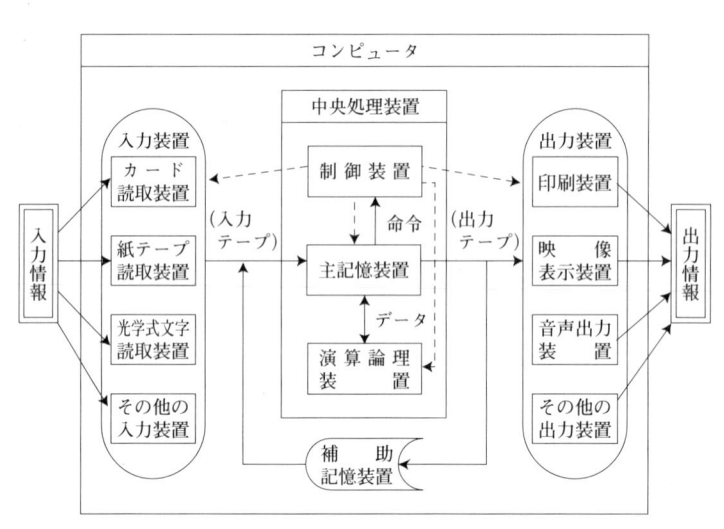

(b)コンピュータの情報処理の構造と流れ

↑ 図3-4　人間とコンピュータとの類似（『学習コンピュータ』1977年5月号別冊；海保，1980）

第3章 比喩から見た記憶 ●41●

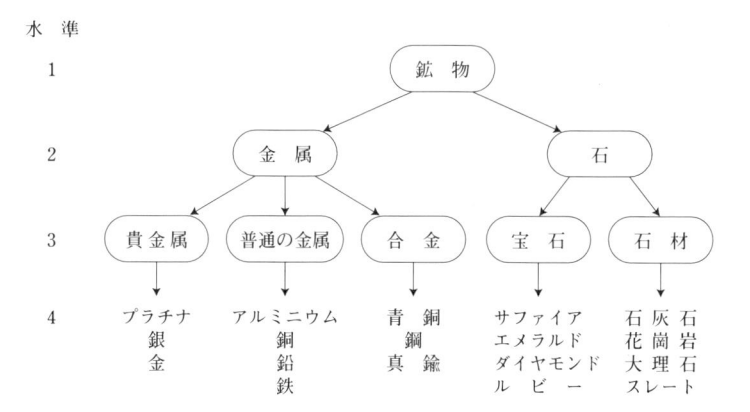

水準							
1			鉱物				
2		金属				石	
3	貴金属	普通の金属	合金		宝石		石材
4	プラチナ 銀 金	アルミニウム 銅 鉛 鉄	青銅 鋼 真鍮		サファイア エメラルド ダイヤモンド ルビー		石灰石 花崗岩 大理石 スレート

↑ 図3-5 カテゴリー化された材料の学習（山内，1979）

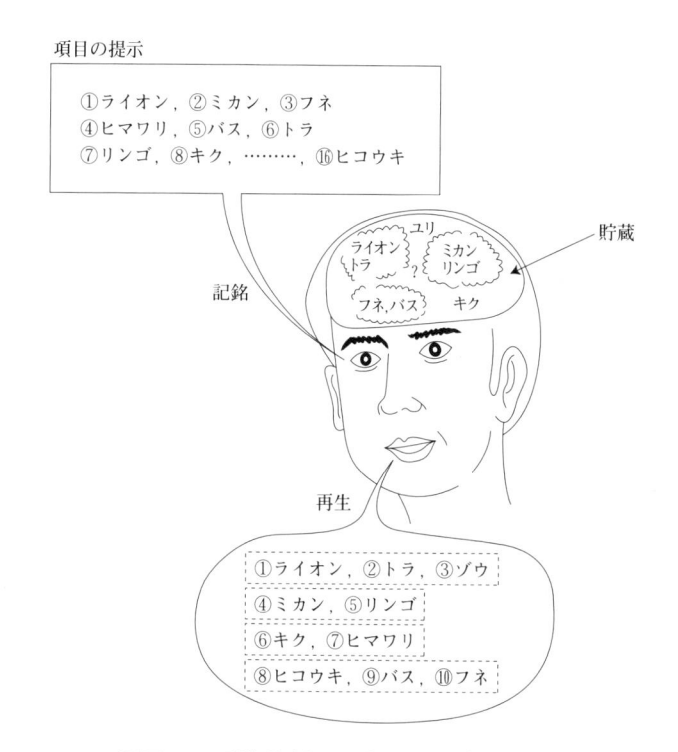

項目の提示
①ライオン，②ミカン，③フネ
④ヒマワリ，⑤バス，⑥トラ
⑦リンゴ，⑧キク，………，⑯ヒコウキ

記銘

貯蔵
（ライオン ユリ トラ ミカン リンゴ ? フネ,バス キク）

再生
①ライオン，②トラ，③ゾウ
④ミカン，⑤リンゴ
⑥キク，⑦ヒマワリ
⑧ヒコウキ，⑨バス，⑩フネ

↑ 図3-6 群化が生じる過程（北尾・杉村，1978）

テゴリーごとに体制化されているから起こると思われる。また，カテゴリー化された箱ごとに貯蔵されているとも考えられる。

2．記憶はネットワーク

また，図書館の構造化と同様の見方だが，ネットワークとしてとらえる見方もある。これは，項目の活性化という意味では神経になぞらえているともいえよう。

例えば，コリンズとキリアン（Collins & Quillian, 1969）による図3-7を見てみよう。(a)は意味のネットワークモデルである。このモデルによると，例えばカナリアのところには，「黄色い」，「さえずる」といったカナリアしかない特徴がそのファイルボックスに備えてあるという。そして，その上位概念として鳥があり，このファイルボックスにはカナリアにもダチョウにも共通した「翼がある」，「飛べる」といった特徴が備えてあるという。コリンズらはこのネットワークモデルが正しいことを以下のような実験で確認した。まず，「カナリアはさえずる」という質問への反応時間と「カナリアは飛べる」という質問への反応時間を比較した。カナリアが「さえずる」かどうかを確かめるためには，カナリアのファイルボックスに「さえずる」があるかどうかを探せばよい。しかし，カナリアが「飛べる」かどうかを確かめるにはまずカナリアのファイルボックスを探し，なければ鳥のファイルボックスに移動して探さなければならない。つまり，質問が固有の特徴でなく上位概念の特徴であれば階層をさかのぼって確認するはずである。このモデルが正しいとすると，「飛べる」方がよけいに時間がかかるはずだというのが彼らの仮説である。結果はペンギンのような例外もあるものの，(b)のように，ほぼ仮説に沿ったものであった。ネットワーク比喩は，形態からいえば図書館比喩と同じである。しかし，反応時間から構造の妥当性を検証した点ではより実証的なモデルといえよう。さらにネットワークには，前にプライミング効果のところでも紹介したような活性化，拡がりという作用もある。それゆえに検索が容易になるという経済性も備わっている。

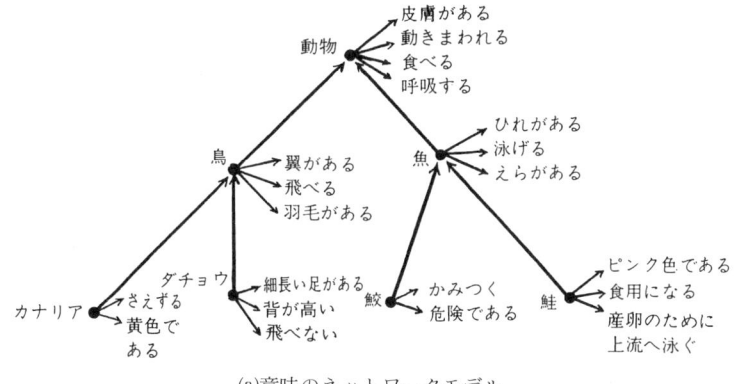

(a) 意味のネットワークモデル

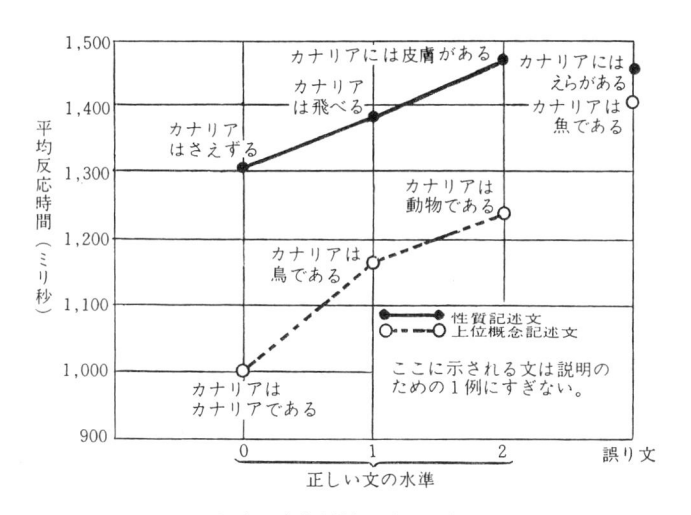

(b) 文の真偽判断に要する時間

↑ 図3-7　意味ネットワークモデルと質問への反応時間（Collins & Quillian, 1969）

3. 記憶は処理水準

　一方，記憶に関して連合・痕跡とも空間とも違った処理水準という考えがある。これは，深い処理を施したほど記憶が促されるという理論である。例えば，表3-2に挙げたような単語を記憶する場合に，「その文字には大文字がありましたか」という浅い水準の処理だけで終わった場合と，「次の文章の中にそ

れは適合しますか」といった，意味まで問う深い処理を施した場合とを比較した研究がある（Craik & Tulving, 1975）。その結果，深い処理を施した方が再認されやすいと報告され，処理水準説が支持されている。結局，水準の深さとは符号化を進めること，あるいは多くの意味から固めることであり，これを精緻化と呼んだりする。つまり，記憶に労力を多くかけることといい換えることもでき，処理の深さは資源配分の多さともみなされる。

表3-2　処理水準を操作する質問と反応
(Craik & Tulving, 1975)

処理水準	質問	答	
		yes	no
活字	その単語は大文字か	TABLE	table
音韻	その単語は weight と韻をふむか	crate	market
文章	その単語は次の文章に適合するか： "彼は通りで……に会った"	friend	cloud

4 記憶は創造・構成

2節 2. では，人間の記憶とコンピュータの共通性を指摘したが，1つだけ異なる点がある。それは人間の記憶が，自分の都合のよいように変容される点である。コンピュータはそのままの形で情報を保つが，人間の記憶は，生きる意味や目的が関わってきて変容する。

1. 記憶は変容する

例えば，図3-8を見てみよう。これはウルフ（Wulf, F.）の記憶の変容実験における結果である。この実験では，まずVの図形を被験者に見せて，30秒後（W_1），24時間後（W_2），1週間後（W_3）というように一定の時間を置いて再生させている。(a)は水平化，(b)は尖鋭化，(c)は正常化，(d)は左右対称のよい形になろうとする自律的変化を示している。これを見ると時間とともにある方向へと記憶が変容することがわかる。

さらに，ある意味づけをして記憶させた場合に，再生された情報はその意味

づけられた方向に変容されることがある。例えば，図3-9の真ん中のような刺激図形でも，文字Cと命名された場合と，三日月と命名された場合では，文字Cではいかにも整った文字のような形に再生され，三日月ではかなり欠けた月のような形で再生される。これは，コンピュータが情報をそのままの保管するのに対し，人は情報を創造するからである。

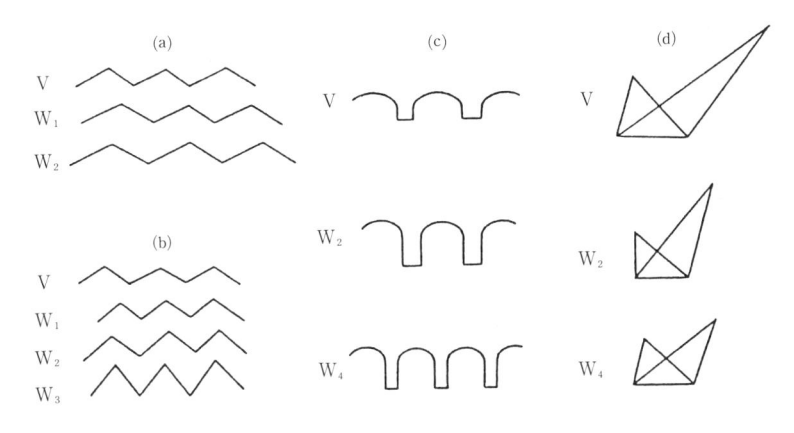

図3-8 刺激図形と再生図形（Wulfによる）

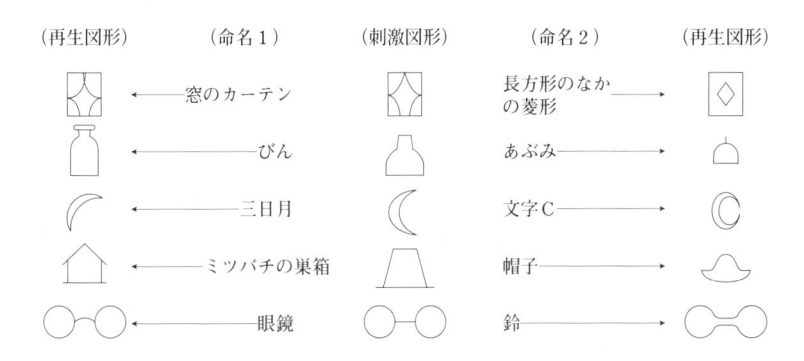

図3-9 命令の効果（Carmichael et al., 1932）

2．記憶は能動者

また，記憶は情報を受け取るだけでなく，その情報に能動的に働きかける性質をもつことが知られている。つまり，長期記憶にはスキーマと呼ばれる構造

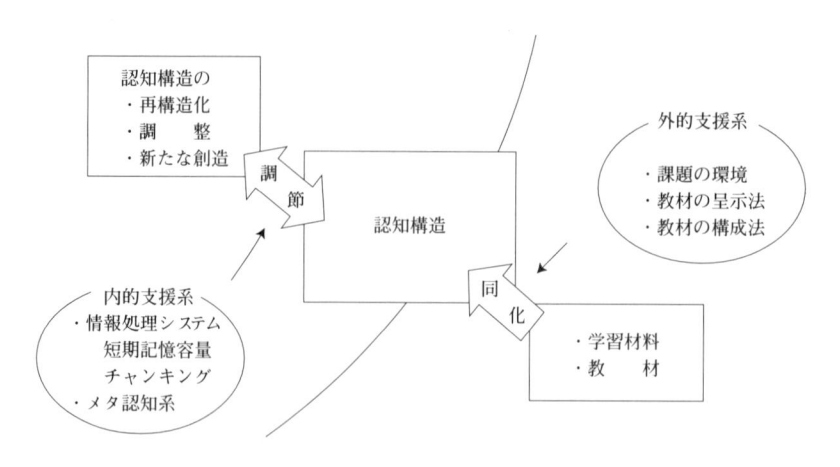

```
                    ┌─────────────────┐
┌──────────┐        │                 │      ┌──────────┐
│認知構造の │        │                 │      │外的支援系│
│・再構造化│   調    │                 │      │・課題の環境│
│・調　整  │ ◁═════ │   認知構造      │      │・教材の呈示法│
│・新たな創造│ 節    │                 │      │・教材の構成法│
└──────────┘        │                 │      └──────────┘
       ↑            │                 │  同
┌──────────┐        │                 │ ═════▷  ┌──────────┐
│内的支援系│        └─────────────────┘  化      │・学習材料│
│・情報処理│                                      │・教　材  │
│  システム│                                      └──────────┘
│  短期記憶容量│
│  チャンキング│
│・メタ認知系│
└──────────┘
```

↑図3-10　認知構造の形成と発達（茂呂，1987）

が貯蔵されており，それが引き出されては，入ってくる情報に能動的に働きかけて取り込む。いわば，スキーマは図3-10のように生きた認識図式である。認知の「洗濯」の例で述べたように，新しい情報でも鋳型にあてはめると一気に理解が進むことがある。

3．記憶は構成される

　さらに，記憶は新たな構成だとする説もある。記憶が単に連合から保存されているとすると，再生されるのは結びついている刺激のみである。ところが，記憶材料をもとにして新たな情報を構成する事実も報告されている。

　例えば，ロフタスとパーマー（Loftus & Palmer, 1974）は，被験者に自動車事故の映画を見せ，その直後に映画の中で起こった出来事についていくつかの質問に答えさせた。その際，同じ映像に対して，「車がぶつかった時にどのくらいの速度で走っていましたか」と質問をされる被験者と，「車が激突した時にどのくらいの速度で走っていましたか」という2タイプの被験者を作った。そして，1週間後に再び呼び出して，「あなたはガラスが割れるのを見ましたか」という質問をした。この答えはノー（割れるのは見ていない）なのであるが，「ぶつかった」と質問された者は90％の確率でノーと答えたのに対し，「激突した」と質問された者は30％以上が誤ってイエスと答えたという。

このように，記憶には激突したのだからたぶん割れたのだろうと矛盾のないように変化させる働きもある。

||5|| 記憶は展望

1. 必要性としての記憶

丸野（1994）によれば，記憶を時間的側面から見ると，思い出すべき内容が過去にすでに実行されている回想的記憶と，これから将来に向けて実行していかねばならない展望的記憶に分かれるという。前者が一般に記憶として連想されるものであり，後者はプランと呼ばれたりする。しかし，プランが確実に実行されるためには，将来に向かって記憶することが必要である。このような，将来を意図して実行することに含まれる記憶を展望的記憶という。例えば，「学校に行く前に手紙を投函する。」「寝る前に薬を飲む。」「月末までに請求書の金額を支払う。」などがある。最後の例で，支払いをしなければ罰せられて甚大な被害を被るならば，忘れないように努力するだろう。

また，展望的記憶は記憶の責任性と関係するという。人は，自分の社会的文化的規範に沿って，覚えておかねばならないものに重みづけをしている。それは，痕跡とか，情報処理されたものを引き出すとかの記憶観でなく，生きている状況に密接に関わる記憶で，開かれた記憶ともいえる。

展望的記憶は，古くはバートレット（Bartlett, F. C.）などにもその端緒が見られ，前に述べた創造者比喩の一環とも考えられる。しかし，展望記憶は，将来の目的を見据えた人間存在そのものを前提とする点が特徴である。

2. 目的や手段としての記憶

エビングハウスの描いた記憶とは，無意味綴りを用いていることからもうかがえるように，連合のイメージがある。しかし，受験生が試験の点を1点でも多く取るために，英単語や数式，あるいは歴史の年号を覚えたりするのはどのように説明できるだろうか。これは形だけからいえば機械的記憶であり，刺激の連合を作ることである。しかしそのような覚える行動は，入学試験突破とい

う大事な目的があるからこそ起こるのだろう。それと同様に、われわれの日常生活の記憶には、覚えたことを将来役立たせようとする工夫が随所に見られる。われわれは、ものごとを状況や目的と切り放して暗記しようとはしない。忘れないようにしようとする行為は、将来必要が生じた時に役に立つようにという意図があるからこそ起こるのである。

6 忘却における比喩

このように、記憶は情報処理過程という考えが見られる。それでは記憶とは逆の「忘却」という観点に立てば、どのような比喩が見られるだろうか。忘却説には、(1)自然崩壊説、(2)干渉説、(3)抑圧説、(4)創造的忘却説、(5)検索失敗説などがある。以下はそれらの説の背景を眺めたものである。

1. 自然崩壊説

まず自然崩壊説では、記憶を石こうになぞらえている。つまり記憶とは前述の痕跡のようなもので、溝を深く掘るほど消えにくいとする。そこから、記憶をうながす方法としてのリハーサル（復唱）が生まれる。一方で、それは神経の流れた跡ともとらえることができよう。

2. 干渉説

干渉説は再生に焦点を当てた考えであり、力関係からとらえている。つまり、再生されようとする複数の情報が独自性を主張して競い合うがゆえに一方が出にくくなるのであり、情報を力学関係に、あるいは生きた能動者にみなしている。また、この干渉説を、刺激が結びつく力からとらえることもできよう。1つの刺激に対し、同程度の力で結合された2つの刺激があり、選択に困るという考えである。

3. 抑圧説

フロイト（Freud, S.）の理論に基づく抑圧説では、覚えていれば自我が傷つけられたり脅威となる出来事は、無意識の世界に抑圧されてしまうと考える。

ここでは記憶を実体のあるものと考えると同時に，記憶を駒のように扱う主体が背後にいることになる。

4. 創造的忘却説

　創造的忘却説では，関係のないことや意味のないことが意味の通るように変容されてしまうことを忘却とする。また，先に述べたウルフの実験のように，いくつかの図形を提示して記銘させ一定時間後に再生したところ，再生図形は記銘段階での意味づけによって変化を受けることが報告されている。これらは不安定な構造が安定な方向へと変化することを示し，知覚におけるプレグナンツの法則と同じ原理に沿うものといえよう。ここでは「記憶を扱う創造者」が想定されている。

5. 検索失敗説

　1. で述べたように，記憶が波に洗われた砂の文字のごとく消えるのは痕跡というアイデアによっている。一方，消えるのではなく手がかりを失っただけ，あるいは見つけ出せないだけと考える検索失敗説がある。この説にはコンピュータの影響が見られ，記憶をコード化された情報としてとらえる。そのコードは確かにあるのだが，それを見つけなければ再生されないという考えである。

第4章 比喩から見た学習

　私たちはどのように学んでいくのだろうか。ドリル学習を例にとってみよう。小学生にとってドリル学習は，嫌なものとして受け取られているに違いない。この学習では，何回も同じパターンを練習していくうちに，この問題であればこのような反応で回答するというパターンを学ぶことができる。その場合，試行錯誤で積み重ねて学んでいく面もあれば，あるところで見通しらしきものが出て，それからは飛躍的に学びが進むこともあろう。つまり，学習とは白紙の状態から1つひとつ丹念に積み重ねていくことも考えられるし，学びの下書きのようなものをもとに，全体構造が一気に理解されるとも考えられる。これは，有名なS-R説とS-S説の論争である。これは，学習を「要素連合」対「全体の場」という対比からとらえている。

　また小学生のうちは，このようなドリル学習をさせるのに親がそばについていることが多く，子どももそこそこについていく。その場合，子どもは学びにおいては受動者である。ところが，思春期ともなると，親の方も子どもの勉強についていけなくなる。そして，親が勉強から離れるにつれて子どもも勉強離れを起こしやすい。子どもに勉強離れが起こるか，それとも自ら進んでやるかは，子どもが自分の勉強をつかさどれるか，さらに学ぶことに意味を見出せるかどうかにかかっている。つまり，能動的な学び手になれるかどうかである。

　まずは，学習の様態を1つひとつ取り上げてから検討していこう。

1 学習の様態の比喩

1. 学習は連合

　S-R（stimulus-responce；刺激－反応）説は，学習を刺激の連合としてとらえている。これは，学習が白紙の状態からの積み重ねによって成立するとい

う連合理論の考えに基づき、心を機械の組み立てにみなしている。また刺激と反応の結びつきである条件反射の積み重ねによって心が形成されるとするのがワトソン（Watson, J. B.）の行動主義であり、心は作ることが可能であるとした。

ⓐ 古典的条件づけ

　S-R説の理論として、古典的条件づけ（classical conditioning）と道具的条件づけ（instrumental conditioning）を挙げてみよう。まず、古典的条件づけでは、パブロフ（Pavlov, I. P.）の条件反射が有名である。パブロフは図4-1のように犬を使って実験を行った。ベルを鳴らした直後に肉片を犬に与えてみたわけである。犬は、ベルに対して耳をそばだてたりする行動を生まれつきもっているし、餌に対しても唾液分泌する。しかし、そのような操作を繰り返すうちに、ベルに対して本来出るはずもない唾液が分泌されるようになる。つまり、ある条件上の刺激（条件刺激）に対して反応（条件反応）が結びつく。このように、外から与えられた何らかの経験によって本来関係のなかったもの同士に結びつきができる。パブロフはこれを条件反射と呼んだ。古典的条件づけの場合、ベルに対して唾液の結びつきを強めるには、ベルを鳴らした直後に餌を与えることが必要である。これは強化と呼ばれる。

　条件反射を応用した例は数多い。池のコイが手を叩くと集まってくる現象も、餌と音とを同時に与えて仕込んでいるからである。また、ガルシア（Garcia et al., 1977）らによる以下のようなエピソードもある。アメリカ西部の牧場ではコヨーテに羊が襲われて困惑しており、その防止策として、わざと吐き気を催す薬を注入した羊肉をコヨーテに与えてみた。すると、その後そのコヨーテ

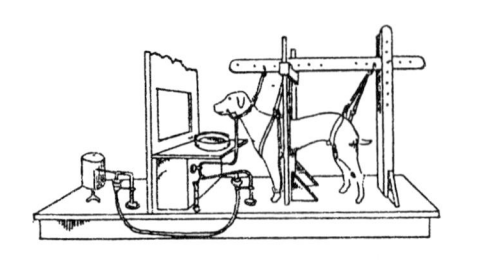

↑図4-1　パブロフの古典的条件づけの装置

条件刺激 ――――→ 反応
（ベル）　　　　（見る、耳をそば立てる等）
無条件刺激 ――――→ 無条件反応
（エサ）　　　　（唾液分泌）
条件刺激 ………→ 条件反応
（ベル）　　　　（唾液分泌）

は，羊を襲うこともなく，あげくの果てには羊に蹴られる始末だったという。コヨーテにとっては，おいしいはずの羊肉に吐き気が結びついたのである。これを味覚嫌悪条件づけという。

b 道具的条件づけ

また，道具的条件づけも，原理は古典的条件づけと同じである。しかし，古典的条件づけの結びつきは半ば強制的に形成されるのに対して，道具的条件づけの結びつきは主体の積極的な活動があって初めて形成される。例としてスキナー箱（skinner box）と呼ばれる箱を使った実験を紹介してみよう。この箱は，図4-2のようにバーを押すと餌が出る仕掛けがしてある。その中にネズミを入れると，ネズミは最初は目的もなくでたらめな行動をするが，たまたまバーを押したところ，餌が出てくることを体験する。そのような経験を何度も繰り返していくうちに，バー（条件刺激）を押す（条件反応）と餌（無条件刺激）が出るという結びつきにネズミは気づくようになり，最後には，入れられたと同時にバーを押すようになる。この場合の強化は，バー押しに対して餌が出ることである。もしも，餌が出なければ，押すという行動は起こらなくなる。これは消去と呼ばれる。

一方，どのような行動を起こしても状況が変わらないことを経験すれば，その後の行動にどのような影響が起こるであろうか。ゼーリックマンとマイヤー（Seligman & Maier, 1967）は，どう動いても電気ショックから抜け出せないような経験をした犬は，その後痛みに耐える以外は何の行動を起こさず，無気

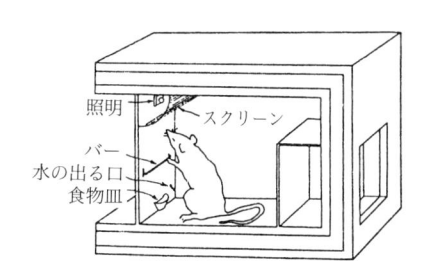

条件刺激……→条件反応──→無条件刺激──→無条件反応
（バー）　　　（押す）　　　（餌）　　　（食べる）

↑図4-2　スキナー箱

力になってしまうことを報告した。これは学習された無力感（learned helplessness）と呼ばれている。この研究結果は，自分が起こした行動が環境を改善させるような効果を生まないと，無力感におそわれることを示している。

また，道具的条件づけは，学習が成立する際に試行錯誤が大切であることを示している。そこで，この条件づけが起こる過程は試行錯誤説と呼ばれる。ソーンダイク（Thorndike, 1911）は，最初は無用な行動が起こるが，徐々に無用な行動が消え，成功に結びついた行動だけ残ることを効果の法則と呼んでいる。しかし結局，古典的条件づけも道具的条件づけも，外からの経験によって関係のなかったもの同士の間に結びつきができるという点では同じである。古典的条件づけは，主として不随意な側面に対して適用され，道具的条件づけは能動的行動に適用されるといえよう。

2．学習は全体の見通し

S-R説が学習の積み重ねをさすのに対して，S-S（sign-significate）説はゲシュタルト心理学の流れを汲むもので，全体の見通しや枠組みができて学習が進むことをさす。

この理論を代表する例としてケーラー（Köhler, 1921）によるチンパンジーの実験を図4-3に紹介しよう。この実験では，チンパンジーのいる檻の外に果物があり，檻の中に落ちている短い棒ではその果物は取れないが，その短い棒

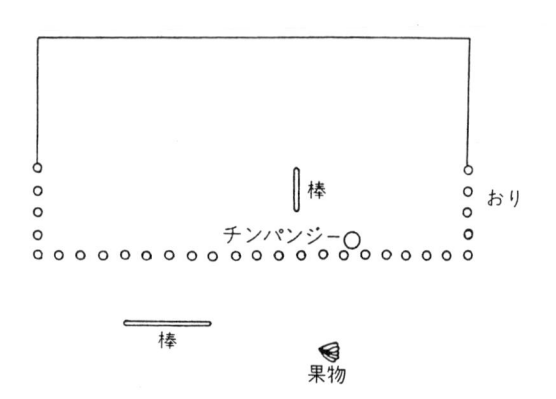

図4-3　チンパンジーの洞察による学習
（Köhler, 1921；宮, 1962）

で取れる檻の外の位置に長い棒が落ちていて，短い棒で長い棒を引き寄せ，その長い棒で果物が取れるしくみになっている。そこで見られたチンパンジーのしぐさとは，迷っているうちにふとひらめいて，短い棒で長い棒を引き寄せ，果物を取るというものであった。試行錯誤説からの説明では，棒をいろいろに試す行動が起こるはずである。ところが，実験ではそのような行動は見られなかったという。結局，その解釈としては，試行錯誤したというより，問題構造全体を見渡して，その中で手段と目的を見通した（洞察）と考える方が妥当とした。さらに「ああ，そうか」と呼ぶにふさわしいしぐさも確認されるという（しかし，この洞察説に対して試行錯誤説からは，"それまで棒を扱ったという経験がないといえるのか"という批判がなされている）。

それでは，私たちは上の2つのうちどちらの学びをしているのか。1つひとつ丹念に積み重ねて学んでいくのであろうか。それとも一気に全体構造がわかるのであろうか。

3．学習は要素連合と全体の融合

では，われわれの実際生活ではどうであろう。例えば，自動車の運転に例をとってみよう。まず，知識が何もない場合は1つひとつの道具の機能を知らなければならない。例えばハンドルはあるいはギアーはどういう役目をするのかといったものである。しかし，ある程度知識が積み重ねられた段階ではそれらの1つひとつの知識が連動して働くようになる。キーをONにしてギアーを入れて車を動かし，方向はハンドルで操作し，ミラーで安全を確認する，といった具合である。つまり，積み重ねていくと車の運転がどんなものかという全体構造がわかる時期がやってくる。そうすると逆に，全体構造の中での各機能の役割がつかめてくる。

とっつきにくいといわれるコンピュータでも同じ調子であろう。試行錯誤して動かしてみるうちに，キーボードから情報を入れ，それを中央集積路が演算し，その過程をディスプレイ上で確認したり，結果をプリンタに出したりする流れがわかるようになる。つまり，情報の流れ（全体構造）がわかってくるのである。

このようにわれわれの実生活では，試行錯誤によって連合が作られる段階か

ら，その連合が合理的につながっていく段階へと進行する，つまり要素の連合が統合されて全体理解を生み，さらに舞い戻って要素の性質がさらに明らかになるように行き来しながら学習が進んでいく。

2 学習は主体の行い

以上の考えを発展させると，学習はさせられるものか，それとも自らが行うものなのかという疑問がわいてこよう。特に後者の自らの行いという観点を重視し，学習はシステムのような調整であるという見方を紹介しよう。これはシステム理論に基礎を置く考えだが，システム管理者という上位の判断者を思い浮かべさせる。

1. 学習は認知地図

S-R説は人間機械論と皮肉られがちである。行動主義と呼ばれるこの考えは，刺激と反応の結びつきのみを考え，その間をブラックボックスにしている。それに比べて，S-Rの間に動機や経験といういわゆる有機体O（organism）を想定したのが新行動主義である。図4-4は，ハル（Hull, 1943）の考えを示している。その中心概念は，習慣強度 sH_R と動因 D であり，習慣強度は外から与えられた報酬の回数によって増大し，また動因は，2時間ごとに与えるか

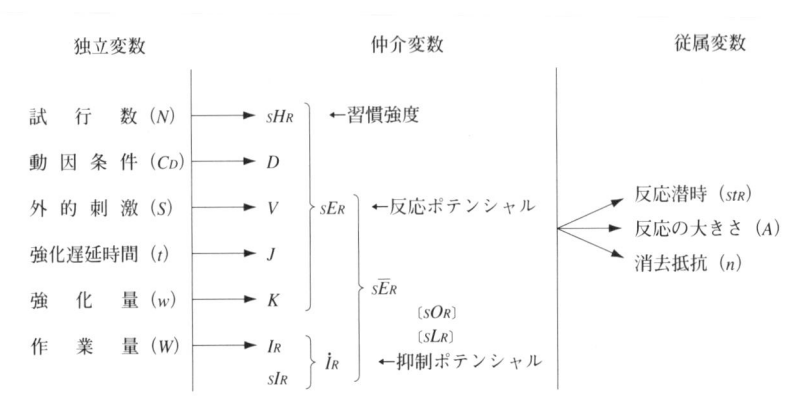

独立変数	仲介変数	従属変数
試　行　数 (N) → sH_R ← 習慣強度		
動　因　条　件 (C_D) → D		
外　的　刺　激 (S) → V　$\}sE_R$ ←反応ポテンシャル		反応潜時 (st_R)
強化遅延時間 (t) → J		反応の大きさ (A)
強　化　量 (w) → K		消去抵抗 (n)
	$s\bar{E}_R$	
	$[sO_R]$	
	$[sL_R]$	
作　業　量 (W) → I_R $\}\bar{i}_R$ ←抑制ポテンシャル		
sI_R		

↑ 図4-4　ハルの理論体系 (Hilgard & Bower, 1956；梅本，1972；大山，1999が改変)

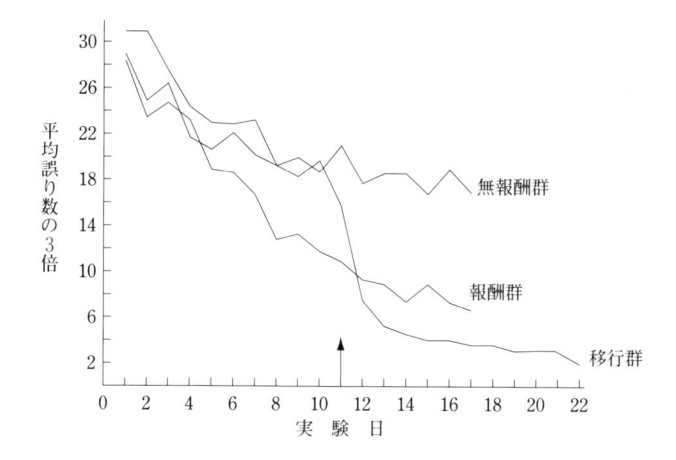

図4-5 潜在学習の実験結果（Tolman & Honzik, 1930；梅本，1972；大山，1994が改変）

それとも24時間ごとに与えるかという給餌条件によって規定されている。その習慣強度と動因が掛け合わせを反応ポテンシャル sH_R とした。一方で，抑制ポテンシャルは作業量を重ねすぎると抑制に働くことをさす。そして，反応と抑制のポテンシャルが合わさって，反応潜時や反応の大きさや消去抵抗を生み出すという。このこのような考えは総称して，S（独立変数としての刺激）－O（仲介変数）－R（従属変数としての反応）で表現され，心理学に数学的理論が適用できることを示した。また，こうした理論は小動物実験から得られた知見をそのまま人間に適用したものでもある。

特にトールマン（Tolman, E. C.）は，仲介変数について認知地図の概念を唱え，試行錯誤の中にも潜在的な見通しがあることを証明した。図4-5のようにトールマンとホンジック（Tolman & Honzik, 1930）は，ネズミをT型迷路上を走らせる実験で，報酬を常に与えられる報酬群と，まったく与えられない無報酬群，さらに途中まで無報酬だが急に報酬に移る移行群の3群を用意して学習を比較した。その結果，移行群は，報酬が与えられた時点で学習が飛躍的に伸びたという。つまり，図でいえば，矢印の部分で誤りが急激に減っている。彼らはこの結果から，学習とはワトソンのいうような刺激と反応の結合ではなく，手段と目的の認知であるとした。つまり，こう選択すれば目的地へ行けるという手段と目的の期待を含んだ認知地図が頭の中に作られるのが学習と

した。つまり，移行群は無報酬の際も報酬がもらえることを潜在的に期待していたと解釈した。刺激と反応の間に手段-目標期待という仲介変数を挿入させたモデルといえよう。このように，有機体の存在を導入した点でトールマンはワトソンと異なっている。しかし，トールマンにしても，学習者を以下のサイバネティックシステムのような積極的な能動者とみなしているわけではない。

2．学習は成長システム-サイバネティックスとしての学習

　S-Rに基づく学習理論では，起こした行為によって欲求が満たされると，その行為が比較的永続する。しかも欲求がいったん満足されると消失してしまうと考える。つまり，高まった緊張が解除されて再び安定し，いわば恒常性をめざすホメオスタシス的な閉鎖的システム内で循環している。しかし，これは人間が本来自発的，能動的，活動的であるという面をなおざりにしているといわれる（十島，1989）。つまりシステムとは，部分の変化が全体に及ぼす性質のことであるが，S-Rに見られるような，その中だけのサイクルで終わってしまう閉鎖システムと，一方自らが成長していく開放システムがあるという。

　その後，人は内在的エネルギーに基づくものの，外界と交渉をもちつつ自らを最適な状態に変化させていく能動システム，つまり開放システムに従うと見直されてきた。その考えがウィーナー（Wiener, 1948）によるサイバネティックス（cybernetics）と呼ばれる調整機能である。サイバネティックスにはフィードバックとフィードフォワードという2つがある。フィードバックはよく耳にすることばであり，例えばサーモスタットもこの機能の1つで，室温を20°Cに保ちたいとすると，この装置は20°Cという目標値と現在の室温を比較しては誤差を測定し，誤差を縮めようとヒーターのスイッチをオンにしたりオフにしたりする。つまりフィードバックとは後ろ向きで閉鎖ループ（システム）内での調整である。もう1つのフィードフォワードは，期待や予測，およびそれに基づく将来の認知的表象としての行動目標を設定することである。例えばテニスをしている時のボールの予測でも，フィードバックでは遅すぎて，われわれは事前に予測して行為していると考えられている。サイバネティックスはこの両者を併せもつシステムである。

　またサイバネティックスでは，人間を緊張を緩和し終息させるために行動す

るような閉鎖的存在としてだけでなく，緊張を維持し増大させるような開放的存在ととらえ直している。それは，将来への期待や予測をもったり，行動目標を設定したりして発展しようとする人間像をさす。

3．学習は上位意識の行い

　人は，行動だけでなく，認知についても意識したりコントロールしようとする。このように，その人自身の認知やその所産あるいはそれらに関連したすべてに関する知識をメタ認知という。一言でいえば，「自分がわかっているかどうかがわかる」ということであろう。さらに具体的にいえば，学習者は目標や目的に照らして認知過程を監視（モニター）し，その結果として認知過程を調整し，期待した効果を得られるように編成する。この考えは，教育の世界では自己教育力，自己学習力と呼ばれ，脚光を浴びるようになった。メタ認知による学習も，学びを「主体がつかさどるもの」ととらえている。

　さらに学びを「生きる意味」からとらえた見方もある。

3 学びは意味への問いかけ

1．学びは文化活動

　この場合の"学び"とは，他者から植え込まれる学びではなく，周囲と交渉しながら深めていく"学び"である。例えば佐伯（1984）は，学びの前提として「人は生まれた時から，己をとりまく文化になじみ，その文化の発展と新しい文化的価値の創造へ参加しようとしている」という人間観を掲げた。ここでの学びとは，意味を問いながら続ける活動である。

　その場合，学びの基礎となる「覚える」という行為にも，「何らかの意味で将来役に立つことが何となく感じられる時，それを覚えようとする。したがって，覚えようという意図はわかろうとする意図の中で位置づけられており，覚えるという活動では将来どういうふうに役立つのかへの予感に従って，覚えるべき内容を変形し操作し意味づける。」という役割を加えている。

2. 学びは意味を問う活動

　学びとは，極言すれば関係のなかったもの同士に結びつきができることであるが，そこには，善や美を求めたり一貫性を失わないようにする絶えざる問いかけがある。ゆえに，わからない部分もわかる部分から補われて埋められていくのだろう。

　要するに，生きる意味と学びとは不可分とする考えで，単なる教え込みでは真の学びは達成されないとする。

4 学習指導法における比喩

　以上は学習を連合か全体か，さらには学習はさせられるのか，それとも主体自らが行うのかという論争からとらえた。これと関連して，学習法に関しても受動的か能動的かという対比がある。ここではプログラム学習から有意味受容学習へ，さらには発見学習という流れを，受動から能動へという観点から眺めてみたい。

1. 学習は連合・形成－プログラム学習

　学習の形態として有名なのが，スキナー（Skinner, B. F.）のプログラム学習である。これは大きな目標を小さな目標に分けて，1つひとつ積み重ねていく学習法である。ゆえにその原理をシェイピング（shaping）と呼ぶ。基本的には，答えを与えては刺激に対する反応の連合を強めていく。それもどちらかといえば教授者の意図した方向に形成していくわけである。例えば算数題で，$x^2-x-2=0$ という2次方程式を解くとしよう。その場合，まず掛けて-2，足して-1になるような2つの数（-2，$+1$）を求めさせ，次にその2つの数を $(x+(-2))(x+(-1))$ に挿入させる。それを$A \cdot B = 0$という形に置き換えて$A=0$，$B=0$を導き，再び元の式（$x-2=0$，$x+1=0$）に代入して解（$x=2$，$x=-1$）を求める，というような順序を経る。この場合の学習者はどちらかといえば受動的である。しかし，最終的には手がかりを少なくし，学習者の能動的・自発的行為をうながすようにするのが望ましい

とされている。

2．学習は鋳型のあてはめと調整－有意味受容学習

　有意味受容学習とは，すでにもっている知識（鋳型）を新たな情報にあてはめては取り込み，細部を調整していく手法である。この知識のことを先行オーガナイザー（advanced organaizer）という。有名なものとして，キリスト教圏の人に仏教を理解させる際に，その人がよく知っているキリスト教との違いを示して教える方法がある。オースベルとフィッツジェラルド（Ausbel & Fitzgerald, 1961）は，仏教の原理をアメリカの学生に教える際に，学習者がすでに知識としてもっているキリスト教との相違点をあらかじめ教えたり（比較オーガナイザー），仏教を抽象的な形であらかじめ教えたり（説明オーガナイザー）した場合は，単に仏教の歴史を要約して教える場合よりも学習効果が上がることを明らかにした。この方法は，学習者のもっている知識に依存する点からいえば学習者主体である。しかし，鋳型を与えてあてはめさせるイメージからすれば認知における同化と似ており，能動の意味合いは薄い。

3．学習は発見である－発見学習

　発見学習は，鋳型よりもっと能動的に既有知識を働かせていく方法である。この学習方法では，学習者は必要な知識をすでにもっていると仮定し，それをいかに積極的に活用していくかに焦点を当てる。仮説を直感的に設定し練り上げ，さらに証明したり実験したりして検証していく過程のことをさす。例えば，図4-6のような文字とも絵とも数字ともとれるような形があり，それがいったい何であるかをつきとめていく場合，「同じ形がいくつも並んでいるのは絵にしてはおかしいし，文字はそれぞれ形態が異なるので文字でもないとし，やはり数字らしい」という仮説が成り立つ。さらに，その数字がどういう位から成り立っているかについては，「1つのまとまりに同じものが9個までしかないことから10進法」という予測が立つ。このようにもち合わせの知識を十分に活用して，丹念に検証していく学習を発見学習という。それは，もっている知識をさかんに活用している代理人（エイジェント）の作業に似ており，能動者のイメージがある。

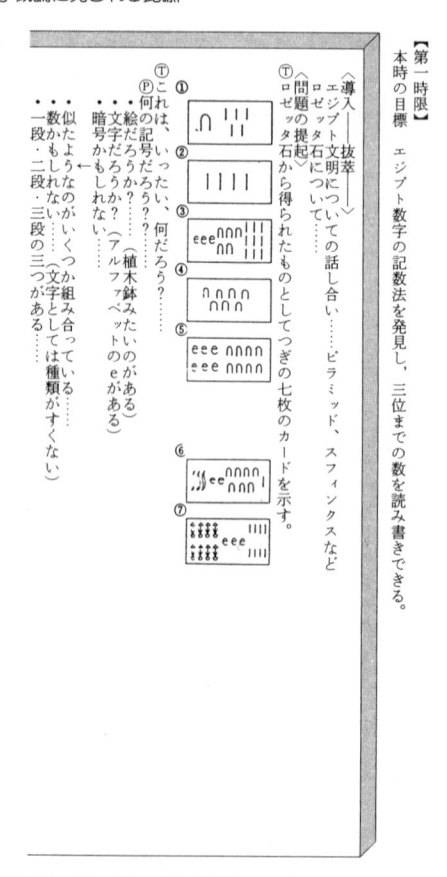

【第一時限】
本時の目標　エジプト数字の記数法を発見し、三位までの数を読み書きできる。

〈導入——抜萃〉
エジプト文明についての話し合い……ピラミッド、スフィンクスなど
ロゼッタ石について
〈問題提起〉
ロゼッタ石から得られたものとしてつぎの七枚のカードを示す。

① ∩ |||
② ||||
③ eee ∩∩∩ ||
④ ∩∩∩∩
⑤ eee ∩∩∩∩
　 eee ∩∩∩∩
⑥)))) ee ∩∩∩∩
　　　　　∩∩∩ |
⑦ ♀♀♀♀ eee ||||
　 ♀♀♀♀

Ⓣ これは、いったい、何だろう？……
Ⓟ 何の記号だろうか？……
　 暗文字みたいなのがある）
　 ←（アルファベットのeがある）
　 似たようなのがいくつか組み合わさっている……〈文字としては種類がすくない〉
　 ・・・一数字・・・二段・三段の三つがある……

Ⓣ 教師の指示や発問、誘導の予定（教師側の動き）
Ⓟ （教師が）予想した児童の思考や反応。

↑ 図4-6　エジプト数字の理解にいたるまでの発見プロセス（藤井，1971より一部抜粋）

第5章 比喩から見た欲求

　欲求はどのような原因から起こるのだろうか。生まれつきもっているのか，それとも何らかの経験から形成されるのだろうか。それと関連して，欲求が満たされれば終息していくのか，それともさらに増大するのだろうか。前者の終息する性質は，安定をめざすシステムといえよう。しかし，往々にして人の欲求はそのシステムを越える。つまり欲求が満たされてもそれで終息するのではなく，ますます増大することがある。

　また，欲求はどこから起こるのであろうか。つまり「行動を起こす源はどこにあるのか」という問題がある。この問題については，現在までに外と内との2通りが考えられている。発動源が外という考えは，人間はあくまで怠け者で報酬がなければ動かないという見方である。この見方からすれば，欲求が満たされると終息してしまうことになる。一方，内という考えは，人間は報酬がなくとも興味をもてばおのずと行動を起こすという見方である。これは，人間を欲求を増大させていく存在とみなしている。

║1║ 欲求は閉鎖のシステムか，成長するシステムか

　欲求とは，環境に対して自己の状態を最適にするために，行動を起こさせる力のことである。欲求は，単純な反射から高等な習得的行動まで幅広い。まず，反射は刺激に対して一義的に起こる反応である。下等な動物ほど，この反射に支配され，遺伝によって行動が決まる。つまり，一定の刺激に対して特定の行動しか起こらない。一方，高等になるほど刺激に対して柔軟な反応をする。高等な動物の行動は内的要因としての欲求と，外的要因としての目標（誘因）の相互作用として起こる。つまり，遺伝だけでなく経験による影響も大きい。

　しかし，人間においても経験にかかわらず生まれつき備わっているものと，経験によって獲得されたものがある。

欲求を大きく分けてみると表5-1のようになろう。まず，生得的なものか，後天的なものかに分けられる。さらに前者の生得的な欲求は，生命にとって必須の欲求と必須ではない欲求に分けられ，後天的な欲求は，学習経験によって獲得される欲求と，発達に伴って，その発達段階の応じた社会的影響を受ける欲求に分けられる。

表5-1 欲求の分類

形成要因	欲求の特徴	欲求の名称
生得的	生命に必須	1次的欲求（生理的欲求）
	生命に必須でない	内因性欲求・性欲
後天的	学習経験による	2次的欲求
	発達と社会の影響	社会的欲求

内因性欲求は，1次的欲求ほどには生命に影響しないといわれるが，早期の母性刺激の欠如が乳幼児に発達遅滞をもたらすというホスピタリズム（施設病）の例をとってもわかるように，興味や好奇心が満たされないと発達が妨げられる恐れもある。また2次的欲求は，1次的欲求を基礎にしているが，たとえそれがなくなっても自律して成長することがある。

1. 欲求は閉鎖システム－1次的欲求

a ホメオスタシス的閉鎖システムによる欲求

1次的欲求とは，生まれつき備わった欲求のことである。その中には，個体の生命の維持に直接関係する欲求がある。その欲求は主として生理面に関係することから生理的欲求とも呼ばれる。人間には，身体内部でホルモンのバランスが崩れる時に，それを均衡に保とうとする機能が備わっている。これをホメオスタシス（homeostasis）という。この機能は，温度があまりに上がると金

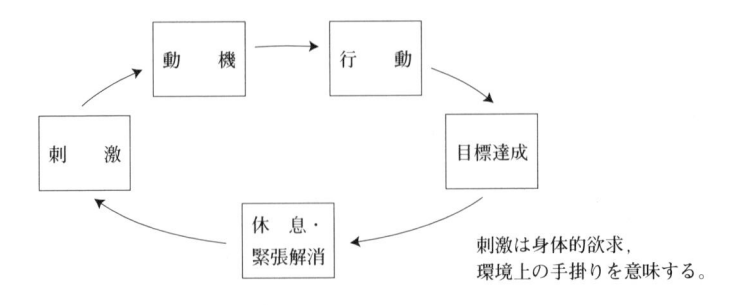

図5-1 動機づけの過程（Morris, 1976；佐藤，1979）

刺激は身体的欲求，環境上の手掛りを意味する。

属の膨張によって自動的にスイッチが切れるようにしたサーモスタットの原理と同じで，自分の結果を自分に返して（フィードバック）は，行動を調整していく自動制御機制のことである。そして，個体が本来もっているホメオスタシスだけでは均衡を保てない時に，欠けているものを補ってくれる対象を求める。図5－1に示したように，まず，刺激（誘因）があり，欲求が起こり動機づけられる。動機づけとは目標を達成するまで行動を持続させる推進力のことである。そして目標が達成されると緊張も解消して元の安定した心理状態に戻る。ホメオスタシスとは，人間内部の調整機能のことであるが，行動まで含めたこのようなサイクルも，大きなホメオスタティックシステムとみなされよう。生理的欲求には，渇動因，飢餓動因，睡眠，苦痛回避などがある。飢餓動因の中には，不足している栄養素を含む特定の食べ物を求める特殊飢餓動因と呼ばれるものもある。結局これらの欲求は不足からもたらされる緊張状態を低減するために起こる欲求であり，均衡が回復すれば欲求も消失していく意味から，閉鎖システムに基づくものといえる。レビンは，これを $B = f(P, E)$ という生活空間 (life space) としてとらえ，欲求（P）とは環境刺激（E）に対して行動（B）を誘発するという性格をもつとした。

b 欲求は飽和する

これは，最初にはプラスの誘意性をもっていた作業が要求が充足されるにつれてマイナスの誘意性をもつよう変化し，継続する意志を失う，いわゆる「飽きる」現象をさす。この現象を心的飽和という。欠けている間は欲求が起こるが，十分満たされてくると，まるで溶媒に溶ける溶質の量が限界に達したように，これ以上求めなくなることである。この用語は，化学分野から導かれたものであろう。

2. 欲求は内的動力

a 性欲求

また，生まれつき備わっているが，生命の維持には関係しない欲求もある。その1つが，種の保存を欲する性欲求である。性の欲求は下等な動物においては遺伝的メカニズムによって支配されているが，高等な動物になると経験の影響が大きいといわれる。

ⓑ 内因性欲求

また，生命に関係しないもう1つの欲求に内因性欲求がある。それらには，好奇欲求，接触欲求などが挙げられる。

好奇欲求　　人間が新奇な情報を求めていることを証明したのが，図5-2のヘロン（Heron, 1957）による感覚遮断の実験である。

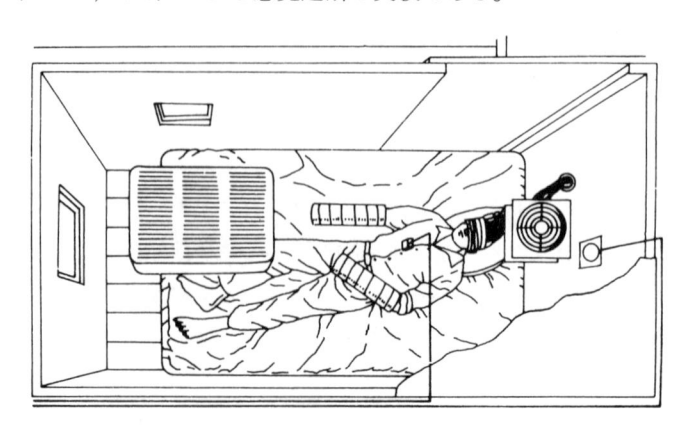

↑ 図5-2　感覚遮断実験の模様（Heron, 1957）

その実験では，高額のアルバイト料というふれこみで，大学生が被験者として雇われた。彼らに要求された仕事というのは，ただ単に1日中ベッドに横たわることであった。ただし，身体はアルミ箔に覆われ一切の環境刺激は入ってこないという条件があった。その報告によれば，一見楽そうなこの仕事もしだいに苦痛になるようである。2日も経つと本来見えないものが見えてくるような幻覚が現れるようになり，その大学生はそのアルバイトを中止するよう求めた。この現象は人間がいかに情報を求めているかの証拠であり，その欲求は刺激がないと自分から刺激を作ってしまうほど強いものである。

接触欲求　　また，接触欲求は図5-3のようなハーロー（Harlow, 1959）による猿の代理母親実験で証明されている。ハーローは，2群の猿を，1群は布製の代理母親に，もう1群を針金の母親で育てた。そしてその2群を観察したところ，図5-4のように針金で育てられた猿は，授乳の際は針金の母親に寄りかかるものの，それ以外は布製の母親にすがりついて過ごすことが多かったという。つまり母親に対する子どもの愛着形成には，生命に関わる生理的欲求よ

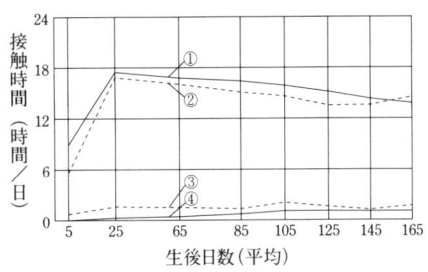

図5-3 針金製と布製の代理母親
(Harlow, 1959)

① 布製から授乳したサルの布製との接触時間
② 針金製から授乳したサルの布製との接触時間
③ 針金製から授乳したサルの針金製との接触時間
④ 布製から授乳したサルの針金製との接触時間

図5-4 両方の「代理母親」と一緒に過ごした時間
(Harlow, 1958；佐藤, 1979)

りも接触の欲求の方が深く関わっている。

3. 欲求は成長システム－2次的欲求・社会的欲求

a 欲求は条件づけられる

　また，1次的欲求を基盤にして後天的に獲得されたものが2次的欲求である。生理的欲求のところで挙げた特殊飢餓動因も，常に働くというわけでなく，食習慣などにより変化を受ける。甘いものを好んだり，辛いものを好んだりするのは，その栄養が不足しているというよりも学習された結果であるとする。また，性欲求は生まれつきの欲求ではあるが，「十人十色」，あるいは「たで食う虫も好きずき」といわれるように後天的に学習される面もある。このように1次的欲求を基礎として学習されたものを2次的欲求という。

　2次的欲求として代表的なものが，学習の章で説明した道具的条件づけであろう。例えば，自動販売機にコインを入れるとバナナが出ることを経験したチンパンジーは，コインを熱心に求めるようになる。これは，今まで中性的刺激であったコインに対する欲求が作られたと考える。

b 自律する欲求

　ベルタランフィ（Bertalanffy, 1973）は，「全体として機能するようなシステムで働く制御過程，自発活動，目標が緊張の緩和でなく増大となるような過程，成長・発育・創造のような過程はホメオスタシスで説明するには限界があ

る」とした。例えば2次的欲求の中でも，最初は生理的欲求を満たすゆえに求められていた対象が，いつのまにか生理的欲求と離れ，それ自体が求められるという現象がある。例えば，最初はおもちゃがもらえるから嫌々ながらやっていたスポーツも，いつのまにかそれ自体がおもしろくなり，自ら取り組むようになる。これは機能的自律と呼ばれる。生理的欲求のシステムからすれば，おもちゃやお菓子がもらえて生理的欲求が満たされればスポーツに対する欲求も低減するはずである。しかし，スポーツに対する欲求は生理的欲求から離れて，それ自体が稼働するようになる。このように2次的欲求は生理的欲求から遊離して自律することがある。

C 社会的欲求

発達の影響を受けながら後天的に獲得される欲求のことを総称して社会的欲求という。社会的欲求の代表的なものに達成の欲求と親和の欲求がある。達成欲求とは困難な課題を成し遂げたい，優れた業績を上げたいとする欲求である。おもしろいことにこの欲求も，もともとは1次的欲求に基づいていると考えられるが，1次的欲求から切り離されても成立することがある。例えば，チャンピオンになりたいがために，生理的欲求である食欲を抑えるボクサー，主義主張のために苦痛回避の欲求を捨てて刑死を選ぶ人などがこれに該当する。戦後まもない頃の出来事であるが，闇米が流通していることに反対し，栄養失調で餓死した検事もいる。

また，親和の欲求は他の人と友好を保ち，生活をともにしようとする欲求である。親和の欲求は不安が高いと起こりやすいといわれる。シャクター (Schachter, 1959) は，高不安条件群と低不安条件群を作り，高不安条件群には，「この実験は，人体に及ぼす電気ショックの効果を見るものであり，かなり高いショックが与えられるだろう」と予告し，一方の低不安条件群には「ショックはわずかであろう」と予告した。そして，実験開始まで個室で待つか，他の人と一緒に大部屋で待つかを

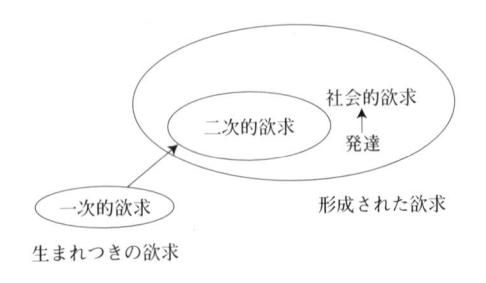

図5-5 後天的に形成される欲求

選択させたところ，高不安条件群に大部屋で待つことを希望する者が多かったといわれる。このように仲間の存在は恐怖や不安を低減する働きをするらしい。

社会的欲求には，この2つ以外にも，社会的承認，集団への所属，支配，服従，攻撃，依存，独立，探求などがある。これらは，発達時期によって強まり方が異なる。学童期には，集団の所属欲求が強まり，この時期の子どもにとって仲間外れにされるのは，特別につらい体験となる。また，独立の欲求も小学校高学年に高まり，その時期になると，ひとり部屋を欲しがるようになる。

このように後天的に形成される欲求は，図5-5のように1次的欲求をもとにした2次的欲求と，発達とともに生じる社会的欲求から構成される。

d 成長する欲求－開放システムとしての欲求

欲求が成長することについては，マズロー（Maslow, 1954）の説が参考になろう。その説は，図5-6に示されているように，欲求にレベルを設けたもので，比較的低次元の欲求が満足されて初めて高次元の欲求が出てくるとした。彼は，欲求を①生理的欲求，②安全の欲求，③愛と所属性の欲求，④尊敬欲求，⑤自己実現の欲求，に分け，④の尊敬欲求

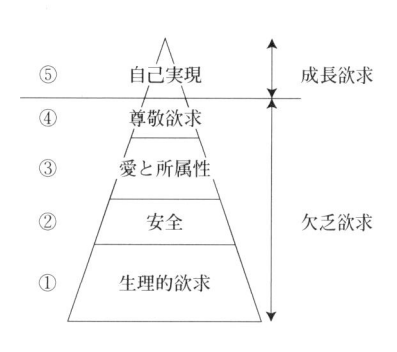

↑ 図5-6　欲求の階層組織図
(Maslow, 1954)

までを欠乏欲求，⑤の自己実現の欲求を成長欲求として分けた。

そして前者の欠乏欲求は，欲求が満足されると緊張が解消し欲求もなくなってしまうとした。すなわち④尊敬欲求までは図5-1に示されたようなホメオスタティックな，いわば閉鎖システムに従う欲求である。ところが，最高位の欲求である⑤自己実現の欲求は，満足しても欲求が消失せず，ますます欲求が高まると定義づけた。これは閉鎖システムを超越した「成長の原理」であり，周囲からの刺激を得てますます成長発展する開放システムに基づくといえよう。デカーヴァロー（DeCarvalho, 1991）によれば，人間は「生成の過程の中にある存在であり，どう見ても前進的で，自主的で，選択するもので，適応したがり，変化しやすいもので，絶えず生成を続けている」と述べている。このマズ

2 欲求の起源

行動は欲求により起こるが，その行動を終結させるまで推進させる力が動機づけと呼ばれるものである。この推進力の起源には外発と内発の2通りがある。

a 欲求の発動源は外―人間は駒

外発的動機づけとは，外からの働きかけにより行動が起こることをいう。例えばお金や食べ物が与えられるとますますその行動を起こし，また親や教師からの賞賛や叱責を受けるとその行動を止めるといった，外部が原因となって行動が起こる。1次的欲求はもともと遺伝的に備わっているが，それを起こすのは外からの報酬や罰である。つまり，外発的動機づけとは，この1次的欲求が満足されるのを期待して起こる。この考えでは，1次的な欲求が満たされればその対象に対する欲求もなくなることになる。

賞罰はその代表例であり，実験例としてはハーロック（Hurlock, 1925）の研究が有名である。彼は，加算作業を課した際に賞賛群，叱責群，無視群，統制群の4群を作成して，日数の経過に伴う成績の変化を見た（図5-7）。その結果，賞賛群と叱責群の間で特徴的な違いが見られたという。賞賛群は日数の経過に従って成績を伸ばしたのに比べ，叱責群は最初のうちは伸びを見せたものの，その後急激に低下した。罰は，その行動を止めよといっているが，何をしろとも指示しない。そこで罰を受ける本人はとまどってしまう。そこで賞がもっとも効果的に思えるが，賞ばかり与えた場合にも，賞がなくなった時に行動が起こらなくなる。外からの誘いが1次的欲求を起

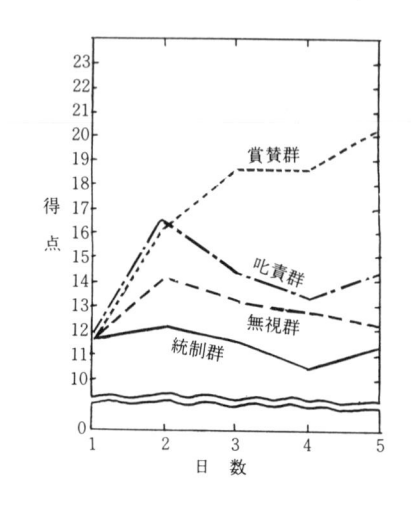

↑ 図5-7　加算作業に及ぼす賞罰の効果
（Hurlock, 1925）

こすわけだが，その誘いがないと欲求も起こらなくなるのである。ここでの主体は，あくまで動かす側の外部である。教育熱心な親によって勉強に駆り立てられた子どもが，しだいに主体的に勉強する力を失うのはこのせいである。

ⓑ 欲求の発動源は内―人間はさし手

外からの報酬にのみ依存させると，内から発動する力を奪うことが指摘されている。つまり報酬が目的になってしまうと，その報酬がなくなった時点で行動がとまってしまう危険がある。レッパーら（Lepper et al., 1973）は，幼児に絵を描かせる際に，彼らの自由な描画行動に対し外的報酬を与えると幼児のやる気をなくさせてしまうことを報告した。また，デシ（Deci, 1975）も，大学生にソマというパズルを解かせた際に，解くごとに報酬を得た群は，得なかった群に比べて，後の自由時間において，パズルをする行動が少なくなると報告している。

このような研究結果から考えると，やる気を持続させるには，外から働きかけるより内からの力を育てることが大切といえよう。つまり，内からの力とは，学習すること自体に興味をもって取り組む意欲のことである。これは内発的動機づけと呼ばれ，内因性欲求の中の探索欲求と同じものをさす。内発的動機づけには，知的好奇心，向上心などがある。内発とは，生まれつきもっていることを想定しており，何らかの環境的な要因によってその発現を妨げられていると考えられる。

ⓒ 発動源の外と内―グライダーと飛行機

外発的動機づけと内発的動機づけとを対比するものとしては，グライダー人間と飛行機人間に分類した外山（1983）の考えも参考になろう。グライダーは風のような外的な条件に従って飛ぶ。一方，飛行機は自分で飛び立つパワーをもっている。これについては，ド・シャームズ（deCharms, 1968）は自己原因性に関する2つの基本的な心的状態について述べている。それが，オリジン（origin）とポーン（pawn）であり，いわばオリジンがさし手，ポーンが駒である。つまり，オリジンは自分の行動の起源を自分自身にもち，人に振り回されない。一方のポーンは自分の行動は他人に支配されると考える。

ⓓ 動機は統制の位置

ⓐとⓑは，動機はどこから発するかという見方であった。また見方を変えて，

行動によってもたらされた成功の原因をどこに求めるかという理論もある。それによって将来どのような行動を起こすかが決まってくるという。それは，原因帰属という考え方で，ワイナー（Weiner, 1974）は課題における成功の原因を，統

表5-2 達成行動において認知される原因の分類（Weiner, 1974）

安定性	統制の位置	
	内的	外的
安　定	能　力	課題の困難さ
不安定	努　力	運

制の位置と課題の安定性からとらえている（表5-2）。その見解によると，効力感の高い人は成功の原因を努力に帰属させるという。努力とは統制の位置でいえば内的統制であり，不安定なものである。つまり，主体が働きかけるかどうかが環境を変化させうるという認知である。また，ドウェック（Dweck, 1986）によれば，知能には固定的に考える見方と努力により増大する見方の2通りがあるとした。そして，増大理論に立つ者は能力に対する自信にかかわりなく，進歩している実感を大切にし，たとえ困難であっても挑戦し続けるという。ここでも動機の内発性が強調されている。

3 力学から見た欲求
－葛藤状況における力学比喩－

われわれは，今まで見てきたようにさまざまな欲求をもつが，現実にはあれもしたいが，これもしたいという欲求の葛藤に悩むことが多い。それを力の関係から示したのが以下のレビン（Lewin, 1935）による葛藤状態の力学図（図5-8）である。

個体の中に，力の等しい2つ以上の欲求が存在する状態を葛藤状態という。

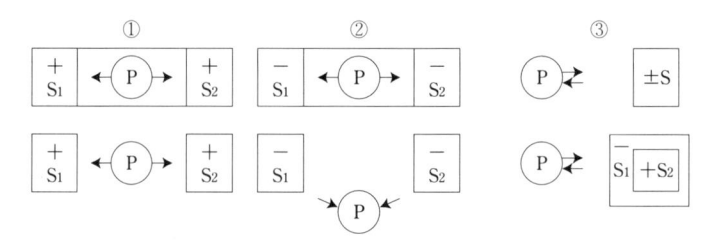

図5-8 レヴィンによる葛藤の種類（Lewin, 1935；早坂・上野，1968）

欲求には接近と回避という2つの方向性があり，その主要な組み合わせによって図のような3種類の状況が考えられる。図中のPは，選択を迫られる主体であり，Sは欲求を起こさせる刺激である。

①接近－接近型の葛藤：例えば，2人の女性を同じくらいに好きになり，どちらかを選択しなければいけない状況に陥った場合などである。

②回避－回避型の葛藤：①とは逆に回避したい2つの対象から板ばさみに合っているような状況をいう。例えば，大学での勉強もしたくないが，はたまた留年も嫌だという場合である。

③接近－回避型の葛藤：1つの対象が同時に正負の誘発性をもっている場合である。例えば「虎穴に入らずんば虎児を得ず」，「河豚は喰いたし，命は惜しし」といった諺がある。これらの例は，1つの対象が魅力があると同時に接近するには危険性が伴うことを示している。

第6章 比喩から見た思考

　思考を表すものに,「頭が回らない」とか,「1つの考えに凝り固まる」といった表現がある。これらは,思考を神経の流れに見立てているからである。また,「論理を組み立てる」とか,「あなたの考えが見えない」という表現もよく耳にする。これらは,思考を形をもつものとみなすからであろう。

　思考とは,目標を達成するために情報を収集したり変換したりする内的な活動のことである。思考は縦横無尽に神経網が組み合わされるように,本来は柔軟なものである。しかし,何回も同じ思考形式を繰り返すと,ある筋だけに自動的に流れてしまうことにもなる。そこにはすでに柔軟に働かせようとする意識もない。また,柔軟であるためには,手段を豊富にもっている方が有利であろう。

　以下には,方向と強さをもつ「流れ」という物理学比喩あるいは神経比喩と情報処理資源比喩という2つから主にさぐっていく。さらに,思考のシステマティックな側面にもふれていきたい。

１ 流れとしての思考

　人は,同じような問題を続けて解いていく場合に,手順を自動化して効率をはかったりする。このように,いったん身につけてしまった思考パターンはなかなか変えられない。しかし,1つの刺激に対して1つの反応しか返さないのであれば融通性に乏しく,新しい問題に出くわしても柔軟な対処ができないであろう。

1. 思考の収束と拡散

　また思考に流れる性質だけでなく方向性も加えた見方がある。思考の収束と拡散という概念である。収束は整合性のある1つの筋道へと至る流れであり,

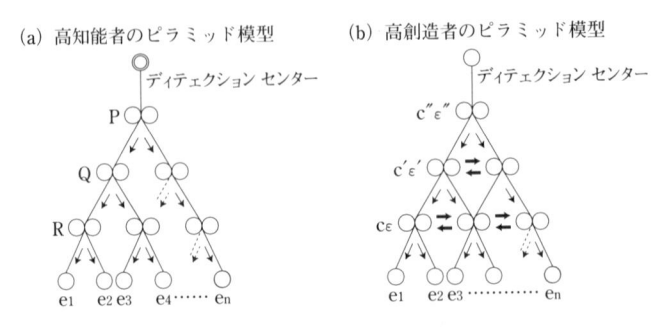

(a) 高知能者のピラミッド模型　　(b) 高創造者のピラミッド模型

図6-1　思考の収束と拡散（市川，1970）

拡散とは多方面に関連を見出していく思考の流れである。また，収束的思考は知能の基礎として，拡散的思考は創造性の基礎として位置づけることもある。市川（1970）は図6-1のように，理路整然とした高知能者の思考を縦の流れに，そして一見関連のないもの同士に関連を見出す高創造者の思考を横の流れにイメージ化した。この考えも神経比喩の流れを汲むといえよう。

2. 思考の固着

　ルーチンス（Luchins, 1942）の水がめ実験に見られる思考の固着現象は，思考がパターン化する代表例である。例えば表6-1のように3種類の水がめを使って目的の水量を求める課題で，同じ式で回答できる問題が続くと，もっと簡単な式で解けるにもかかわらず今までの式に固執する。つまり問題1から順番に解いていった場合，6ではA－Cで簡単に解けるにもかかわらず，1・2・3で解いてきたB－A－2Cに固執してしまうのである。

　また，マイヤー（Maier, N. R. F.）の2本のヒモ問題も機能的固着を示す例である。彼は，

表6-1　ルーチンスの水がめ問題
（Luchins, 1942）

問題	A水がめの容量	B水がめの容量	C水がめの容量	求められる水量
1	21	127	3	100
2	14	163	25	99
3	18	43	10	5
4	9	42	6	21
5	20	59	4	31
6	23	49	3	20
7	15	39	3	18
8	28	76	3	25
9	18	48	4	22
10	14	36	8	6

図6-2のような状況におかれ，2本のヒモを結ぶように求められた実験を紹介している。この実験では，実は下に落ちているペンチが解決に導いてくれる。この解決方法は，一方のヒモにペンチを結びつけてそれを振り子のように振って，もう一方のヒモをもちながらこちらに揺れてきた時につかむというものである。ところが，この問題を10分以内に解決できた者は被験者の4割に過ぎなか

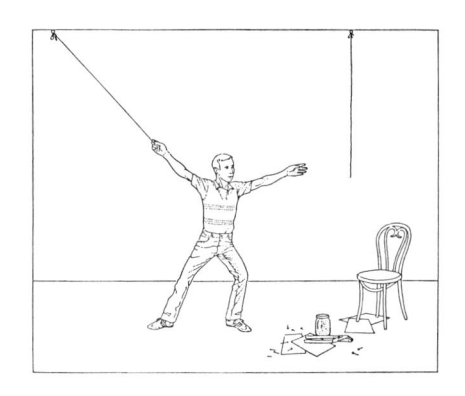

図6-2 マイヤーの2本のヒモ問題
(Anderson, 1980；富田ら，1982)

ったという。これについては，ペンチの本来の機能に固執しすぎて，重りとしての潜在的な意味に気づけなかったからと解釈されている。

こういった思考は，まるで水路に沿ってしか流れない水のようである。しかも，それは意識が関与しない自動化された領域である。

2 操作としての思考
－ピアジェの考え－

ピアジェ（Piaget, J）は以下のような4段階に及ぶ発達段階を仮定した。

彼は思考の発達を，操作の出現とその応用の過程とみなした。ピアジェのいう操作とは，一貫した構造性と体系性をもった心的活動のことで，対象に働きかける際の具体的な動作や活動をさす。それらは発達とともに頭の中で表象されるようになる。しかもその発達の要因としては生得的メカニズムを重視している。以下に示したのが彼による思考の発達段階である。

ⓐ 感覚運動的知能の段階（0～2歳）

0～2歳までは，行動を外界に働きかけては適応する。例えば乳児は，何でも口に入れようとする。それは口という枠組みを外界に適用しようとするからである。その後手段と目的の分化が起こり，1歳にもなると手段をいろいろ変化させて外界に対応する。つまり，一種の実験操作ができる。

b 前操作的思考の段階（2～7，8歳）

前概念的段階（2～4，5歳）象徴機能の発達が著しいのがこの時期である。つまり頭の中で考えられるようになる。しかし，概念はまだ獲得されていない。隣の家の犬と自分の家の犬とでは同じ種類とは認識できず，同じ人でも服装が変われば，違った人とする。

直感的思考期（4，5～7，8歳）この時期は見た目にとらわれた思考をする。例えば，図6-3のように，(a)子どもに対して同じ形のビーカーに入れた水を2つ用意し，(b)その1つを高いが幅は狭いビーカーに入れ替える。そして，(c)どちらが多いかをいわせると，高いビーカーの方が多いと答える。これは，高さと幅という2つの次元を同時に扱うこと，つまり抽象的な記号による操作ができないからである。具体的にいえば，水を加えていないから（同一性），もとに戻せば同じだから（可逆性），高さはあるが幅が狭いから（相補性）のように，変換して見ることができないわけである。

c 具体的操作の段階（7，8～11，12歳）

この時期には，同一性，可逆性，相補性が理解される。現象をいろいろな面から供応させて見ることができるようになる。ビーカーの例でいえば，高さは高いが幅は狭いと相補性を理解できるようになる。つまり，複数の次元を同時に扱うことが可能になるわけである。また概念も形成され，動物の中には犬や猫があり，さらに犬の中にはプードルやテリアが含まれるというように包含関係が理解される。しかし，解決可能なのは具体物に限られる。

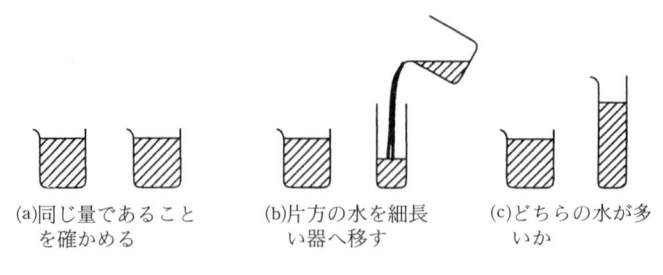

(a)同じ量であることを確かめる　(b)片方の水を細長い器へ移す　(c)どちらの水が多いか

↑ 図6-3　液量の保存実験

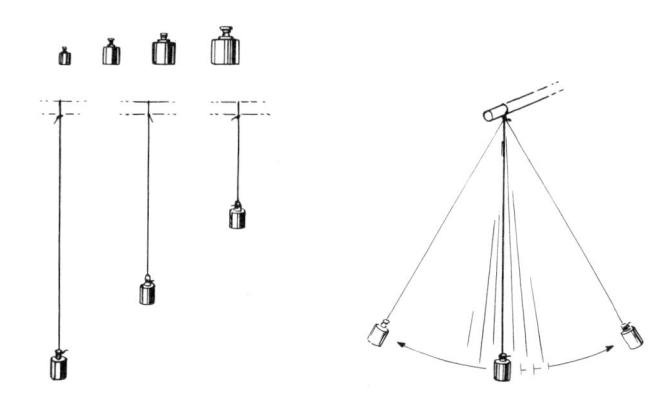

↑ 図6-4　振り子課題（Bower, 1979；鯨岡, 1982）

d 形式的操作の段階（11, 12歳〜）

　この時期になると具体物でなくとも，記号や数式におきかえても操作できるようになる。例えば，図6-4のように，振り子の重さ，糸の長さ，振り出す角度のうち，どれが振り子の周期に関係しているのを見出す問題で，特定の要因の効果を明らかにするには，他の2つの要因を一定にして残りの1つだけを変化させてみればよいことがわかる。

　このようにピアジェの発達段階説は，年齢の移行とともに扱う操作次元が増え，しかも複雑に供応させることができることを示している。棒を使って形を作る場合に，棒がたくさんある方が多彩な形を作ることができる。それと同じように，ピアジェの操作も，頭の中で棒を組み立てるようなものではなかろうか。

3　情報処理資源としての思考

　また思考を操作とみなす考えに似て，情報処理資源とした理論もある。操作できる数・組み合せを思考とみなしたように，情報処理資源として扱い可能な容量を思考とした。ケイス（Case, 1976）の容量比喩と天秤問題におけるシーグラー（Siegler, 1976）のモデルはその代表例であろう。

1. 思考は情報処理容量

ケイスはピアジェ理論を情報処理理論からとらえ直した。人間を情報処理のための処理資源をもった存在とし、ピアジェ流の操作の発達を、その年齢で扱える操作の数、いわば情報処理容量として具体化した（表6-2）。この表では、垂直と水平の2次元を考え、その1次元のみを扱える段階から、2次元を同時に扱える段階へと変化することを示している。

表6-2 液量保存課題で使用される方略の種類とそれに必要な情報処理容量
(Case, 1978b；内田, 1992)

方略の水準	年齢	方略の内容	情報処理容量
①：垂直次元にのみ中心化	3～4歳	2つのビーカーの水面の高さに別々に中心化する。	1
②：垂直・水平次元のどちらか顕著な次元で比較	5～6歳	2つのビーカーの水面の高さの次元で比較する。差が小さい場合には、ビーカーの横幅、水平次元でも比較できる。	2
③：初期状態と変形の性質を比較	7～8歳	ビーカーAの量が最初はビーカーBの量と等しいという事実を表象し、次の変換の性質（水は移しかえられただけで加えられたり減じたりしない）を再生し、現在の量について結論を出す。	3

2. 思考は符号化とその組み合わせ

シーグラーの思考の発達もほぼ同じ考えである。シーグラーは、天秤問題において支点の両側に置かれる重りの数と重りの支点からの距離という2つの次元をいかに符号化し、供応させるかによって4つのルールが可能になるとしている。図6-5のように子どもは、天秤の問題において　ルールⅠ：重りの数のみに基づく判断から、ルールⅡ：同じ重さの時に距離を考えに入れた判断へ、さらにルールⅢ：回転モーメントの総和としての釣り合いは考慮できないが、重さと距離を同時に用いた判断ができるようになり、最後にルールⅣ：回転モーメントの公式による判断へと移行するとした。回転モーメントとは天秤を回転させようとする総力のことで、長さと重さの積で表される。表6-3の年齢（欄1）には各年齢段階で測定された正答率が、そしてルール（欄2）には理

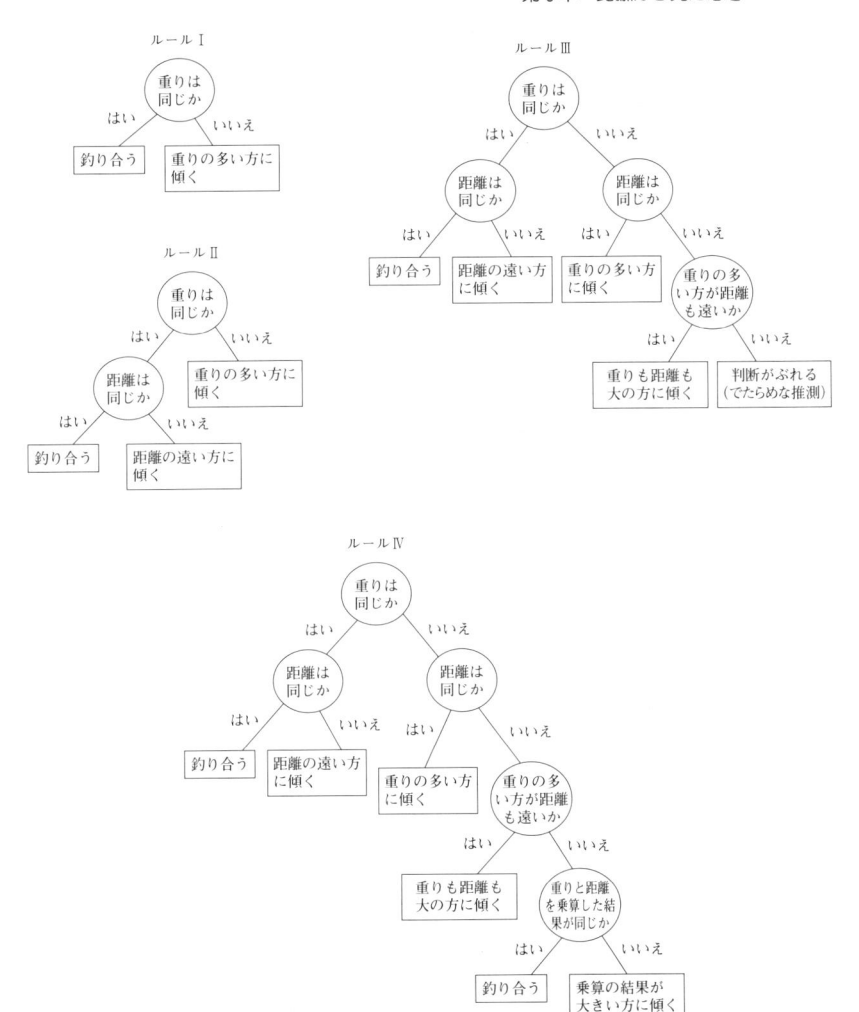

図6-5 天秤課題を遂行するためのルールを決定する樹状モデル(Siegler, 1976)

論から予想される正答率が示されている。この結果を見ると，5～6歳ではルールⅠを，9～10歳はルールⅡを，13～14歳ではルールⅣをそれぞれ利用するという結果になっている。またルールⅣは16～17歳でも十分に利用されているとはいえないが，発達による理論値とほぼ対応している。ここでは特に葛藤する問題を取り上げてみよう。例えば「葛藤－重さ」場面では，ルールⅠとルー

第Ⅰ部 心理学概論に見られる比喩

表6-3 各種の天秤課題と各年齢段階で得られた正答率（欄1，%）ならびに各ルールを用いた場合に予想される正答率（欄2，%）と予想される発達傾向（欄3） (Siegler, 1976；田邊, 1989)

問題の型	年齢 (欄1)				ルール (欄2)				予想される発達傾向 (欄3)
	5-6	9-10	13-14	16-17	Ⅰ	Ⅱ	Ⅲ	Ⅳ	
バランス	94	99	99	100	100	100	100	100	変化なし―すべての子どもが高い水準
重さ	88	98	98	98	100	100	100	100	変化なし―すべての子どもが高い水準
距離	9	78	87	95	0（「つり合う」と反応）	100	100	100	年齢に伴い劇的変化あり
葛藤―重さ	86	79	53	51	100	100	33（チャンスレベルの反応）	100	年齢とともに減少―最高年齢では反転する
葛藤―距離	11	32	48	50	0（「右へ傾く」と反応）	0（「右へ傾く」と反応）	33（チャンスレベルの反応）	100	年齢とともに増加
葛藤―バランス	7	17	26	40	0（「右へ傾く」と反応）	0（「右へ傾く」と反応）	33（チャンスレベルの反応）	100	年齢とともに増加

[注] チャンスレベルの反応とは"つり合う""右へ傾く""左に傾く"といういずれかの反応を示すことを意味する。実験で得られた正答率の結果（欄1）と、理論的に予想される結果（欄2）との間に完全にまではいえないが、ある程度の類似関係がみられ、年齢が高くなるにつれて高度なルールでの思考が可能になると予想される。

ルIIの者は，重さのみ考慮し，距離まで考慮できないので，左に傾くと答えざるを得ない。偶然にもそれは正答になる。しかしルールIIIとルールIVの者では，距離まで含めて考えるようになるため，逆に判断が鈍るのである。

　シーグラーの考えはケイスと同じで，高次の判断とは複数の次元を同時に複合させて扱えることを意味している。ケイスは複数の次元を容量とみなしているが，シーグラーは符号化としているだけの違いである。抽象化された記号論理を組み合わせることができるかどうか，という点では同じである。

4 演算処理システムとしての思考

　アーンストとニューウェル（Ernst & Newell, 1969）は，私たちの思考過程をコンピュータになぞらえた。それが問題解決過程をシステム化した一般問題解決プログラム（General Program Solver：GPS）と呼ばれるものである。この考えは，問題には目標状態と前提状態があり，目標状態に到達するために前提状態との差を縮めていくやり方のことである。目標と前提を比較し，目標に到達するまでの下位目標を設定し，それらの下位目標を1つひとつ解決していくもので，その特徴から手段－目的分析と呼ばれる。その例を紹介しよう。

　例えば，図6-6はハノイの塔と呼ばれる問題で，このような問題の解決には，操作子を適用しては変換し，目標問題へと近づけていく。初期状態とは棒1にすべての円板がある状態で，目標問題とは棒3にすべての円板があることで，すべての円板を棒3に移していかねばならない。操作子とはある棒にある円板の1つを他の棒に移すことである。しかし，操作子の動きには制約が設けられていることが多く，この場合，1度に1枚の円盤しか動かせない，小さい円板の上に大きい円板を載せることはできない，といった制約がある。

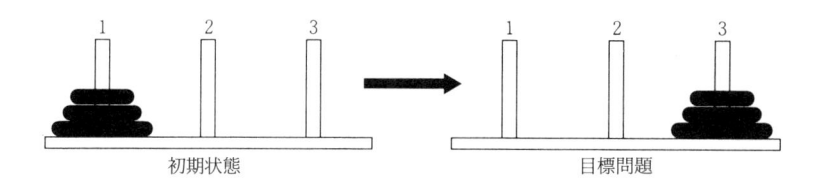

↑ 図6-6　ハノイの塔

このような問題には目標問題と初期問題を比較し，その差異を最も小さくしていくことが必要であり，そのためには下位目標へと分解して達成していく。例えば，一番大きな円板を棒3にまずもっていくためには，どうすればいいかを考える。そのためには，上の2つの円板を棒3以外の棒に，移動しなければならない。模範解答としては，棒2にもっていくだろう。そして次に大きな円板を棒3にもっていくには，小さな円板を棒2以外に移動しなければいけない，という具合である。

　つまり，最終目標を眺めつつ，下位目標を達成していき，目標と前提の差を縮める作業といってもいいだろう。これは人間の思考をコンピュータのようなシステマティックなものととらえている。

　このようなシステム的な思考では，あくまで抽象的な構造に置き換えて問題を解いていく。では与えられた問題が学習者がすでに得ている知識と関連がある場合とか，構造を担う表面的特徴が異なる場合にもうまく適用できるのだろうか。

5 思考は知識構造のあてはめ？

1. 思い込みによる思考の誤り

　人は自分本意の推論図式のようなものをもって，未知の対象に適当な図式をあてはめては誤ることがある。

　この例が演繹的推理に及ぼす信念や感情の効果であり，またジョンソン-レアード（Johnson-Laird, 1983）によって報告されているメンタルモデルと呼ばれるものである。まず，信念や感情の効果とは表6-4に示されているように，前提から論理的に妥当な結論を導く際に起こりやすい現象のことである。例えば1．では，流れに沿って読んでみると，一見正しいと思ってしまう。前提を吟味すれば，あるいは包含関係を確認すれば誤りであることがわかるが，その場の信念や感情に流されてしまうことがある。

　またこのような誤りをメンタルモデルで説明したのが次の例である。

・すべての歌手は大学教授である。

表6-4 演繹的推理に及ぼす信念や感情の効果 (Lefford, 1946；Mayer, 1977；佐古，1979)

1．戦争の時代は繁栄の時代であり，繁栄はおおいに望ましい。それゆえ戦争はおおいに望ましい。
2．すべての共産主義者は急進的な思想をもっており，すべてのCIO（産業別労働組合会議）の指導者たちは急進的な思想をもっている。それゆえすべてのCIOの指導者たちは共産主義の代理人である。
3．哲学者たちはすべて人間であり，すべての人間は誤りをまぬがれえない。それゆえ哲学者たちもまた誤りをまぬがれえない。
4．すべてのクジラは水中に住んでおり，すべての魚も水中に住んでいる。それゆえすべての魚はクジラでなければならない。

・すべての詩人は大学教授である。

以上の2つの命題が与えられた際に，とりあえず歌手＝教授＝詩人という結びつきを作りやすい。このように論理的思考を行う前の一種のシュミレーションをメンタルモデルという。例外を吟味する前にこのような図式が作られてしまうわけである。このような知識のあてはめは，難しい問題をなじみやすくさせる反面，吟味が不正確になる危険もある。それは型にはまった鋳型として働くからであろう。コンピュータでは，値が欠けている時に，全体の流れからふさわしいもの，あるいは一般に用いられる値を自動的に入れることがあり，それをデフォルト値（欠損値）と呼ぶ。このように，人間は欠けている部分を全体イメージから勝手に補うこともある。

2．類推－知識構造の新たな適用

すでにもっている構造化された知識を，後の問題に応用する思考を類推という。①の文を読み，その要点を考えてみよう。次に，②の文を解いてみよう。

①の文

「要塞に陣取った独裁者が小さな国を統治していた。その要塞は，国の中央にあって，農場や村に囲まれ，その間を縫って多くの道がその要塞に通じていた。反乱軍の将軍がその要塞を占領しようとしていた。全軍で攻撃すれば，要塞を占領することができる。そこで，将軍は，1つの道に全軍を集結し，一斉に攻撃しようとした。しかし，それぞれの道沿いには地雷が仕掛けてあった。それぞれの道は，独裁者が要塞から軍人や人妻を移動させる必要があったため，

少数の者ならば，無事に通れるようになっていたが，大軍が通過すると，地雷が爆発するようになっていた。地雷が爆発すると，道だけでなく，近隣の村も被害を受ける。そのため，要塞を占領することは不可能のように思われた。しかし，将軍は簡単な計画を思いついた。軍隊を小グループに分け，それぞれのグループを異なる道の端に送った。そして，合図とともに，要塞に近づき，同時に要塞を攻撃し始めた。こうして，将軍は，要塞を占領し，独裁者を倒した。」

②の文
　「ある医師が胃に悪性の腫瘍をもつ患者の担当した。その患者は，体力が弱っていたため，外科手術を行うことはできなかった。しかし，腫瘍は一刻も早く取り除かなければ，患者は死亡してしまう。そこで，その医師は，放射線治療を考えた。放射線を腫瘍にある程度以上の強さで照射すれば，潰瘍は破壊される。ただし，その場合，腫瘍が破壊されるかわりに，その放射線が通過するところにある健康な組織も破壊されてしまう。逆に弱い放射線を用いれば，健康な組織は大丈夫だが，今度は，潰瘍を破壊することができない。では，どうすればよいか？」

(Gick & Holyoak, 1983を改作；湯澤, 1994)

　①の文は将軍問題，②の文は放射線問題と呼ばれるものである。類推はこの例でいえば，将軍問題と放射線問題の構造をまず頭に浮かべ，将軍問題に潜在している構造が放射線問題の構造と類似していることに気づき，それぞれの構成要素を対応づけ，最後には放射線問題に適用して解答を導く。
　この2つの問題は，表面的な要素を抜きにして構造だけ比べるとよく似ている。ジックとホリオーク（Gick & Holyoak 1980）は，将軍問題を読ませたあとに放射線問題を解かせた時，ある被験者には将軍問題が放射線問題のヒントになることを告げ，他の被験者には告げなかった。すると，ヒントを告げられた被験者の12人中11人（92％）が正解したのに対し，告げられなかった被験者は，15人中3人（20％）しか正解しなかったという。このように，ヒントを告げられなければ，前の知識を後の問題に応用することは難しい。つまり自発的

な類推的転移は起こりにくい。このように人間は各問題に固有の知識をもっている。また，このようななじみの状況の知識のことを領域固有の知識という。また，問題の共通性に気づけるかどうかは，構造を抽象化して把握できるかどうかにかかっている。

3．状況に左右される思考－領域固有の知識

　問題としては同じ構造なのに，自分のなじみの状況におきかえると易しいが，なじみのない状況におきかえると難しくなることがある。

　例えば，自分が郵便局員になったつもりで図6-7のような問題を解いてみよう。それは，4つの封筒があり，「手紙に封がしてあるならば，50リラの切手を貼ってなければいけない」ということをチェックするには最低どの封筒を裏返さなければいけないか，という問題である。bは封がしてあり，aは開いている。その場合，bとdが答えだということは容易にわかる。実際にジョンソンレアードら（Johnson-Laird et al., 1972）が行った実験でも24人のうち17人が正解だったと報告されている。

　ところが，これと同じ構造をもつ図6-8のような4枚カード問題ではどうだろうか。この問題は「これらの4枚のカードは，両面に文字の書いているカードで，カードの片面にはアルファベット1文字，もう片方には数字1文字が書いてある。一方の側にDと書いてあるならば，もう一方の側は3である。この

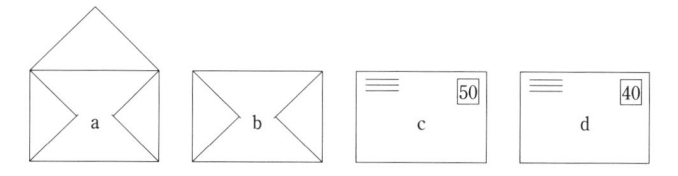

↑図6-7　日常的な意味の豊富な状態における4枚カード問題
（Johnson-Laird et al., 1972）

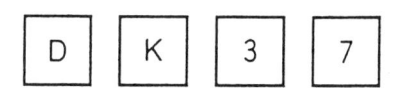

↑図6-8　抽象的な選択課題
（Wason & Shapiro, 1971）

ことが正しいがどうかを判定するには最小限どのカードをめくってみなければいけないか」というもので，この答えはDと7である。この問題の場合，短時間で答えるのは困難で，誤りも多いと報告されている。例えば3をめくりたくなったりする。しかし，3をひっくり返してDと書いてあればそれに越したことはないし，たとえそれがAやBであっても，「Dならば3」という条件に抵触するわけではない。

　ではなぜ4枚カード問題は難しいのか。その理由として，郵便問題のように，被験者が経験したことのある具体的な材料ならば，記憶に頼ることもでき解きやすいが，4枚カード問題は，経験したことのない材料であり記憶に頼れないからと説明されている。一般に抽象的な問題はなじみがうすく，現実にありうる郵便問題のようには解けない。このように，構造は変わらないのに経験したことのない状況の問題になると解けにくいといった現象がある。逆に学習者になじみのある状況によって活性化される知識のことを実用論的スキーマと呼んだりする。実用論的スキーマは，目標が存在している場合に活性化されやすい。

6 成長する思考

　今までは短時間で行われる思考を見てきた。一方で，もっと長期間にわたって思考はどのように発展していくのであろうか。

　天才たちの創造過程を観察してその特徴を記述したものの中で，もっとも代表的なのはワラス（Wallace, 1926）の4段階説である。この説では，時間の経過に伴って創造的活動がいくつかのステージをもって展開されている。

　ワラスは，①準備期（preparation），②孵化期（incubation），③啓示期（illumination），④検証期（verincation）の4つの段階で創造過程を説明した。

①準備期：意識的な努力を行う時期で，課題に対する問題意識はあるものの，解決への見通しは意識されず混沌とした中で問題の検討に没頭している時期である。この時期には解決に必要な情報が収集され，蓄積される。

②孵化期：卵を温める時期という意味で，準備期で十分な情報が蓄積されたにもかかわらず，解決の目処が立たず，いったん解決を放棄する時期で，無意識的に問題に関わっている時期である。この時期に必要なことは次にくる啓

示期を受け入れるために精神が開放されていることである。そのため，精神が高揚していたり，疲労していたり，失意にあったり，快楽的であったりとさまざまな状況を呈するようである。

③啓示期：何かが起こりそうだという予感とともに突然のひらめきがやってくる時期である。この予感をワラスは告知（intimation）と呼んだ。このひらめきは視覚的なイメージであることが多いといわれる。すべてを見通したという洞察であって喜びの感覚を伴うことが多いが，この洞察はまだ現実的なものではない。

④検証期：啓示期で得られた洞察の現実的な吟味の時期である。蓄積された情報を得られた洞察によって現実的に整理し，必要な情報をさらに求め，具体的な解決へと至る。

このように，思考は段階を経て完成に至る。そして思考には，第2段階に用いた孵化という表現に見られるように内的に醸成される面がある。それが創造性の源であろうが，そのメカニズムをさぐっていくことが必要であろう。

第7章 比喩から見た知能

　知能といえば、どんなイメージを思い浮かべるだろうか。例えば「頭の回転が速いこと」とか、「すばやく処理をすること」とか、さらには「周囲のさまざまな状況を考慮して臨機応変に対応する」とかいろいろと思い浮かべるだろう。前の2つはどちらかといえば条件反射的な早さをさし、後者は柔軟な調整をさしている。前者であれば機械的・生理的反応であり、後者であれば司令塔の行いのようである。さらにはIQを連想する人もいよう。これは知能の根源をさぐるというより、世間で信頼されている検査の結果をそのまま受け入れることである。

　では、まず知能とは従来までどのようなものと考えられてきたのか、さらには時代によってその定義はどのように移り変わってきたのであろうか。

‖1‖ 知能の定義

　前章の思考は一定の方向に流れるものとして、あるいは操作の数として把握できることを示した。思考とは、主として新たな課題への対処能力としてとらえられる。一方の知能は、環境を効果的に処理していく総合的な能力とされ、思考より広い概念である。知能の定義は研究者の数だけあるといわれ、抽象的思考だけに限定した狭い定義や環境への適応という広い定義もある。ここでは知能についての代表的な4つの定義を紹介してみよう。

①抽象的な思考能力：数や記号のような抽象的なシンボルを扱える能力、課題を効果的に処理する能力。例えば、数学に優れた人が知能が高いということになる。

②学習能力：効果的に学習する能力、経験により知識を獲得する能力。潜在的な吸収力といえる。

③適応能力：抽象的な能力だけに限定せず、環境への適応能力、新たな場面場

面での解決能力。
④知能テストで測られたもの：操作的定義と呼ばれる。

これらを比較すると、①は言語が使えることが知能の前提となり、ピアジェの分類でいえば形式的操作期以降の青年期に限定した狭い定義である。逆に③は精神遅滞児にも動物にも知能を認め、言語に限らず身体的活動も知能に含めた広い定義である。さらに、それらをまとめて総合的な能力とみなした定義もある。ウェクスラー（Wechsler, 1944）は、知能とは、「目的的に行動し、合理的に思考し、能率的に環境を処理する、個人の総合的、全体的能力である。」とする。

このように、定義も多種多様であるが、まず関心が集まったのは、測定された知能にはどのような内容があるのかという問題であった。したがって、知能研究は、因子分析などの統計手法を使って構造を解明することから始まった。つまり、知能の構造をあたかも地理における領土区分あるいは数学の集合のように考えたわけである。また、知能の構造だけでなく知能の働きに注目した理論もある。その働くようすから、柔軟に流れている姿や、その成果である結晶という姿からとらえたりもする。また、最近の知能理論は様変わりし、人格も含めた幅広い概念に変わりつつある。いわば、知能をすべての情報を結集した上での判断能力とみなす風潮である。その知能観には、状況を配慮できる能力も含まれている。知能におけるそのような変化は、時代とともに要請される知能が変わるゆえにもたらされたのだろう。

2 知能の構造の比喩

1. 知能は領土（集合）

知能の内容とはどのようなものか。つまりどのような構造から成り立っているのだろうか。そして、それは1つの大きな能力因子なのか、それとも独立した多数の因子なのだろうか。

スピアマン（Spearman, 1904）は、図7-1(a)のように知能に関係あると思われる多数の検査を実施し、因子分析を試みた。そして、あらゆる精神作用に

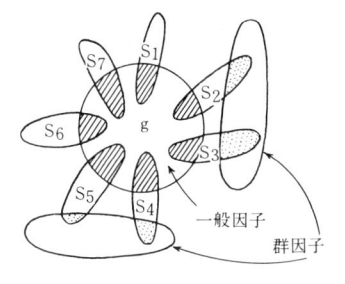

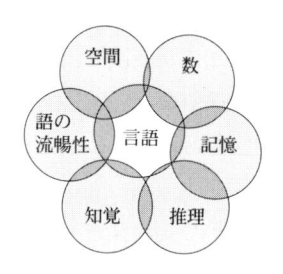

(a) 2因子説（Spearman, 1904） (b) 多因子説（Thurstone, 1938）

↑ 図7-1　知能の因子の構成

関連する一般因子と各検査に特に関係する特殊因子があることを見出した。その後，特殊因子間にも共通する因子が認められ，それは群因子と名づけられた。この説は2因子説と呼ばれる。

一方，サーストン（Thurstone, 1938）は，図7-1(b)のように一般因子の存在を否定し，知能は，数，言語，語の流暢性，記憶，推理，空間，知覚の独立した7因子から成り立っているとした。この説は多因子説と呼ばれる。

この2つの説は，知能が1つの大きな能力として集約されるものか，それとも細かく分化されるものか，という点で異なる。しかしながら，この2つの説も知能を静的なものと考えている点では共通している。さらにいえば，内容のみを重視しており，その働きは重視していない。そして，数学の集合論的になぞらえて能力の存在を明らかにし，その重複と独立をあわせて示している。重なっている部分は同じとみなせる能力で，独立した部分は個別とみなせる能力である。特に前者の2因子説では，一般因子という中心となる能力を想定し，それが特に遺伝的素質から成ると考えているようである。そしてS_1〜S_5までの特殊因子は，後の経験によって形成された個別の能力である。一方，後者の多因子説は，能力が発達とともに個々に分化していくことを想定し，1つの能力だけを鍛えれば事足りるわけでなく，それぞれの能力を鍛えていく必要があるとする。

2. 知能は流動物あるいは結晶物

キャッテル（Cattell, 1963）は，知能は多因子から構成されるものの，それ

らは高次の2つの因子によって単純化できると考えた。その1つが流動性因子であり，もう1つが結晶性因子である。流動性因子とは，学習によって左右されないような，新たな状況にも臨機応変に対応できる能力をさす。一方の結晶性因子は，学習経験によって培われた判断力や習慣のことである。キャッテルは流動性因子を生まれつきの知能と考えていたようで，学習効果を受けないような課題を集めて知能検査を作成しようと試みた。

流動というイメージからするとそれだけで柔軟に対応できる能力と思われ，それに対して結晶は流動から作られたものと受け取られる。前者が動作性知能で，後者が言語性知能と対応づけられることもある。しかし，結局のところ言語を介しない知能があり得るのかと疑問視され，純粋に分離することは難しいといわれる。

流動性は遺伝，結晶性は環境要因によるとされるが，同じような考えを提唱した研究者のヘッブ（Hebb, D. O.）は，生得的可能性からなる側面を知能A，知能Aを基盤として経験や学習を通して獲得される作業や理解を知能Bとした。しかし，知能Aは仮説的なものにすぎず，知能テストでは知能Bしか測定できないとされている。

3. 知能は情報処理過程

このように，知能を地理的領土あるいは集合から，さらには働くようすから見てきたわけだが，一方，情報処理的な働きから見たのが，図7-2のギルフォード（Guilford, 1967）による情報処理モデルである。ギルフォードは，知能の構造をさぐるより，むしろどのように働くかという過程に着目した。知能を「どのような情報をどのような形で操作し，どのように産出するか」と定義したのである。彼の知能理論では，評価，

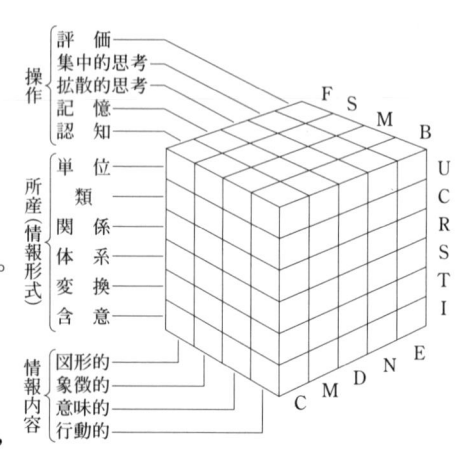

図7-2 ギルフォードの知能の構造モデル
(Guilford, 1967)

集中的思考，拡散的思考，記憶，認知，という5つの操作次元，図形，象徴（記号），意味，行動，という4つの情報内容次元，単位，類，関係，体系，変換，含意，という6つの所産次元からなる3次元の組み合わせによって，合計120通りの因子から知能は構成されると考えられている。例えば，図形的内容の入力情報に対して，認知的な操作を加えて，単位的な出力として生み出すという過程が考えられる。このモデルからすると，抽象的な記号を操作できるタイプとか，人の表情を正確に感じ取れるタイプとか，いろいろな知能タイプが記述できる。しかしすべての知能の組み合わせが明らかになっているわけではない。

3 知能発達におけるハードとソフト

　このように，知能を流動性と結晶性，運動性と言語性，あるいは生得的要素の強い知能Aと経験的要素の強い知能Bに分けると，その発達にもいろいろな違いが考えられる。
　まず前に述べた流動性と結晶性という2つに分けて発達を見てみよう。
　図7-3は，(a)流動性知能と(b)結晶性知能の具体的内容が，年齢とともにどのように変化するかを描いたものである。それによると，流動性知能の下位知能が，18〜20歳をピークに軒並み低下しているのに対し，結晶性知能は年齢とともに低下するものもあるが，言語理解に代表されるように30歳を過ぎてもますますその能力を高めているのがわかる。
　また図7-4は，知能を動作性知能と言語性知能に分けた場合に，発達の様相がどのように異なるかを比較したものである。この発達曲線によれば，積み木や絵画配列，符号などの動作性知能は，20歳前にピークを迎え，その後は衰退している。一方の，知識，単語，理解などの言語性知能は20歳を過ぎても成人期にいたるまで発達を続け，衰退も遅い。
　流動性知能や動作性知能は，コンピュータでいえばいわゆるハード面であり，一方の結晶性や言語性はソフト面である。生涯発達の観点からいえば，年齢を重ねるに従ってたとえハードは衰えても，ソフトの鍛え方次第で知能は向上すると思われる。

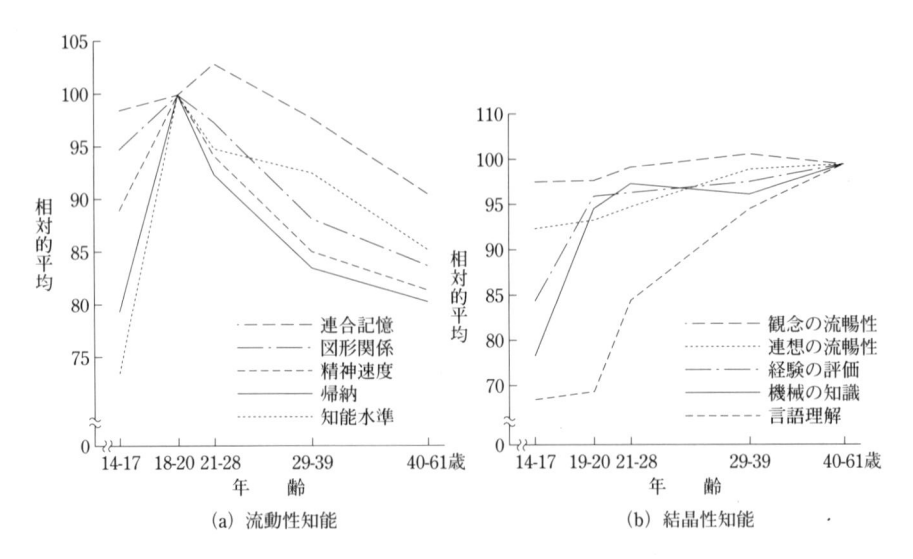

図7-3 年齢の関数としての実行（Horn & Cattell, 1966）

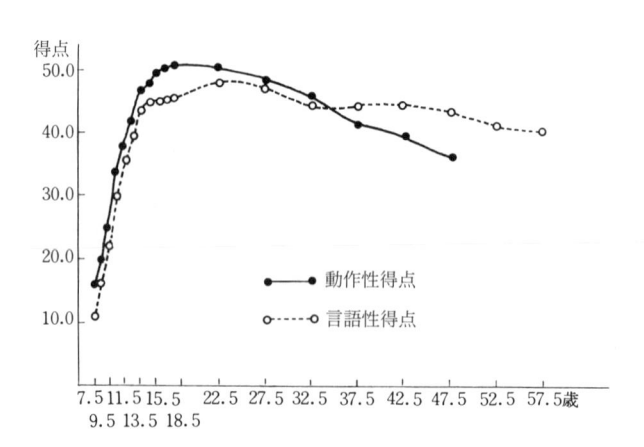

(a) 流動性知能: 連合記憶、図形関係、精神速度、帰納、知能水準

(b) 結晶性知能: 観念の流暢性、連想の流暢性、経験の評価、機械の知識、言語理解

図7-4 言語性，動作性知能得点の推移（Wechsler, 1944）

動作性得点、言語性得点

|4| 新しい知能観

1. 知能は多面能力

　認知心理学では知能を要素に分ける研究がさかんであった。その流れにそってスターンバーグ（Sternberg, 1985）は，知能を情報に含まれる要素を1つひとつ分析していく能力を知能とした。つまり，情報処理コンポーネント（項目要素）を扱う能力のことである。しかし，後になって彼は"状況に生きている人間"を考慮し，高い見地から知能を見直している。そして，"*Beyond IQ*"（1985）という著作の中で，知能を要素からのみとらえるのは実際的でなく，状況に生きている姿からとらえ直す必要を説いた。それは従来の知能というより知性に近い定義である。その概要を紹介しよう。

　スターンバーグによれば，知能の見方には地理的，情報処理的，生物学的，認識論的，人類学的，社会学的，システム的の7通りがあるという。そして，地理的，情報処理的，生物学的，認識論的の知能を内的世界から見た知能，人類学的，社会学的の知能を外的世界から見た知能とし，最後のシステムは内外両世界から見た立場の知能とした。そして彼自身は第3番目の内外両世界からの知能理論に立つといい，知能が3本柱からなるという知能の鼎立理論（a triarchic theory）を提唱した。

　具体的には知能は，図7-5のようにコンポーネント理論と経験理論さらには文脈理論の3つから成立するという。コンポーネント理論とは要素に分析してその組み合わせを考えるような知能である。また，経験理論には，新しい刺激を扱う能力や情報処理を自動化する能力が含まれている。コンポーネント理論は従来流動性知能や結晶性知能といわれてきたものであるが，経験理論はコンポーネント理論に含まれる能力を鍛え上げたものであろう。

　さらに文脈理論には，日常生活に役立つ実用的知能や，他者の気持ちを察知してうまく対処していく社会的知能が含まれている。これらは，従来の知能理論が見逃してきた側面である。それを提唱するきっかけがスターンバーグら（1981）による「専門家がえがく知能観と一般人がえがく知能観は異なる」と

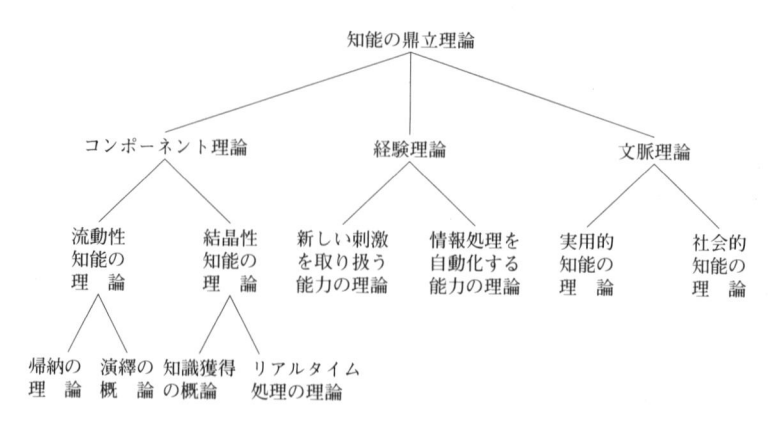

```
                    知能の鼎立理論
          ┌────────────┼────────────┐
     コンポーネント理論      経験理論        文脈理論
      ┌────┴────┐   ┌────┴────┐   ┌────┴────┐
     流動性    結晶性   新しい刺激  情報処理を    実用的    社会的
     知能の    知能の   を取り扱う  自動化する    知能の    知能の
     理 論    理 論   能力の理論  能力の理論    理 論    理 論
    ┌──┴──┐ ┌──┴──┐
   帰納の  演繹の 知識獲得 リアルタイム
   理 論  概 論 の概論  処理の理論
```

図7-5　知能の鼎立理論の構造（Sternberg, 1985；子安，1989）

いう研究報告であった。彼らによれば，専門家は課題解決能力のようなアカデミックな因子を知能として重視するのに対して，一般人は対人関係能力のような社会的因子を重視するという。このように，近年の知能観は人格からの影響を受けており，しかも状況を視野に入れつつある。

2. 知能は階層構造

　スターンバーグは経験や社会的知能を加えて，状況に生きる知能を提唱した。しかし，鼎立理論で提唱された3つの柱は並行に示されただけで，相互の関連について，あるいは主従関係には触れていない。それを補うべく知能を階層構造で示したのが以下のモデルである。

a 階層理論

　まず，澤口（1989）は図7-6のように，人の知性は階層的な構造をもち，その構造に即してこそ対象を認識できるとした。そして，その構成装置には直感（感覚対象の符号化）－悟性（知覚の形成）－理性（認識）という階層性があるとする。階層からいえば上位な様式ほど許容性が高く，経験と状況によって変容しやすい。つまり，高次の階層にある知性は「物自体から離れ，主体的に対象を構造化する」わけである。この理論からすれば，知覚から認知へと進むにつれ，主体の任意性が高まることになる。しかも，下位組織を統括するのが自我であるとした。

図7-6 自我フレームのモデル（澤口，1989）

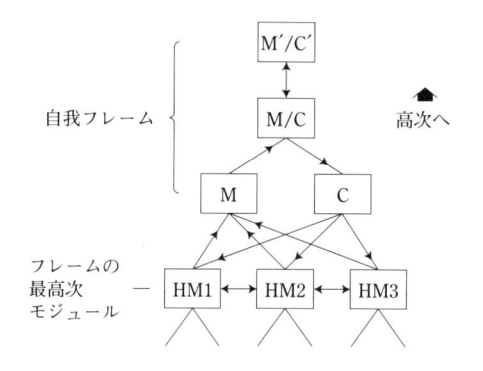

自我フレームは他のフレーム群の最高次モジュール（HM）を監視するモジュール（M），制御するモジュール（C），MとCを監視し制御する高次なモジュール（M/C），およびM/Cをさらに監視する最高次モジュール（M'/C'）からなる。

　さらに澤口は，知性を実現する相対的に独立した神経経路であるフレーム（枠）を想定している。そのフレームは他の知能とも連結しており，中でも自我フレームは，他のすべてのフレーム群からの入力を受けるという。そしてその重要な役割は，フレーム群の活動を監視（モニター）したり，活動するフレーム群の組み合わせを制御したりすることにある。

　この理論はガードナー（Gardner, 1983）の知能観とも類似している。ガードナーは，知能とは①言語的知性，②空間的知性，③論理数学的知性，④音楽的知性，⑤身体運動性知性，⑥対人，⑦対自己，から構成されるとした。

　これらの知性は比較的独立しており，例えば，音楽的知性と言語的知性は独立しているからこそ音楽を聴きながら本を読むことができる。一方，これらの能力がともに働いてこそ達成できる課題もある。例えば，数学の文章題は言語的知性と論理的数学的知性が協調的に働くことによってこそ達成できる。加えて，それぞれの知性が脳の特定部位に神経生理学的起源をもつと考えたのが特徴的である。そして，彼が最後に対自己の知能を挙げていることは注目に値する。それは，知能を単なる情報処理とする見方から，階層構造をもち，すべての情報を総合して判断を下す見方へと変えていったからである。

　ガードナーの唱える知能論では，条件反射的課題から日常の問題解決に至るまでいろいろな知性が協応しながら対処する。さらに澤口では，自我がその統合役を担うとし，認識の最高位に置いている。ここまで至れば，知能を分析し，その構成要素を明らかにしてきた研究から，それらの要素がどのように働き合

b 知能は司令塔

　スターンバーグもガードナーあるいは澤口も、IQ のような狭い定義から脱し、自我のような高次の働きを知能の中心に据えた。特にガードナーと澤口は、知能を単なる情報処理装置ではなく、目的と意志をもって判断を下す主体とみなすようになった。このような知能観は、自己教育力におけるメタ認知などとも関連しよう。メタ認知とは学習のところでも触れたが、「自分の認知過程を認知し、行動を制御する働き」のことである。また中島（1997）もこのメタ認知を現代的知能としている。今後この考えは、教育的観点からも探求されるべきである。残念なのは、これらがモデルと呼ばれる段階にとどまっていて、未だに実証されていない点である。

3. 知能は調整

a 人格から影響を受ける知能

　アイゼンク（Eysenck, 1994）によれば、図7-7のように従来までの知能理論には3つの主要な意味が含まれるという。それが、生物学的（biological）知能と心理測定的（psychometric）知能そして社会的（social）知能である。

　まず、生物学的知能とは知能の生理学的、神経学的、解剖的基礎に根拠をもつ。知能は、大まかにいえば生物学的知能の7の割合で遺伝から影響を受けるのに対し3の割合で環境や社会から影響を受けるという。また、心理測定的知能というのはIQ（Intelligence Quotient）によって定義され、文化的因子、教育、家庭の養育、家庭の社会経済的地位から影響を受ける。そして最後の社

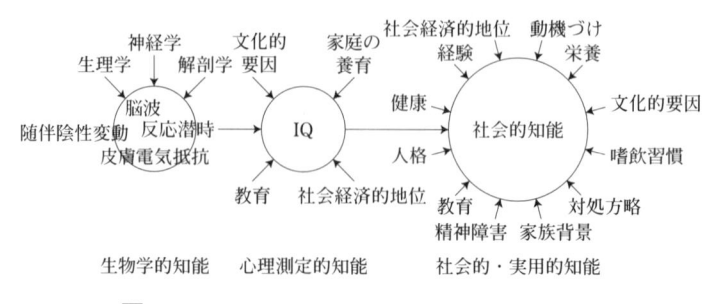

↑図7-7　知能の違った意味合い（Eysenck, 1994）

会的あるいは実用的知能とは，IQを人生の成功へと至らしめることを目的とし，人格，動機づけ，経験，対処方略，健康など雑多な要因から影響を受けるという。アイゼンク自身としては，最初の生物学的知能を重視しているが，現在の流れとしては，後者の2つが好まれることを認めている。このように，知能概念も生理的反応からしだいに環境や社会を考慮したものへと変わりつつある。

b パワー・スピードからコントロール（調整）へ

アイゼンクが述べた心理測定的知能の代表格であるIQの隆盛は，工業化による人間の集団化から影響を受けたといっていいだろう。つまり，生産する上で効率的な人，言い換えれば早く正確に反応できる人が知能が高いことになる。つまり，生物学的知能に加えてIQも高い人をさす。では現在はどうだろう。工業化も一段落し，逆にそれらが進みすぎたことへの反省から，知性とは人間の生き方そのものをさすようになりつつある。特に社会が複雑化している昨今においては，知性の対象は機械ではなく，人間や社会である。現在は情報過多の時代であり，その中で生き抜くには，情報を有効に利用し，そして対社会，対自己のバランスをうまく保つことが必要である。つまり，生物学的知能やIQのようなパワーやスピードでなく，高次の調整能力が必要となってきたのである。そのようすを，具体的に表したのがChiuら（1994）による図7-8である。これは，いわゆる知能と呼ばれてきたものと，人格と呼ばれてきたものが，実際の問題を解決する上でどのように関連しているかを示したものであ

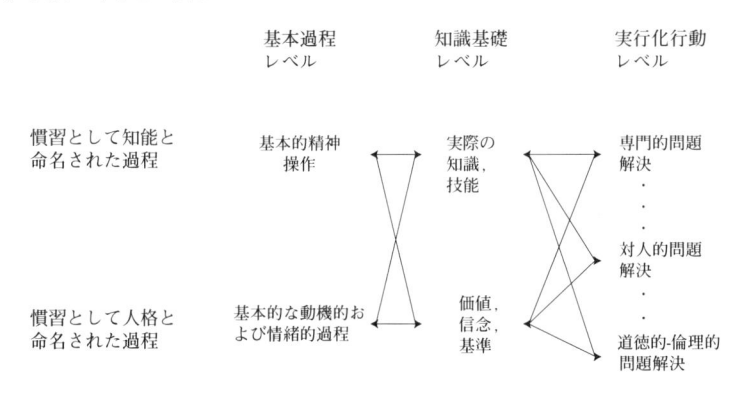

↑ 図7-8　知能と人格の統合モデル（Chiu et al., 1994）

る。知的な行動を発揮するにも，場合によっては，価値，信念，基準といった人格的特性のウェイトが高くなる。また子安（1989）は，社会的知能を述べる中で，これからは知能のパワーやスピードだけでなくコントロールからも考えていかねばならないと説いている。

4. 知能は国家のバランス

最近の知能理論は，状況に合った行動ができるかどうかを重視している。そうした流れから，知力，英智（wisdom）といった概念も注目されつつある。また，スターンバーグ（1990）は，知性の3大要素である，知能・創造性・英智について，表7-1のような分類を試みている。それによると，知能とは主として知識の分析能力であり，その手続きは自動化されることが多く，その中心機能は知っていることを活用していくことである。一方，創造性とは，知っていることを越えて，新たに作り出したり，新たな課題に適用したりすることである。最後の英智とは，知識の前提や意味を知ることで，知っていることや意味していることを上位から理解することである。数学の公式をうまく使えるようになるのは知能の働きだろうが，その公式がどのような意味をもつかまでさ

表7-1　英智，知能，創造性の比較（Sternberg, 1990：中西, 1995）

側面	英智	知能	創造性
知識	その限界と同様に前提や意味を理解する	再生，分析，活用	得られることを超えて進む
知的過程	自動的なこととその理由を理解する	手続の自動化	新しい課題への応用
知的スタイル	批判的判断力（司法）	効率的実行力（行政）	立法的発想力（立法）
人格	あいまいさや障壁の理解	あいまいさを除去しふつうの枠組みにおける障壁をのり越える	あいまいさへの耐性と障壁の再定義
動機	知っていること，それが意味していることを理解する	知っていることと知られていることの活用	知られていることをこえて前進する
環境的布置状況	環境を深く理解するような評価	環境を幅広く理解するような評価	環境を現在知られていることを越えて前進するような評価

かのぼって理解していくのが英智ということになろう。さらにスターンバーグ（1994；1996）は，知能を行政，創造性を立法，英智を司法になぞらえ，図7-9で表すようなそれらの機関がうまくバランスを保っているのが国家の理想であるように，各人の知性も知能と創造性と英智のバランスを保つことが望ましいという。

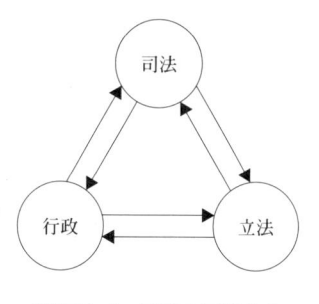

図7-9　国家の三権分立によるバランス

　新しい学力観でも表明されているように，意欲・興味も学力の重要な因子とみなされつつあるが，それも要請される能力が時代とともに変わってきているからであろう。

第8章　比喩から見た発達

　発達とは時間的な経過とともに量的に増加したり質的に変化して，完全な状態へと近づく過程をいう。発達を表す諺としては，「うりのつるになすびはならぬ」とか「氏より育ち」といったものがある。前者には「やはり素質は素質」というあきらめの響きがあり，後者は，素質よりも後の育て方次第という諭しであろう。

　まず，発達を規定しているのは何であるかを考える。この原因論に目を向けると，まず思いあたるのが遺伝か環境か，という論争である。つまり，発達はそもそも素質によって決まっているものなのか，それとも環境によって作り出されるものなのかであり，脳の働きをコンピュータのハードとソフトにたとえることにも似ている。知能にも流動性と結晶性知能があり，前者が能力（ability）とも呼ばれ，遺伝により決まっており，後者が内容（content）と呼ばれ，鍛え方次第で伸びるともいわれている。

　次に，発達にはどのような姿があるのかという点を考える。これについては，3つの側面を取り上げてみたい。まず1つ目は生物の細胞分裂にあやかった分化・統合である。知能にしろ，人格にしろ，分化という用語が使われる。複雑な刺激に対処するには，役割が細かく分かれている方が効率的であるし，もちあわせの手段の多い方が柔軟な対処もできる。また単に分化されるだけでなく，分化された要素同士がうまく協応することも大切である。それゆえに発達は分化と統合の過程と呼ばれる。2つ目は変態と呼ばれるステップアップ（段階飛躍）現象である。分化と統合のような質的発達はステップを踏む。発達においてそのようなステップが設けられているのは便宜上もあるが，飛躍的なステップアップがそこに見出せるからである。これらはいずれも生物学からの比喩であろう。

　さらに，他者への依存から自己の確立への変化という視点を扱う。人は他者から動かされる存在から，自ら動く存在へと変化する。つまり使われる駒から

さし手（動作主）に変身する。

さらにもう1つ，以上の3つとは立場を異にするものがある。つまり個人内で漸進的に発達する見方とは違って，状況との関連からの発達観，さらには理想的な一般的発達観とは異なった個体ごとの発達観である。

1 発達の原理における遺伝と環境の比喩
－発達は植物の成長か陶芸か－

荒木（1987）によれば，発達を表現する両極端なたとえがあるという。その1つは，人間の発達を植物の成長にたとえるもので，環境の働きはいわば園芸家の役目にすぎないと考える。この考えに基づくと，環境の役割とは，素因がうまく発現するように温かく見守ることに限られる。

もう1つは，発達を陶芸にたとえるもので，"陶芸家（環境）の裁量によってどのようにでも変えられる"という考えである。この考えの基礎には，環境がどの程度人間を変えられるかという可塑性という概念がある。ポルトマン（Poltman, A.）は人間を「生理的早産児」と名づけ，環境による変化を受けやすい可塑性のある動物とした。

その論争を教育にあてはめたのが，表8-1に示したレイヒとジョンソン

▼表8-1 「展開」と「造型」の二分法を決定する争点 (Lahey & Johnson, 1978；宮原，1983)

展 開 説	造 型 説
年齢は，遺伝子によって決定される生物学的成熟の過程を表す。	年齢は，子どもと環境との相互交渉の結果として特定の経験が集積する背景を表す。
標準と段階は，展開の自然の過程の結果として現れる水準点である。	標準と段階は，ある環境のなかで起こったものを表したものとしてのみ有用であるにすぎない。
学習は，成熟の関数である。つまり，子どもが生物学的レディネスに基づいて学ぶことのできるものをいう。	学習は，学ぶためにあらかじめ必要とする技能をどの程度獲得しているかの関数である。つまり，子どもがそれまでに学習したものに基づいて学ぶことのできるものをいう。
教師と親は，種をまき，育てる「園芸家」の役割を果たす。しかし，究極的な子どもの「内部」から現れるのを待つ。	教師と親は，「陶芸家」の役割を果たす。つまり，粘土のかたまりからはじめて，計画的に学習経験を与えることによって，究極的な製品を積極的に形成する。

(Lahey & Johnson, 1978) の展開説と造形説の二分法である。展開説であれば生物学的成熟が決定的な要因であり，練習や訓練とは関係なく発達は現れる。一方の造形説は環境を重視するもので，練習や訓練を課すことによって発達がうながされると考える。

1. 発達は植物－遺伝メカニズム

まず，植物へのたとえにおいて，環境がもつ役割とは遺伝的な素質がスムースに実現されるようにサポートすることであった。水や肥料は最低限与えればよく，成長力は基本的には生活体にあると考える。

このような遺伝説を強く主張したのがゲゼル（Gesell, A.）である。彼がトンプソン（Thompson, H.）とともに行った一卵性双生児を対象とした階段登り実験は有名である。その結果を要約してみよう。

まず一卵性の一方のTに対して生後46週に連続6週間訓練を実施したところ，52週目には26秒で登れるようになった。一方，もう1人のCに対しては52週目まで訓練を実施せずに測定したところ46秒かかった。ところがわずか2週間の訓練を受けたところ急速にTに追いついたばかりでなく，むしろTよりうまくなり，10秒で登れるようになったという。この結果から彼らは遺伝が発達に大きく貢献していると結論づけたわけである。この考えから，学習の準備状態であるレディネス（readiness）がなければ発達は促進されないとする考えが導かれた。いわば成熟を待つ教育観である。しかし，このゲゼルの主張も身体的発達に限ってあてはまるとされ，すべての発達にあてはめるには無理がある。

2. 発達環境は触発機能

一方，比較行動学の分野からは，環境は遺伝を触発（リリース）する役割をもつことが提唱されている。例えば，ローレンツ（Lorenz, K.）の心理力学モデル（図8-1）はこの考えを端的に示している。これのモデルは，発達における遺伝メカニズムを重視しているものの，それを解除する役目として環境をとらえている。現在ではその原理の誤りが指摘されているが，環境を遺伝に対する触発作用としてとらえた点で興味深い。

また，ジェンセン（Jensen, 1968）の環境閾値説は遺伝的潜在性が発現する

にあたって，環境がどのくらいウェイトを占めるかという観点から発達をとらえた（図8-2）。それによれば，身長（特性A）は環境条件をほとんど必要とせず発現し，知能（特性B）も環境条件が整わなくてもある程度発現する。ところが，学力（特性C）については，環境が整わなければ現れなくなり，絶対音感（特性D）に至っては，環境が十分備わって初めて現れる。このように，部位あるいは機能によって環境条件の占めるウェイトは異なるという。彼の説も遺伝を触発するという面から環境要因をとらえており，ローレンツの考えに近いものであろう。

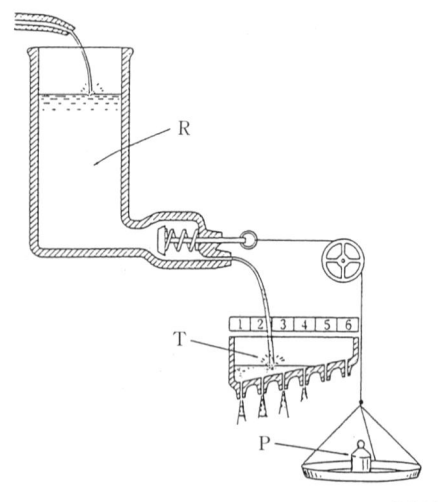

各種の本能行動に対応したエネルギーが貯水池（R）にたまる水にたとえられている。本能行動の連鎖（T）がどこまで発現するかは，貯水池の水量と生得的反応を解発する外的な刺激（P）の強さによってきまるとローレンツは考えた。

図8-1　本能についてのローレンツの心理水力学モデル（大山，1994）

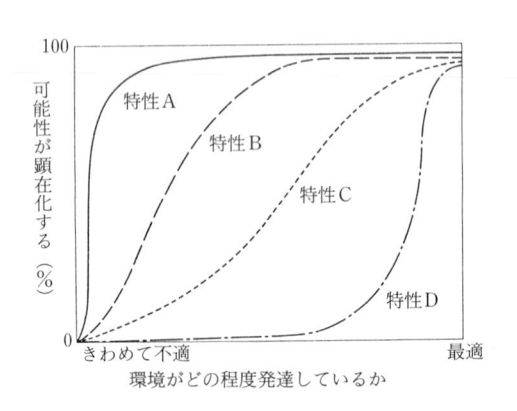

図8-2　ジェンセンの環境閾値説の解説図
（Jensen, 1968；東，1969）

3. 発達は可塑性－環境説における初期経験と臨界期

　ローレンツは，アヒルやカモなどの離巣性の鳥が孵化した後，短時間内に接した対象を追従する現象を刻印づけ（imprinting）と呼んだ。このメカニズムは，発達において生得性を基礎に置きつつも，初期の経験が決定的な影響を及ぼす点で環境要因も重視している。

　人格面の発達においても，フロイトは乳幼児期の心的外傷が神経症を引き起こすとし，初期経験を重視した。また，保母の手が足りない乳児院で起こるといわれる発達遅滞は，ホスピタリズム（施設病）と呼ばれ，発達初期において，母性的反応がいかに大切であるかを物語っている。また，ヘッブ（Hebb, D. O.）は，発達の初期に感覚刺激の乏しい環境で育てられた動物は認知障害を起こすとも報告している。

　このように，発達にとって初期の経験がいかに重要であるかについてはさまざまな報告がされている。これらの事実は，発達過程において経験が最も影響を及ぼす時期があり，その時期を逃すと取り返しがつかないことを示唆しており，この時期のことを臨界期と呼んでいる。

4. 発達は機械の組立－極端な環境説

ⓐ ワトソンの行動主義

　ワトソン（Watson, J. B.）は極端な行動主義を唱えたことで有名である。彼は，心は刺激と反応の結合から成るとする人間観をもった。極論すれば，心は条件反射の複雑な組み合わせから成立するとしたのである。それゆえ彼の理論は機械論と呼ばれる。いわば遺伝的傾向をきわめて制限し，環境の影響を大きく扱っている。それを実験的に証明しようとしたのが，図8-3に示したような恐怖の条件づけの実験である（Watson, 1930）。事前の調査によればこの幼児（生後9か月の男児）が恐怖を示したのは，"大きな音"と"突然に体の支えをなくすこと"だけで，白いものに対しては何の恐怖反応も示していなかった(a)。そして，実験で白ねずみを見せ，それに手で触れると背後で大きな音を鳴らすのを繰り返してみた(b)。すると，白ねずみが現れただけで泣き出すようになり，さらに白いもの，例えば白兎やサンタクロースのお面に対しても恐怖

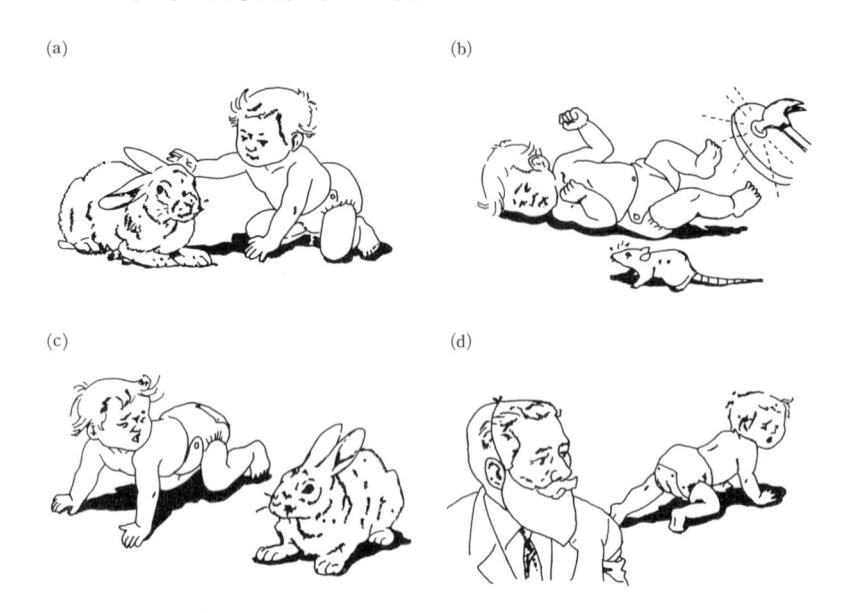

図8-3 恐怖の条件づけの実験（Watson, 1930）

を示すようになったという(c)(d)。この事例をもって，心が刺激と反応の結合からなる証拠にしたわけである。

さらに彼は，以下に紹介するような内容を豪語したので有名である（Watson, 1930）。

「1ダースの健康な赤ん坊と彼らを育てるために，私が特に指定した環境を私に与えてくれるならば，私はそのうちの任意のひとりを選び，その子の才能，嗜好，傾向，適性，祖先の人種がなんであろうとも，私の選ぶどんな種類の専門家にも－医師，法律家，芸術家，大商人，そうだ乞食や泥棒にさえもしてみせよう。」

このことばから，彼がいかに環境を重視したかがうかがえよう。

b ブルーナーの発見学習

また，学習における準備状態のことをゲゼルはレディネスと呼び，遺伝によって決まるとした。そのレディネスが遺伝によって出てくることを疑問視したのが，ブルーナー（Bruner, J. S.）である。彼は，子どもがその段階でもっている思考方法にふさわしい教授方法さえとれば，低年齢の児童にも高等な教材

を教えることができるとした。例えば，ピアジェのいう具体的操作期にある児童でも，ブロックなどの視覚的な教材を用いれば因数分解さえも教えることができるとし，ゲゼルの「待ちの教育観」に真っ向から反対した。

5．遺伝素質はダイヤモンドの原石－相互作用説

遺伝と環境とは両極端の概念であるが，その両者を織りまぜた相互作用説という案もある。それはダイヤモンドへのたとえにうまく表わされる。つまり，ダイヤモンドという素材はあるものの，それを磨かなければ本物のダイヤモンドにはなれないという考えである。確かに，いくら小石を磨いてもダイヤモンドにはなれない。ダイヤモンドの原石を磨いて初めてダイヤモンドとなる。教育者はこの比喩をとることが多く，その説明例として挙げられるのがアマラとカマラの狼少女の話である。これは，人間としての基礎的素養は，人間から教育されて初めて開花するという説で，その経験がないと狼としてしか生きられなくなるわけである。

また，相互作用説を知的側面に応用したものに学力の達成（アチーブメント）という概念がある。知能はあくまで遺伝的素質で，それが磨かれて有用な知識となったのが学力だという考えである。その達成という概念と関連して学力不振児も注目されるようになった。狭い意味としては学力不振児には精神遅滞は含まず，知的素質（知能）ほどには学力が成就されていない児童のことをさす。こういった現象を，達成の観点から，アンダーアチーバーと呼ぶ。逆に知的素質以上に学力が達成されるのをオーバーアチーバーと呼ぶ。その判断の基となる成就値（AQ）は学力偏差値－知能偏差値で計算されるが，－5あるいは－10以下でもって学力不振児は診断される。成就や達成という用語からもわかるように，知能は磨けば必ず学力として発現するはずだと考えられている。

2 発達の様相における比喩

1．発達は細胞分裂－分化の比喩

ベルタランフィー（Bertalanffy, 1968）によれば，分化とは一般的で均質な

状態から，特異で異質な状態への変化であり，さらにいえば，おおまかな分化のない状態から分化と文節さらに階層秩序が増す状態へと移ることだという。まさに分化とは図8-4の例に見られるような細胞分裂によって構造豊かになっていく有機体をさしている。

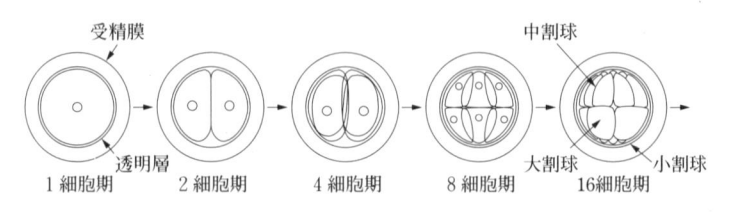

図8-4 ウニの初期発生における細胞分裂の一部（平本・元利，1994）

a ことばの分化―核（軸）文法

幼児は，1歳を過ぎる頃に初語を発し，2歳頃には2語文となり，さらに語彙量を増やして多語文を作っていく。その際に1つの法則性が見られる。それは軸となる語が中心となり，開放語と呼ばれる語を結合させて文を作っていく点である。例えば，「チョウダイ」とか「ナイ」とかは「クチュ」「オカチ」と結合して「クチュ　チョウダイ」「オカチ　チョウダイ」とか「クチュ　ナイ」「オカチ　ナイ」という文を作る。その場合，チョウダイとかナイとかのことばが中心となっていろいろなことばを引き寄せる。そもそも軸語がすべての意味を潜在的に含んでいるわけである。「ブーブー」といえば，車に乗りたいという意味を担っている。それが分化されて多語文となるという理論である。

また，図8-5の文のネットワーク構造をみてみよう。ここでも，1つの文の中で get tired（疲れた）という述語が中心となり，"誰が"という主語，"何

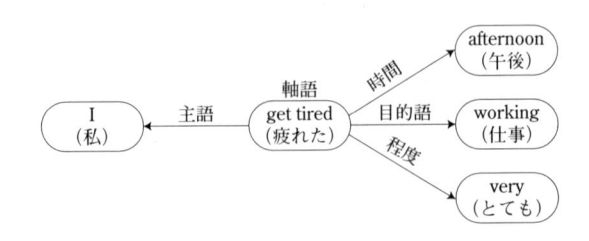

図8-5 文のネットワーク構造（Mayer, 1981；多鹿，1983を改変）

を"という目的語と"いつ"という副詞（時間）"どのくらい"という副詞（程度）を周辺に担っている。横に並べてみると，日本語と英語では主語，動詞，目的語の順序が異なる。しかし，構造化してみると同じ構造であることがわかろう。このような文構造をフィルモアー（Fillmore, 1968）は核文法と呼んだ。われわれは発達とともに軸語ををもとにいろいろな開放語を組み合わせることができ，複雑な文章が扱えるようになる。またこのような分節化された言語は，年齢だけでなく，周囲からの働きかけ方によっても影響される。例えば，分節化された豊かな言語表現で子どもに応対する母親もいれば，分節化されない言語表現，いわゆる巨大語によって応対する母親もいる。このような母親側の言語の分化度によっても子どもの言語発達が左右されると考えられる。

b 感情の分化

また感情についても分化といえる現象が見られる。

ブリッジス（Bridges, 1932）は新生児から2歳までの乳幼児を観察し，図8-6のような感情の発達的分化を明らかにした。まず，新生児の段階ではどの

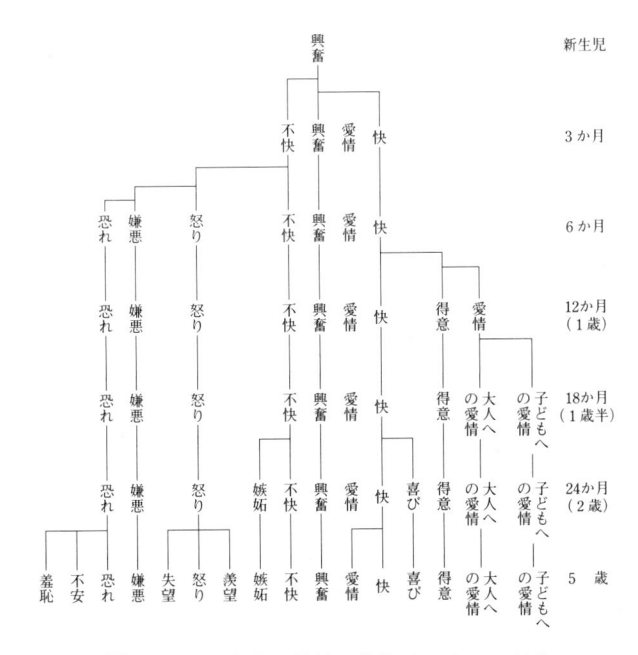

↑ 図8-6　幼児期の情緒の分化（Bridges, 1932）

ような刺激を受けてもただ興奮するだけである。しかし，3週間経つと不快が，さらに3か月になると喜びの表情が観察される。不快と喜びの感情はさらに分化を続け，2歳になるまでにさまざまなバラエティに富んだ感情を示すようになる。

またプルチック（Plutchik, 1960）は，生活体に共通する行動として保護，破壊，合一，拒絶，生殖，再統合，探索，定位の8つの行動型を挙げた。さらに，各行動型にはそれぞれ恐怖，悲しみ，嫌悪，予期，怒り，快楽，受容，驚きがあり，8つの情動型は互いの類似度により，円環状に並べることが可能である（図8-7）。そして，各々は，生まれつき備わっているわけではなく，成熟と学習を経て形づくられるとした。

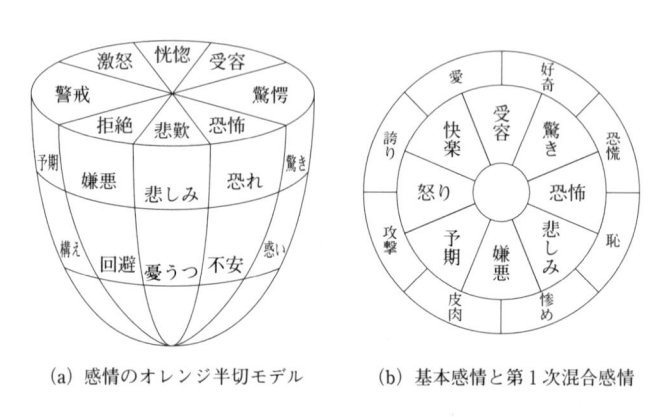

(a) 感情のオレンジ半切モデル　　(b) 基本感情と第1次混合感情

図8-7　プルチックの感情モデル（Plutchik, 1960）

c 知覚・思考の分化

ウェルナー（Werner, H）は，幼児の知覚は情緒や欲求と未分化なため，擬人化のように自分の感情を対象に移入させ，主観的にしかとらえられないことを指摘した。これは，形に左右されることから相貌的知覚と呼ばれる。また，キャーという歓声を聞くと視野が黄色になるという「黄色い歓声」という共感覚現象も，幼児には多く見られる。この現象も，それぞれの感覚が明確に分かれていないから起こるとされる。

d 人格の分化1－場の理論

人格の機能・構造論として，レビン（Lewin, K.）の場の理論がある（図8-

図8-8 レビンの人格構造図

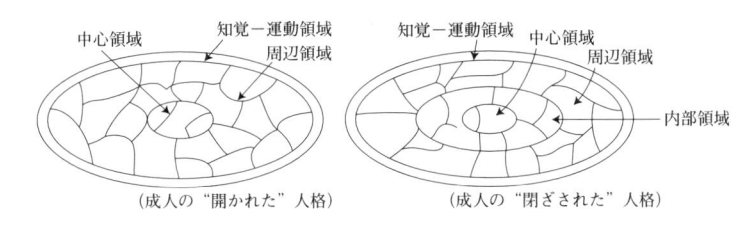

（成人の"開かれた"人格）　　（成人の"閉ざされた"人格）

8)。レビンは人の行動は，人（P）と環境（E）との関数から生まれるとし，力学的な全体の場を重要視した。レビンによれば，人格は1つの楕円形によって示される。まず，楕円の周辺領域に知覚-運動領域がある。これは，外部からの情報を認知したり，内部からの反応を行動によって示したりする。周辺領域からさらに中に入ると，内部領域がある。それは，中央に位置する中心領域とそれを囲む周辺領域から構成される。周辺領域を構成するのは表面的興味や社会化された習慣などで，中心領域をなすのは自我や自己あるいは自我関与の高い活動・無意識コンプレックスなどである。

さらにレビンは，発達につれて全体が分節化され，バラエティに富んだ行動が取れるようになると考えた。幼児や精神遅滞児では分節されてないので，一部に刺激を与えても全体反応を示したりするが，大人は外部からの情報をまず知覚-運動領域で受け取り，自己の中心と関係がなければ反射的反応を示し，かかわりがあれば自我はそのまま取り込み，高等な行動を反応し返すという。

この考えからすれば，心が分化していれば刺激に対する反応も一義的でなく，環境に沿ったふさわしい行動が取れるようになる。

ⓔ 人格の分化2－青年期の親からの分離・個体化

さらにブロス（Blos, 1967）は，青年期を第2の分離－個体化ととらえた（図8-9）。これはマーラーとラペリエリ（Mahler & Laperrierie, 1965）の乳幼児期の分離・個体化の理論を青年期に応用したものである。

この考えによると，10歳までは母子は心理的に共生関係にある。しかし，10歳を過ぎると母子間にも分化の兆しが見え始め，分離－個体化が進行し始める。まず，子どもは同性の友人との交流を深め，心理的にも母親との間に中間対象として友人を位置づける（分化期）。

12歳くらいにもなると物理的には母親との距離を置くが，心理的には退行し

年齢	区分	図式	特徴
10歳〜12歳	分化期	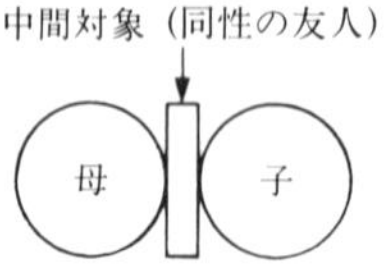 中間対象（同性の友人） 母　子	○自我とエスとの不均衡が生じて，母親に汚いことばを吐いたり，「おてんばぶり」をみせる ○母と子の中間対象として，同性の友人と交流する
12歳〜15歳	再接近期	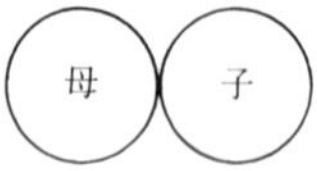 母　子	○第2次性徴に伴い，物理的には親と距離をおくが，心理的には母親に対して退行して，依存と独立のアンビバレントな感情を示す
15歳〜18歳	練習期	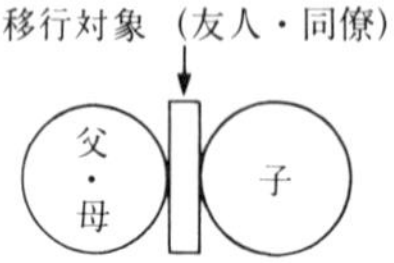 移行対象（友人・同僚） 父・母　子	○物理・心理的に親と距離をおき，その孤独感や悲哀感を補う意味で交友関係が活発になる その過程で理想自我を形成しやすい ○同性の親に対して反抗・批判が高まる
18歳〜22歳	個体化期	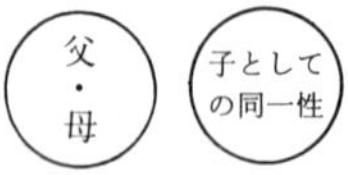 父・母　子としての同一性	○しだいに親との一定の物理・心理的距離を保った関係が形成される ○安定した自己評価ができるようになる
22歳〜+α歳	親を全体対象として，とらえられる時期	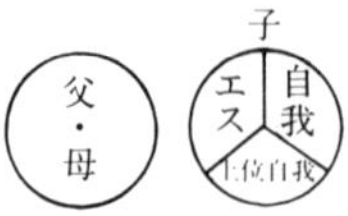 父・母　子 自我 エス 下位自我	○調和のとれたパーソナリティが形成され，親をよい面もわるい面ももった全体対象としてとらえられる

図8-9　ブロスによる青年期の親からの分離－個体化過程（Blos, 1967；長尾，1989）

再び接近する（再接近期）。その際，分離と独立の葛藤に悩まされ，好きな分だけよけいに憎いといったアンビバレント（両価的）な感情を呈したりする。15歳くらいにもなると，父親と母親を親として認識して物理的にも心理的にも分離独立をめざし，友人関係が活発となり，いわば，分離独立の練習期に入る（練習期）。その際，異性の親に対して反抗・批判が強くなる。それを経て個体化が進行し，親と分離した存在としてまぎれもない一個の自分としての同一性を確立する（個体化期）。この同一性が進行すると，自分の人格の分化も確立し，調和のとれた人格が形成される。そして，イド・自我・超自我に分節され人格内でも均衡を保つ。

このように，心理的な布置から眺めていくと，母親との共生関係からしだいに構造化され，最後には全体的に安定した構造となるのがわかろう。この様相は分化（細胞分裂）を繰り返して成長する生物のようである。このように言語発達，感情の発達，人格の発達は分化という視点からとらえられる。

2．発達は昆虫の変態－発達における飛躍的発展

また，発達の比喩として次に挙げられるのが，昆虫の変態に象徴される飛躍比喩である。これも生物学的比喩の1つであろう。

青虫はやがてさなぎとなり，それから外見は変わらないもののその中で十分に準備し，そのあと飛躍的に蝶になる（図8-10）。植物は，春に開花するための準備を冬の間につぼみの中で行っている。市川（1970）はこのような現象を創造の根本原理とし，「過去から受け継いだものを取り入れ，これに現時点で獲得できる新しい要素を取り入れて改めて全体を再構成していく」と定義した。

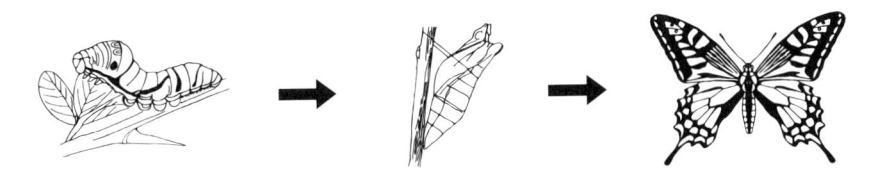

図8-10　昆虫の完全変態3段階（市川，1970）

一方，河合（1992）は，登校拒否のひきこもりを「さなぎ」時期と名付け，成虫になるまでの準備段階とした。そうとらえればこそ，"いつか成虫になることを期待して温かい目で見守る"という周囲の態度が生まれよう。臨床心理学で用いられるこのさなぎの例も，心の発達を生物の変態現象になぞらえたからであろう。「後の段階に飛躍的に移行するには，前段階の十分な準備が必要だ。」という生物原理が心の発達にも適用できるわけである。

a ピアジェによる思考の発達段階説

生物における飛躍の原理と相通じているのが表8-2のピアジェ（Piaget, J）による思考の発達段階説であろう。

表8-2 ピアジェによる思考の発達段階（野呂，1983）

基本段階			下位段階		
前論理的思考段階	感覚運動的知能の段階	誕生～2歳	第1段階	反射の行使	0～1か月
			第2段階	最初の獲得性適応と第1次循環反応	1～4か月
			第3段階	第2次循環反応および興味ある光景を持続させる手法	4～8か月
			第4段階	第2次シェマの協応と新しい状況への適用	8～12か月
			第5段階	第3次循環反応と能動的実験による新しい手段の発見	12～18か月
			第6段階	心的結合による新しい手段の発明	18～24か月
論理的思考段階	表象的思考期	前操作期	2～7歳	第1段階	前概念的思考段階	2～4歳
				第2段階	直感的思考段階	4～7歳
	具体的操作期	7～11歳	物理的実現に限定した論理的思考		
	形式的操作期	11～15歳	物理的実在から解放された抽象的思考		

ピアジェは，(1)感覚運動的知能の段階 (2)前操作の段階 (3)具体的操作の段階 (4)形式的操作の段階のような4段階に及ぶ発達段階を仮定したことは第6章思考のところでも触れた。

その発達原理について滝沢（1973）は以下のようにまとめている。
①前段階の精神構造は次の段階の精神構造の一部として統合される。
②各段階は，準備することと並行して完成へも向かっている。
③各段階には，発展の過程と安定した均衡状態とが並存する。

新たな段階は突然起こるように見えるが，実は前の段階が熟して初めて起こ

る。また，操作の発展においては，前の段階の操作では対処できない時に，それまで準備されていたものが次の段階で飛躍的に現れる。例えば，操作の組み合わせを変えたり，新たな操作が出現したりする。

ⓑ フロイトによる性心理発達段階説

また人格の面では，同じ原理をフロイト（Freud, S）が性心理発達説として唱えた。

　①口愛期（oralphase）：生後1歳くらいまで
　②肛門期（analphase）：2，3歳くらい
　③男根期（phallicphase）：3，4〜5，6歳くらい
　④潜伏期（latency）：学童期
　⑤性器期（genitalphase）：青年期，成人期

フロイトによれば，人は精神的エネルギーであるところの，あるいは生まれつきもっている"飢え"ともいわれるリビドー（libido）をもち，それが生得的に決められた部位を順にたどって充たされるとした。しかもその場合に，前の段階の欲望が十分に満たされてこそ次の段階に移行するとし，満たされない段階があるとリビドーがそこに固着して，それに応じた人格偏奇が起こるとした。

ⓒ エリクソンの漸成発達論

さらにフロイトの説に社会要因を加えて発展させたのがエリクソン（Erikson, 1959）である（図8-11）。彼は自分についての最終決定を青年期に行うという自我同一性（ego identity）概念を提唱した。その場合，彼は，図8-11のように発達に則した社会的課題を順に克服していってこそ自我同一性が達成されるとした。図でいえば，発達上の課題は対角線の上下にある成功と不成功としてもたらされ，青年期にそれに応じた特徴となって現れるという。さらに自我同一性形成の前にモラトリアム期を想定した点が興味深い。モラトリアムとは"戦争や天災などの非常事態の時に国家が債務債権の決算を一定期間延期猶予し，信用機関の崩壊を防ぐもの"である。これを青年期にあてはめると，モラトリアムとは，"職業を決定することを一定期間猶予され，その間いろいろな役割と同一化を経験して知識や技術を獲得し，最終決定に備える時期"（小此木，1978）といえよう。これは，先に述べた思春期をさなぎの時期にたとえるのに似ている。

	1	2	3	4	5	6	7	8
I 乳児期	信頼 対 不信				一極性 対 早熟な自己分化			
II 早期児童期		自律性 対 恥, 疑惑			両極性 対 自閉			
III 遊戯期			積極性 対 罪悪感		遊戯同一化 対 (エディプス) 空想同一性			
IV 学齢期				生産性 対 劣等感	労働同一化 対 同一性喪失			
V 青年期	時間展望 対 時間拡散	自己確信 対 同一性への疑惑	役割実験 対 否定的同一性	達成の期待 対 労働麻痺	同一性 対 同一性拡散	性的同一性 対 両性的拡散	指導性の分極化 対 権威の拡散	イデオロギーの分極化 対 理想の拡散
VI 初期成人期					連帯 対 社会的孤立	親密さ 対 孤立		
VII 成人期						生殖性 対 自己吸収		
VIII 成熟期								完全性 対 嫌悪, 願望

↑ 図8-11　エリクソンの発達図式（Erikson, 1959）

3 発達における他力から自力への変化

　子どもの社会化の中で，大きな比重を占めるのが性役割であろう。われわれには，社会が期待する性にふさわしい行動を身につけていくことが求められている。その場合の性役割は，他者からの働きかけによって達成されるのだろうか。あるいは自らが獲得しようとするのだろうか。それを，男児の発達を例にとって説明してみよう。また，道徳性の発達においても，他者から与えられる規則を厳格に守る時期から，規則が自ら作り上げることに気づく時期へと移行する。

1. 社会化における他力と自力

　社会化の理論には，精神分析理論，社会的学習理論，認知発達理論がある。精神分析理論は，フロイトのエディプスコンプレックスを基本とし，母親に対する激しい愛着ゆえに，父親から攻撃を受けると予想し，その不安を避ける

ために，父親と同一視して父親の特性を獲得するという理論である。これは，どちらかといえば，性役割を受け身的に取り入れる方法である。一方，社会的学習理論は，モデルとしての父親の行動が報酬を受けるのを見て，それと同様な行動を取ろうとする。これは，モデリング（modeling）と呼ばれる。さらに，認知発達理論とは自分を男性と認知し，それと同様な性をもつ大人である父親の特性を積極的に取り入れようとする。

　また，躾の面ではどうだろうか。子どもが適切な行動をすれば報酬が与えられ，不適切な行動をすれば罰が与えられるという親の側からの養育態度によって獲得されることもあれば，子どもが社会的に望ましいモデルを見出し，その行動をまねようとする同一視から獲得されることもあろう。養育態度はどちらかといえば他力であり，同一視は自力である。発達に伴って，精神分析モデルから社会的学習理論へ，そして認知が発達するにつれて，認知モデルが優勢になると思われる。

2. 道徳性の発達における他力と自力

　一般に道徳性の獲得には，年少の段階では養育態度が優勢で，年齢が上がるほど同一視が増すと考えられる。この発達的変化をピアジェの道徳性の発達から見てみよう。ピアジェ（1930）は道徳判断は幼児に代表される他律的なものから児童の自律的なものへと変化するとした。幼児は，大人の権威を一方的に受け入れがちで，それは規則は絶対的なもので，不変なものと考えるからである。それゆえに，大人から叱られることが悪と感じる。しかし，児童になると，規則は公正さを保つための相対的なもので，変更や修正が可能であり，自分たちで決めることができると考え直す。

　例えば，わざと皿1枚を割った場合と，ふとしたはずみで10枚割ってしまった場合を比較して，子どもはどのような判断を下すだろうか。他律的道徳判断の段階では，割った数が多い方が悪いとみなすが，自律的道徳判断の段階になると，わざと割った場合は悪いが，ふとしたはずみで割った場合は悪くないとし，その動機まで考慮した判断をする。

　このように，判断基準は発達とともに，他者から与えられた規則を絶対視する見方から，自分で規則を作るような柔軟な見方へと変化する。動機づけにつ

いては，他者から使われているという感覚をポーンと呼び，自分から自発的に行っている感覚をオリジンと呼ぶが，それにあやかると，子どもは発達するにつれポーンからオリジンへと移っていくといえよう。近年自己教育力という用語をよく耳にするが，これも発達につれて，自分で自分を生かしていくようになることであろう。このように道徳心の発達にもオリジンの感覚が必要とされている。

4 発達は状況

1. 子ども対大人

　従来までの発達観では，大人を発達の完成された姿とし，量的にも質的にも子どもから大人へと発達すると描いてきた。しかし子どもと大人を単なる違いとみなすことも可能かもしれない。たとえば村瀬（1990）は，大人－子どもの区別は，建築－ゆらぎ，古典－ロマンに相通じるものがあるとする。つまり，理性や合理性ばかりを優位に見る風潮に対して，不合理であいまいなものを対等な資格を与えて対置させている。そしてその2つは交互に現れたりするという。そこにはどちらが優れているかといった優劣はなく，個性あるいは違いしかないという。

2. 新しい発達観

　これまでは発達をあくまで内的な遺伝的な発達メカニズムによって達成されるものとしてきた。しかし田島（1996）のように状況との交流を抜きにしては発達は考えられないとする見方もある。その新しい発達観による知覚・認知とは，行為に伴って変化する対象の状態によって次の行為が決まってくるように，環境と連続した同調システムという。認知過程や知識の発達は，外界の環境を作り変えることによってその変化がもたらされるとし，発達は主体の頭の中というより環境との交渉のあり方にあるという。これは，従来の相互作用説が，発達した結果からその原因を推し量っているのに対し，今ここで環境と交わしている生の交流を重視している。同様に鯨岡（1996）も，個体発達で

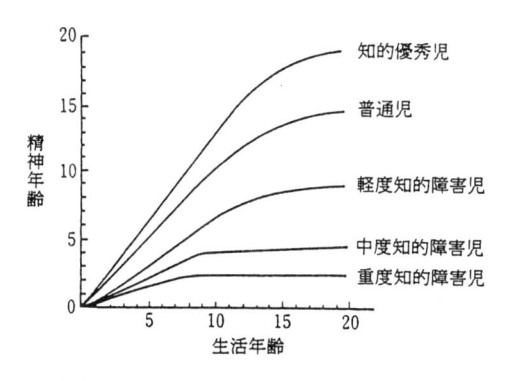

図8-12 かつての知能観 (村井, 1995)

はなく関係発達論を唱えている。例えば，幼児の対象への興味や他者へのふるまいの模倣も，単に認知発達からではなく，親と子の関わり，親の行為の中に幼児自らが行為を見出していること，いわば間身体的な現象として把握されるべきという。またこれを親への成り込みといっている。

3. 障害児における新しい見方

村井（1995）は，障害児に対して新たな発達観を提唱している。彼は，従来までの発達を示す図8-12のような右上がりの発達曲線においては，障害の重い子どもは角度が小さくなり，また何歳までの発達段階であると示されることが多かったという。それに対して図8-13のように，それぞれの水準内でどのくらい行動が豊かであるかという視点から見ると，その水準内では障害があっ

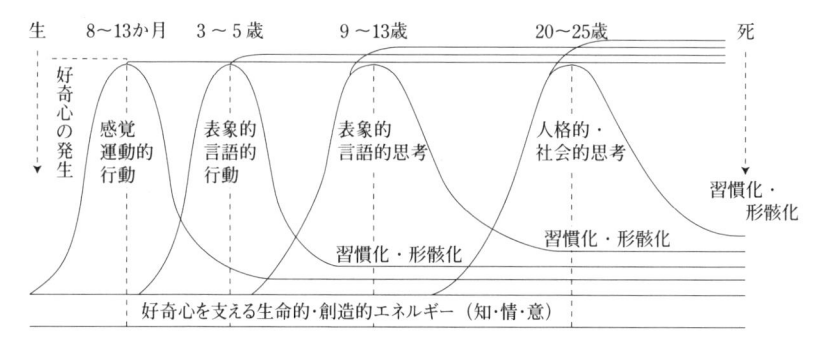

図8-13 知ならびに好奇心の発達と習慣化・形骸化：4つの水準について (村井, 1995)

ても大人として立派に生きたと考えられ，その方が自然ではないかと述べている。

　また，情報機器が発展してきた現代では，障害者が効力を感じられる世界は拡がりつつある。例えば，パソコンは，筆記具が握られなくては字が書けないという障壁を取り去った。この1つを取ってみても，障害者の発達を違った角度からとらえることができる。

第9章 比喩から見た人格

　あなたは，他人の人格を判断する時に，どのような方法をとるだろうか。おそらく，その人のいろいろな場面での行動を観察して，だいたいこういう人ではないかと推測するのではなかろうか。このように，われわれは手に取って見ることのできない人格というものを，何かの形で推測している。

　では，まず人格をどこに見出すのだろうか，また，何をさして人格というのだろうか。人格は内部の実体といわれることもあれば，他者から見られている姿であるといわれることもある。また，環境刺激に対して行動を生み出す媒介変数として，さらには，最終的な行動を決定する組織体と見ることもできる。

　また，人格は変わるのか変わらないのかという点では，層構造としての見方がヒントを与えてくれよう。この見方から，外界と接触している外面は周囲からの影響を受けやすく，内部の奥まった部分は影響を受けにくいと考えられる。また，外面は環境から作られ，内面は遺伝によって支配されているともいえる。

　また，人格は「人となり」といわれ，全体としての統一を保っていかなければならない。その点からいえば，バランスをとる統合システムとしてもとらえられるし，生物学からの見立てからは，自己実現をめざしたり成長したりする存在ととらえることもできる。さらに心を癒していく心理療法にはいろいろなアプローチがある。心の病を，機械の故障のようにとらえたり，何らかの形で成長が妨害されていると考えることもできる。このようにさまざまな見方を取り上げて，人格の多様性に触れてみたい。

1 人格の定義に関する比喩

1. 人格は仮面

　人格（パーソナリティ：personality）の語源は，ペルソナ（仮面：persona）である。この立場は，仮面ということばからわかるように外から眺めた姿をさしている。その代表的な考え方に，メイ（May, R.）の社会的刺激価説があり，人格とは，個人に対して他人が示す反応のあり方と定義する。つまり，人格を実体としてよりも他者の目に映った像ととらえる。人格は「他者からの見え」なのである。

2. 人格は仲介変数

　この立場における人格とは，外界から刺激を受けて反応としてまた外界に返していくような仲介変数である。しかもその変数は，反応が生活体にとって利益をもたらすように，知能，動機，過去経験を結集させたものである。それゆえに同じ刺激を受けたとしても反応は個人ごとに異なる。レビン（Lewin, K.）の考えはその代表ともいえるもので，$B = f(P, E)$ という関数として表される。行動（B）つまり反応は，刺激としての環境（E）と人格（P）の関数として定義され（関数），いろいろな刺激が与えられてもその人らしさを出す源である。この場合，いろいろなEに対して一定のBを出す時，そのBからPを推測している。また，レビンは環境と人格を生活空間と呼んだ。人の認知する生活空間には，図9-1に示したようにさまざまな障壁があり，認知されたそれらを1つひとつこなしていかなくてはならない。障壁は客観的なものではなく，あくまでその本人が認知したものであるが，その認知が人の行動を決定するとレビンは考

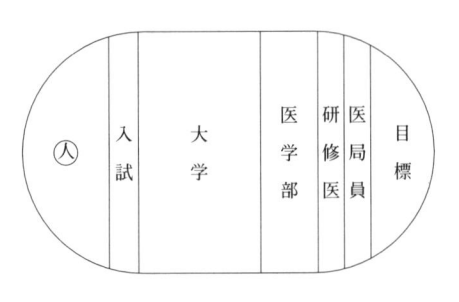

↑図9-1　レビンの生活空間の例
（大山，1994）

えている。

3. 人格は内的組織体

この考えは,「パーソナリティとは個人の内にあって,その個人に特徴的な行動や思考を決定する心理・物理的体系の力動的体制である」というオールポート（Allport, G. W.）の説に代表される。人格を,環境から形成されたものというより,そもそも内部に存在する組織体としてとらえ,もろもろの状況を総合して判断を下す存在としている。

2 人格の理解についての比喩

1. 人格は樹木の年輪

人格の層構造理論は古くから見られる。そのアイデアは木の年輪（樹木比喩）のイメージからヒントを得たものであろう。実際の年輪の原理は,イメージされるものとはいささか異なるが,われわれは年輪の内側ほど歴史が古いと考えやすい。つまり,内側は初期に与えられた経験であり,変化もしにくいと考えるだろう。人間にあてはめれば乳幼児期に該当するのではないかと想像される。フロイトの見方もこの線上にある。フロイトの考えによれば,心の病を起こす心的外傷は年輪の中核部分に潜むといわれ,それを修正しようと試みるならば生育史をさかのぼらなければならない。人格において核（core）という表現が用いられるが,それも層構造の考えから導かれたゆえであろう。

図9-2は人格を層構造でとらえたものである。内部から,気質・体質,狭義の性格,習慣的性格,役割性格とされ,内部ほど遺伝的要因によって,外部ほど環境的要因によって規定される。また,生育歴との対応からいっても内部は若い時期に作られている。神経質で悲観的な性格の人が,大胆で楽観的な性格

↑図9-2　性格の構造（宮城, 1970）

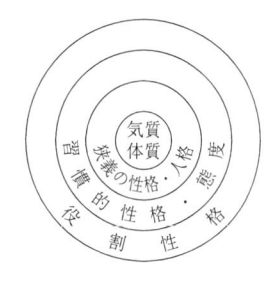

に変わろうとしても難しいのは，このような遺伝に規定された性質だからである。逆に，外にいくほど環境の影響を受けやすく変化しやすくなる。最も外部の役割性格は，職業などのように周囲からの期待に沿って作られるもので，比較的変化しやすい。役割というのは，本来その性質をもってはいないが，劇作での役を演じているうちにそのものになってしまう意味である。

2．人格はユニークな全体または機械の組立

人格理論には，ユニークな個性という全体としてとらえる見方と，機械の組立という部分の結合としてとらえる見方がある。前者の代表例が類型論で，後者が特性論である。

まず，直感的に「あの人はこういう人だ」として，全体的にとらえる見方がある。つまり，人格をいくつかの簡単な類型に分けるもので，これは類型論と呼ばれる。この考えは，人格は一貫性をもち，ユニークな全体であるという信

⬇ 表9-1　**体型と気質の特徴**（Kretschmer, 1955；相場，1961）

体　型	体　型　の　特　徴	気質	気　質　の　特　徴
細長型	・細長く厚みなし。 ・皮膚乾燥，血液分布不良。 ・皮下脂肪少なし。 ・比較的小さい頭部，細長い首。 ・蒼白で幅狭い顔と細い鼻。 ・粗い頭髪。	分裂気質	1．非社交的，静か，内気，生まじめ，変わり者（一般的特徴）。 2．おく病，はにかみ，敏感，傷つきやすい，神経質，興奮しやすい（過敏）。 3．従順，お人よし，無関心，鈍感，ぐ鈍（冷淡）。
肥満型	・体囲大きく，ずんぐり。 ・脂肪組織発達，やわらかでまるみのある体型，赤ら顔。 ・軀幹に比べほっそりした四肢。 ・比較的大きな頭，短い首。 ・しなやかな頭髪，はげる傾向。	そううつ気質	1．社交的，善良，親切，暖かみのある（一般的特徴）。 2．明朗，ユーモアがある。活発，激しやすい（快活）。 3．もの静か，おだやか，気が重い，柔和（憂うつ）。
闘士型	・骨格・筋肉・皮膚の発達良好。 ・広い肩幅，厚みのある胸，くびれた胴。 ・長大な顔と自在に動く首。 ・強く骨ばった腕と脚，大きな手足。 ・ゆたかな頭髪。	粘着気質	・固執性が大きく，転換性が小さく，几帳面，重々しく秩序を好む（一般的特徴）。 2．ねばりづよい，ていねい，まわりくどい，融通がきかない（粘着性）。 ・3．かたくなな自己主張，時に激怒，爆発する（爆発性）。

念に基づいている。例えば，表9-1のようなクレッチマー（Kretschmer, 1955）の類型論は有名である。彼は，体型という観点から人格をとらえ，精神分裂病者は細長型に，またそううつ病者は肥満型に，さらにてんかんは闘士型の人に多く見出されるとした。これは，全体から判断する見方であり，そのような体型をもつ人は一連の性格を併せもつことになる。他にも，性格を外向性と内向性に分類したユング（Jung, C. G.）の類型や，シュプランガー（Spranger, E.）の価値志向の類型も有名である。シュプランガーは，人間の生活は価値に志向されており，理論，経済，社会，政治，審美，宗教の6つの領域のどれかに分類できるとした。類型論は，部分に分けることのできないユニークな全体として人格を見ており，認知のところで述べた比喩でいえば鋳型であろう。

　これに対し，人格の特性をあらかじめ細かく分けておき，その1つひとつの特性の程度を測り，最後に再構成して人格像を明らかにする特性論という方法がある。質問紙法のY-G性格検査の考えもこの特性論に基づく。

　前者の類型論でいけば人格をユニークな全体像で把握できようが，鋳型で人を見るゆえに人格の詳細さを記述できず，中間型が無視されやすかったり，ない性質まで作り上げてしまう危険性がある。一方，特性論では人格の細かな違いまで記述できるものの，逆に要素の寄せ集めだけでは表現できないユニークさが見逃されてしまう。

　筆者が小論文などを読む場合にも，多くの観点から評価していくと点数が高くないものの，ある点で何か訴えかけているような，あるいは将来を期待させるような答案がある。これなどはユニークさがうかがえる例であり，類型論がうまくあてはまる。類型論と特性論のどちらが良いかは決められないが，人格を見ていく際に2方向があることを認識しておき，自在に使いたいものである。

3 人格の理論についての比喩

　2節では，人格の静的な構造を見てきた。次に，人格の働きから見てみよう。

1. 人格はシステム―フロイトの比喩

　人格理論の中で比喩をふんだんに使っているのがフロイト（Freud, S.）の

精神分析理論である。フロイトの提唱した概念としては，リビドーというエネルギー，無意識という実体，イド（ido）・自我（ego）・超自我（super ego）という構造がある。フロイトによれば，人間は生まれつきリビドーなる精神的エネルギーをもつという。フロイトはそれは主として性的なエネルギーからなると考え，すべての行動の原動力となるとした。そのリビドーをもつといわれるのがイドである。イドは欲望をすべて満たそうとし，自我が認めることのできないこともある。認められないものは無意識に追いやられ，押さえ込まれ，そこに戦いが起こる。自我には，その戦いをうまく調整することが求められる。

このようにフロイトが用いた比喩には大きく分けて①空間比喩，②法・軍事比喩，③システム比喩がある。空間比喩の代表が無意識であり，法やシステムの主役は自我（意識）である。前田（1985）によれば，心に部分を認めるものは局所論と呼ばれる。また，法や軍事比喩は，無意識がもって要求をつきつけてくるのを牽制する自我の働きをさし，それは防衛という用語に表れている。また，自我のシステム性とは心全体を調節する役目をさす。つまり，法や軍事比喩の働きからいえば，意識あるいは自我は，イドから押しつけられる欲望を防御する盾であり，さらにシステムからみれば，自我はイド，外界，内在化された世間の目（超自我）という3者のせめぎ合いを調整し，心の安定を保つ機関である。イド・自我・超自我は心の構造論，それらの調整は心の力動論と呼ばれる（前田，1985）。

ⓐ 心は空間ー空間および物理化学比喩

まず空間比喩であるが，それは図9-3のような実体としての無意識である。フロイトによると意識の認めることのできない観念は無意識層に追いやられるが，その観念は消え去らず形を変えて現れるという。さらに，観念がもつエネルギーが神経症として形を変えたものを転換ヒステリーと呼んでいる。これは，フロイトが無意識をエネルギーをもつ実体としてとらえていることに他ならない。フロイトによれば，観念は実体であり，しかも1つのエネルギー体系とみなし，それが形を変えてもエネ

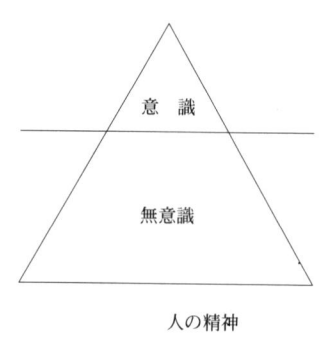

図9-3 意識と無意識

ルギーは不変であると考える。

例えば，宮城（1959）は，性的な欲求が満たされないとそのエネルギーは質を変えてあるいは方向を変えて発散されるとした。電気が一方から他方に移ると電気的エネルギーは失われて熱エネルギーに移行するが，エネルギーは不滅であるのと同じような原理である。

ⓑ 心は戦って調整する―法・軍事比喩

イドは，現実では認められないような欲望をもって意識を脅してくる存在である。その欲望は，意識にとって認めがたく，不快な観念として無意識の空間に閉じこめられる。ここでフロイトは意識を，無意識に追いやられた不快な感情がのぼってこないよう盾のように監視し，防衛するものと考えたわけである。

夢は検閲　防衛する働きは，夢の作業に典型的に現れている。夢の理論化においてフロイトは，無意識の真の姿である潜在夢が，現実に見る夢としての顕在夢へと移行する過程で意識に不都合なものは修正されるとし，それを夢の作業と呼んだ。そこには検閲という法的な考えも見られる。

例えばブレンナー（Brenner, 1955）の夢の検閲を挙げてみよう。そこには，無意識で父親と性的交渉をもちたい願望をもつ娘の例が挙げられている。願望をそのまま満たせば近親相姦となり，自我は不安にさいなまれる。そこで，不安を解消するために，その願望は取っ組み合いをしている内容に修正されたりする。それでも正体を知られる危険性があれば，チークダンスをしている夢に再度修正される。このように本当の願望を悟られないよう，意識にのぼる際に修正するのが夢の検閲とその作業である。またそこには圧縮，加工，転位という物理学的用語や，戯曲化や象徴化という用語も見られる。

自我は防衛　また，フロイト（Freud, A, 1946）が集大成した自我の防衛機制という概念には，自我の軍事的側面がクローズアップされている。

われわれは，葛藤や欲求不満に陥った時に，まずは悩みを人に話したいと思うだろう。人に話すだけで気持ちが軽くなることがある。これを浄化法（カタルシス）という。次に根本解決ではないにしろ何らかの手だてを取る。つまり，意識を脅かすような無意識の欲望に対して，自我は一時的な手段でとりつくろうとする。これが自我の防衛機制である。

防衛機制の基本は抑圧である。自我を不安に陥し入れるような欲求は，まず

抑圧される。しかし，その欲求はそのまま消え去ってしまうわけではない。そこにはエネルギーの保存のようなものが見られる。つまり不快な観念はいつでも鎌首をもたげてくる可能性があり，自我は何らかの策を講じなければならないのである。

　例えば，ある青年が美しい女性に恋をしたとしよう。そして，心を打ち明けたところ，見事に断わられてしまった。そこで，青年は欲求不満に陥ることになる。この青年はどんな行動を取るだろうか。まず彼女のことを忘れようとするだろう（抑圧）。しかし，なかなか忘れることができないと，「あの女は性格が悪いから，ふられてよかった。」と思って自分を諦めさせようとするかもしれない（合理化）。また，似ているタイプで接近しやすい女性と再び恋を始めようとするかもしれない（置換，代償）。一方で，社会的に満たされない欲求を比較的建設的なものとしてのスポーツや芸術で晴らす昇華もある（図9-4）。このように，抑圧された不安が起こるのを防御しようとしてあらゆる手段が試みられる。

　また，子どもにとって関心の深い学業成績についても防衛機制が働くことがある。例えば，田舎の中学ではトップであったような子が都会の有名な進学高校に入学したような場合によく起きる症状として，テストの時になると，朝から腹痛がして学校に行けなくなるという現象がある。この場合，本人は行きたいと思っているのだが，痛みが激しくて行けないわけである。このからくりを解いてみよう。いくら田舎ではトップだといっても，進学高校へは同じような学力をもつ者が集まって来るので，成績が冴えないのも当然である。しかし，その子は，いままで自分はトップだという意識で押し通してきたので，その意識を変化させるのは容易なことではない。そこで，周囲も納得させ，自分自身をもごまか

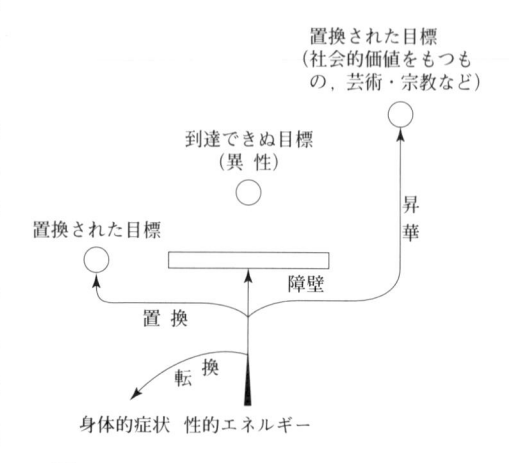

↑ 図9-4　防衛機制のしくみ（宮城，1959）

せるような手段を無意識が取る。それが病気への逃避である（疾病逃避）。病気であれば，親も教師も責めたりはしないし，見たくもない成績表を突きつけられることもない。すべてがうまくいき，しかも本人もそのからくりについては意識していない。他にも，子どもをかわいくないと思っている継母が，本当の気持ちを悟られまいとして過度な溺愛をする反動形成がある。

　このように，自我は無意識からの欲望を適度に防衛しながら，しかも適度に晴らして心の安定を保つ。しかし，このような防衛機制もしょせんは一時的な避難にしかすぎない。フロイトの理論は経済的な考えがあるという外林（1983）に従えば，非建設的な面にエネルギーを注げば，それだけ建設的な方向にあてるエネルギーは少なくなる。いつまでも防衛機制に頼らず，合理的な解決をしたいものである。

心は調整システム　　次にシステム比喩の例を挙げてみよう。国の機関である司法・立法・行政はお互いを牽制し合ったり，また監視しながら国を運営している。また生物体では，体内の温度が上がると汗に熱を含ませて体外に出し，体温を一定に保とうとする。つまりこれは，欲求のところでもふれたが，体内物質の均衡化を図って最適な状態を保とうとするホメオスタシス機能のことである。このように社会や生物体は1つのシステムを形成して安定をはかる。フロイトはこのシステムの考えを心に応用している。

心は装置　　フロイトは，パーソナリティをイド，自我，超自我の3者が調和して成り立つとした（図9-5）。前田（1985）によれば，フロイトによるいわゆる構造論である。イドはリビドーと呼ばれる精神的エネルギーに由来し，幼児そのままの欲望，なかでも特に性的衝動を満たそうとする。これを快楽原則に従うという。ところが，イドのおもむくままの欲望は外界から阻止される運命にあり，その充足を延期しなければならない。この役割を果たすべく，イドから分化したのが自我である。自我は，イドの欲望を遅らせるなどの現実原則に従った働きをする。一方，親のしつけや社会の倫理的命令を背負う超自我という部分も形成され，これはイドを永久に抹殺しようとする。さらに超自我は，道徳的規範が冒されそうになると自我に警告を発したりする。このような事態では，自我は超自我に押されるままであると，イドの欲求が晴らせず，欲求不満となり，またイドのおもむくままであれば，外界や超自我から猛反発が

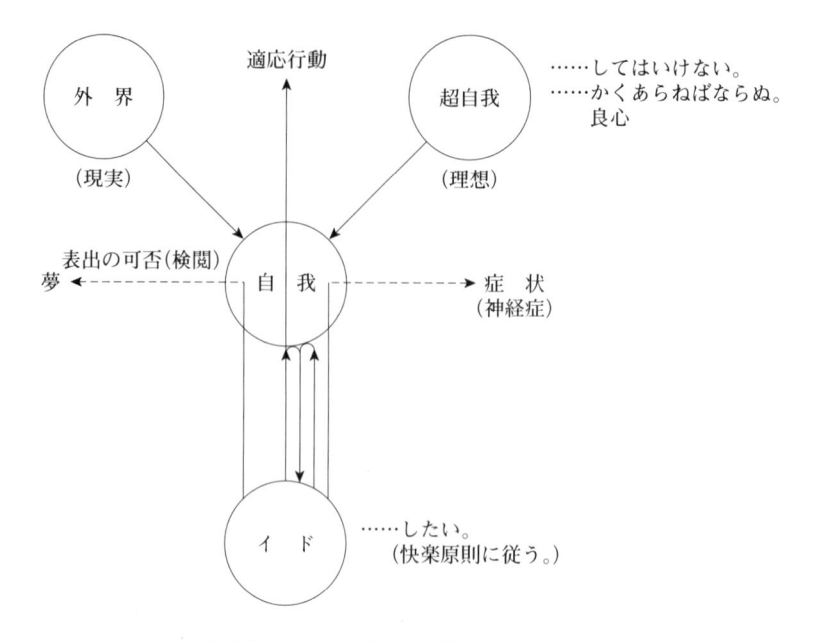

```
                    適応行動
                       ↑
    ┌─────┐           │           ┌─────┐    ……してはいけない。
    │ 外界 │           │           │超自我│    ……かくあらねばならぬ。
    └─────┘           │           └─────┘      良心
     (現実)           │            (理想)
        ↘            │            ↙
         ↘          │          ↙
          ↘        ┌─────┐    ↙
  表出の可否(検閲)  │     │
  夢  ←----------  │ 自我 │ ----------→  症 状
                   │     │                   (神経症)
                   └─────┘
                    ↑↑↑↓
                   ┌─────┐
                   │ イド │   ……したい。
                   └─────┘   (快楽原則に従う。)
```

↑ 図9-5　フロイトの力動論 (秋山, 1979)

起こる。つまり，自我は超自我の圧力を適度に抑えては，イドの欲望を現実に調和させるような形で，知覚，記憶，思考などに反映させねばならない。いわば，自我はイドと超自我の戦いの調停役を果たしている。

「アクセルを踏めばいくらでも暴走しようとする車と，それを厳しくたしなめようとする自動車学校の教官と，車をうまく制御して教官の非難を最小限に食い止めようとする自分の関係」，「自由奔放にふるまおうとする嫁を徹底して押さえ込めようとする姑と，その両者の仲をとりもつ夫」，これらの比喩は，フロイトの心的装置説をうまくたとえている。

また，自我がイドと超自我をうまく調停できればよいが，うまく機能しない場合も一時的にでもやりくりせねばならない。前述の自我の防衛機制とは，自我が危機にさらされた時に自我を守るために無意識にとる束の間の手段であり，一種のショックアブソーバーといえよう。

このように，フロイトによれば，自我とは独立で存在するというより，あくまで均衡関係を保つために存在する調整システムである。

自我は貯水槽をもつポンプ　フロイトのシステム的発想を水力学から説明したのがヘンドリック（Hendrick, 1967）である。彼は，自我の現実原則を貯水槽をもつポンプにたとえた。図9-6(a)のように，ポンプでは，一方で圧力が高くなるともう一方の出口に出ようとするが，それが弁によって妨げられると水圧を減少させるために割れ目ができてそこから排水してしまう。この排水にあたるのが攻撃あるいは代償行動であろう。これは，自我が弱い場合にあてはまる。しかし，自我は次第に欲求不満に耐えられるようになる。それをたとえたのが(b)であり，自我の現実原則を貯水槽に対応させた。つまり，貯水槽があれば圧力がかかってもすぐに排出するわけではなく，排出をいったん保留できる。このように自我をシステム機関の一部としてとらえ，しかも「攻撃性を貯める容器」とみなしたのが彼のユニークな点である。最近「切れる子ども」が指摘されているが，攻撃性を貯める貯水槽を心に用意していれば，ささいなことで爆発しなくてすむ。

　また自我の中心的な役割として欲求不満耐性がある。欲求不満耐性を強めるには，状況に応じた行動がとれる知的な能力と欲求の満足を遅延させる能力が必要だという。この後者の「欲求の遅延」を助けるのがまさに貯水槽である。生和（1978）によれば，欲求の遅延には，自尊心，愛されているという満足感だけでなく，さらに適度の欲求不満の体験が必要という。それは，人に踏まれると強くなる雑草とか，弱い菌をあらかじめ与えて勝たせる経験を積ませる免疫にもたとえられる。

　ただ，これらの考えでは，こころはいわば閉鎖されたシステムであり，外か

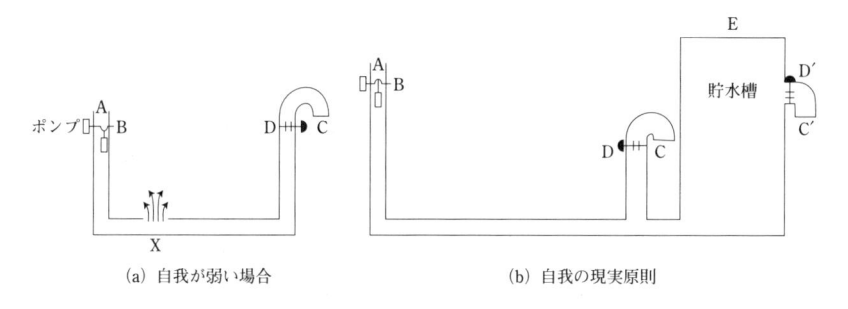

(a) 自我が弱い場合　　(b) 自我の現実原則

↑ 図9-6　ヘンドリックの自我の貯水槽モデル（Hendrick, 1967；前田・杉田, 1975）

ら影響を受けて変化するものとは考えられていない。心を救うには，家族や学校・近隣社会からのサポートが必要だろう。

2．人格の適応は融和・合致－人格の適応におけるロジャースの説

　適応は生活体が周囲とよい関係を保つことと定義される。その中には，自分の方を環境に合わせる受動的側面と，環境を変えて最適な状況を作っていく能動的側面がある。適応は，英語ではネジを合わせていくような意味合いであるadjustmentであり，前者の受動的意味に近い。欲求を極力抑えて周囲に合わせていこうとするのは過剰適応と呼ばれ，受動性の極端なタイプである。フロイトの考えた適応とは，心の均衡を保つことであり，抑えているものを吐き出してはパンクを防いでいるといった働きのことであろう。したがって，以下に述べるロジャース（Rogers, C.）の考えとはいささか異なる。

　ロジャースの適応の考えは，図9-7で示したように現在の経験と築いてきた自己概念が一致することにある。つまり，自分のことを他でもない自分が感じているのだと実感できることであり，しかも，そのように人格を統合する力をあらかじめもち併せているという考えである。このように，ロジャースは人間を自分の力で統合・成長できる存在とした。その人間観には，統合，同一性という意味合いが含まれ，生物の成長を連想させる。

　私たちは，自分についての概念を長期にわたって形成し，その概念に基づいて外界に応対している。つまり，日常描いている自分にふさわしい行為を外部

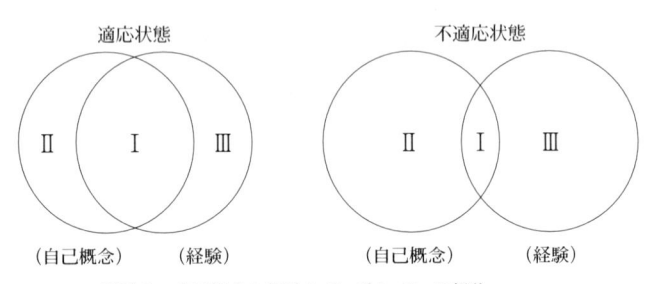

適応状態　　　　　　　　　　不適応状態

（自己概念）　（経験）　　　　（自己概念）　（経験）

領域Ⅰ：自己概念と経験とが一致している部分
領域Ⅱ：自己概念のうちで，経験が歪曲された部分
領域Ⅲ：経験のうちで，否認されて自己概念から閉め出された部分

図9-7　ロジャースの自己理論（Rogers, 1951；石田，1995）

から受けると期待しているわけである。しかし，それが一致しない時はどうなるだろう。外からくる情報を拒否するか，それができなければパニックに陥るしかない。

　例えば，今まですこぶる健康だった人が突然病気になったケースを想定してみよう。この人は，自分は健康だという自己概念をもち続けているため，健康な自分という枠をもって外界に働きかける。しかし，周囲からは病人としてしか扱われない。ところが自分が健康であるという概念を変えることは容易でなく，医者や看護婦から受ける処置を不当なものとして受けつけない。図示すれば図9-8(a)のような状況で，病気を異物として排除しようとする。しかし，周囲の人が苦しみを聞いてくれたり，何でも受け入れてもらえていると，(b)のように徐々に病気を受け入れ始め，病気を含めた自分へと自己概念が変化する。そして，自己概念を調節し完全に変化した時に，外界のあらゆる反応に対して拒否せずに受け入れられる。つまり，ロジャースの描いた適応のイメージとは，経験と自己概念との融和・合致のことである。

　ロジャースは，このような変化を起こす治療者の条件として，①治療者の自己一致，②無条件の受容，③共感的理解，の3つを挙げた。そして，このように治療者から苦しみを分かち合ってもらえると，自分を再統合するエネルギーが湧き，自己概念を調節して自分の経験と一致させることが可能になるという。この場合，治療者は患者の話に熱心に傾聴したり，何でも自由に話せる雰囲気を作ることが大切である。その治療者の態度としては，イソップ物語の「北風と太陽」のたとえが参考になろう（田畑，1995）。つまり治療者は，旅人（患

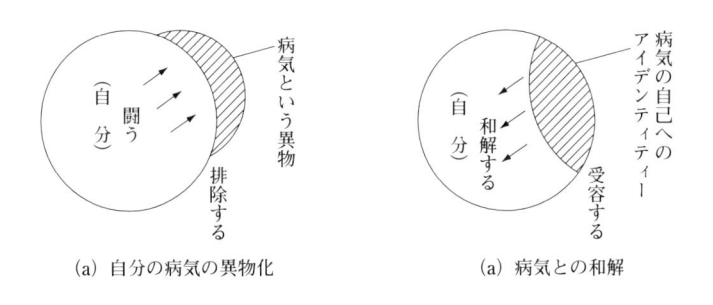

(a) 自分の病気の異物化　　　(a) 病気との和解

↑図9-8　病気への適応（早坂・上野，1968）

者）に対して，マントをもっと強く引き締める（防衛）ように強く迫る北風ではなく，適度な温度で照らす太陽のような態度であることが望ましい。そうすれば，自ずとマントを脱いだ旅人のように，患者は自分で調節できるようになる。

3．心の療法は場の癒し―ユングの考え

　ユングは，心というものを自我だけに限定するのではなく，時代や文化を越えて世界に共通して見られる心像である普遍的無意識をも含めた広い概念とした。

　ユングの考えが反映された心理療法として，砂がまかれた一定の枠内に，用意されてあるおもちゃを自分の思い通りに構成する箱庭療法は広く知られる。この療法は基本的にはクライエントの自然治癒力を信頼しており，したがって，治癒力が十分に発揮できるような環境を整備することが最初の目標である。まず子どもは，その「自由にして保護された空間」の中で自分の内界を思う存分表現する。すると鬱屈していた情緒が解放され，それと同時に自分の心が映しだされた作品からも逆に刺激を受けて心を統合しようとする。その際には，自由な空間を保護してくれる治療者の一貫した受容的態度が必要といわれる。つまり，母親のように温かく包みこんでくれる場からエネルギーを得るわけである。

　箱庭療法の過程としては，本能的で衝動的な動物的植物的段階から（図9－9(a)），エネルギーが蘇ってきた証拠である戦いの段階へと移行し（図9－9(b)），最後に新たな統合とまとまりである集団への適応の段階（図9－9(c)）へと進むという。この箱庭の例でいえば，最初は鮫や蛇といったなんとなく気味の悪いものが現れ，次には戦車が向き合う戦争や怪獣の戦いへと移り，最後には整然とした町や田舎風景などで終結する。

　東山（1982）は，箱庭療法のような遊戯療法の極意として，牛を訓練する名人の話を引用している。牛の中には，暴れてまっすぐには耕さなかったり，なかなかいうことを聞かないものがいる。そのような暴れ牛を1週間あまりで訓練する名人の方法とは，まず広い沼田を用意し，最初は緊張している牛をそのまま離して好き放題に遊ばせるのだそうである。名人はただそれを3日も4日

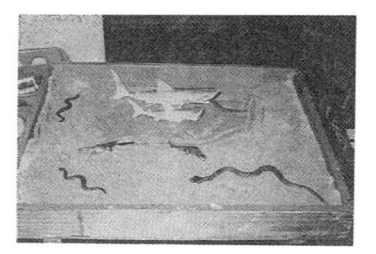

(a)動物的植物的段階

(b)戦いの段階　　　　　　(c)集団への適応の段階

図9-9　箱庭療法の過程（岡田，1989を一部改変）

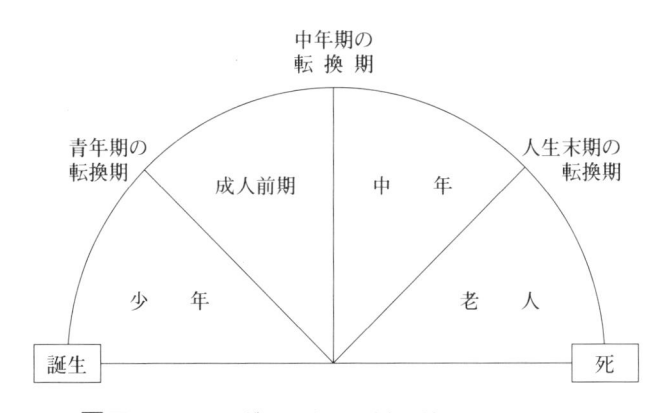

図9-10　ユングのライフサイクル論（Staude, 1981）

もただ見ているだけである。そのうちに牛もリラックスし，名人の方を気にし始めるので，その時を見計らって鋤をつけて走り回るという。この原理が意味することは，情緒を十分に開放してやり，そしてエネルギーが蓄えられたあたりで，統合の方向性を示してあげるということだろう。

また，ユングは自己の成長を長期的視点から論じている。彼は，人間の一生を4つの時期に区分し，それぞれの区切りには転換期と呼ばれる危機があるとした（図9-10）。そして，人生の午前から午後に移る時期がもっとも危機的であるとした。人生の午前は，身体は成長し，力も強く，世界も広がり，まさに自己が拡大していく時期である。しかし，人生の午後にさしかかると，自己に対して真剣に考え始め，人生の午前では触れることのなかった自己を見つめ直すようになる。そしてその自己までも取り入れ，まさに新たな個性化をなしとげる。このように，人生の午後では自分を転換させていく必要に迫られるのである。

4 心理療法における対立する比喩

1. 精神分析療法はウイルスの根本治療，行動療法は対症療法

　精神分析はフロイトの考えであるが，これと学習理論から導かれた行動療法を比較してみよう。この2つは，基本的な考えのところで大いに異なっている。

　精神分析療法と行動療法が異なる点は，治療対象の対象をどこに求めるかである。まず，精神分析療法では，奥底に存在する，あるいは幼少期に起源をもつ心的外傷を神経症の原因ととらえ，それを意識化すれば直ると考える。つまり，考古学者が地層をさぐるように，あるいは医者がウイルスを発見したり，外科医が皮膚を切って腫瘍を見つけるようにして，根本原因を明らかにし，それを解明したりあるいは駆逐したりすることが，心ひいては行動を直すことにつながると考える。

　一方，行動療法は神経症を起こす根本原因は問わず，現れてくる症状に焦点をあてる。つまり対象は目に見える問題行動である。刺激に対して適切な行動が結びついていないなら結びつきを作り，一方誤った行動が結びついているなら，その行動を取り去って，適切な行動との結びつきを新たに作ればよい。いわば故障した機械を直すようである。

　例えば，今まで見てきたように，神経症などの精神障害は内深部の心的葛藤

から起こるとする。それは，幼少期に両親に対して抱いた敵意を無意識の世界に追いやった結果，それが青年期になって現れそうになるので防衛したと解釈するのである。つまり人格を層構造でとらえており，神経症の源は奥深い中核にあり，生育歴からいっても初期であるので，深部まで遡って心的外傷を解放してやること，つまり意識化させることがその治療目標である。一方の行動療法は，心の深層を想定しておらず，表に出た行動のみを扱い，行動イコール心であるから行動を直せば心も改善されると考えるもので，その点については両者は対照的な考えである。

例えば，夜尿症の子どもへの対処から2つの違いを浮きぼりにしてみよう。

まず伝統的に心を重んじる見方からは，この原因を主に母親との関係からとらえ，母親がおねしょに対して今まで過度に叱責し，それが子どもに過敏症状を引き起こして夜尿を起こすと解釈する。一方，行動療法では夜尿という症状の過程を見て，膀胱に尿がたまっても目が醒めないのが問題だとする。そしてアラームシーツなどを用い，尿が洩れるとブザーが鳴って目が醒めるように変えていく。この2つの方法は，一見異なるようだが，実はどちらも機械論的な考えに基づいているといえる。治療対象が内奥に潜んでいるものか，あるいは外に現れているものかの違いだけである。

さてここで，精神分析と行動療法は，同じ病気に対して異なった角度から治療を施しているだけなのか。あるいは，精神分析でのみ効果のある病もあれば，行動療法でのみ効果のある病もあるのだろうか。この点については，現在まで明らかでない。

臨床心理学者は，患者の生育歴や発症経緯からこの2つの療法をうまく使い分けているようである。

2. ロジャースとマズローの成長原理

一方のロジャースとマズローは，機械の故障を直すような考え方ではなく，有機体の本来もつ成長の原理を信じた考え方をしている。つまり，治療者はあくまでサポート役であり，患者自らの力で成長して問題行動を解決できると信じている。そこで重視されるのが，今ここでの患者の感じである。その感じを大切にし，患者本来のもつ感じに至るのを助けていく。

3. ユングの治療は周囲からの癒し

　ちなみに，ユングの治療はロジャースやマズローと考えは似ているが，こころの広がり，周囲からの癒しも重視している。つまり，ユングの分析心理学における治療とは，大きな空間の中で，陰と光，表と裏のような相反するものが自然に解け合うようなイメージがある。

　例えば，盗みをした子どもの例を河合（1992）の『子どもと学校』から挙げてみよう。例えば武器で遊ぶことをいつも禁止されてきた子どもが，ピストルのおもちゃを盗んでそれを自宅の郵便ポストに入れたとしよう。この場合，盗みはいけないことだから，盗む行動をやめさせることが目標だと安易に考えがちである。しかしユング流の分析心理学では，なぜピストルをあえて郵便ポストに入れなければならないかに焦点をあてて考える。いわば周囲に広げて考えてみるわけで，問題行動の原因は何かというふうな荒探しはしない。そして，それは危険な遊びを禁止する母親へのメッセージではないかと発展させて考えてみる。すると，いつしか問題は子どもの問題から母親の問題へと移る。そして，子どもに対して武器を禁止する意図が強すぎて子どもの欲求に見合った対応をしていなかったと母親が悟れば，母親自身も落ちついてくる。そのように周囲が癒されると今度は子どもの方も癒されていき，いつしか子どもの盗みという問題も解消される，というような過程をたどるわけである。

4. 精神障害を相対的にとらえる方法

a 精神障害は溶媒に解ける溶質

　図9-11は，障害の事例性が生じるシステムを社会との関係で相対的にとらえたものである。今までは，具体的な症状に焦点をあて，どのような対処をすれば症状がなくなるかを論じてきた。しかし，見方を変えると，異常とか症状というのもあくまでそれを受け取る側の問題であり，受け取り方が異なると，異常も異常でなくなり，症状も症状といえなくなると考えられる。図の例でいえば，事例性（CN）は疾病性（i）ばかりでなく，耐容性（t）との関係から生じてくる。いわば，疾病性は溶媒に溶ける溶質であり，溶媒とはいわゆる社会の耐容性にあたる。疾病が事例性になること，つまり事例として現れるの

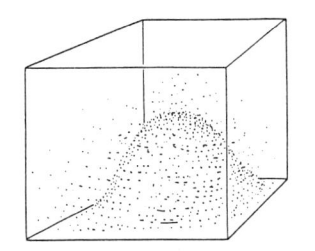

$CN = f(i, t)$
(f：関数)
CN：caseness（事例性）
i：illness（疾病性）
t：tolerance（耐容性）

↑ 図9-11　事例性が現れるシステム（小田，1990）

は，社会の耐容度に左右され，社会が極めて耐容であるなら，症状も事例にならないわけである。例えば，精神病質も1つの個性ととらえたり，また精神分裂病で起こる幻聴，幻覚も正常の人でもおちいりやすい敏感な関係妄想ととらえるなら，事例とはみなされなくなる。授業への参加の意味は発表して自己主張をすることと教えられてきた帰国子女が，日本の授業でとまどいを覚えるのも，自由な校風の学校から校風の厳しい学校に転校して不適応になる子どもも，社会の耐容性の低さから説明される。

b コミュニティー心理学と家族システム理論

　コミュニティー心理学も，家族システム理論も1人の心の解決ではなく，周囲から支えてその人の足場を向上させていくことである。伝統的な心の治療が個人を対象にするのに比べ，コミュニティー心理学は，集団，地域社会を対象とし，治療よりも予防・教育を重視し，心の成長促進を促していく手法をとる。そのため，治療者には，来訪を待つのではなく，コミュニティーの中に入り込んでいく姿勢が求められ，ネットワーク作りを推進したり，キーパーソンや非専門家の養成のためにコンサルタントの役割を担う。コミュニティー心理学はどちらかといえば社会全体に働きかけていく性質をもつが，家族という狭いコミュニティーに焦点をあてたのが家族システム療法である。家族システム理論では，患者の問題行動を診断的にさぐるのではなく，患者と家族を含む場から生じる行動としてとらえることが必要であり，それも直線的な認識でなく，循環的な認識から把握していくことが必要である。例えば図9-12は平木（1992）による心身症のオープンシステムモデルであり，子どもの症状は家族の構成員の関係に影響を与え，また構成員の反応からまた症状が生まれるという循環的

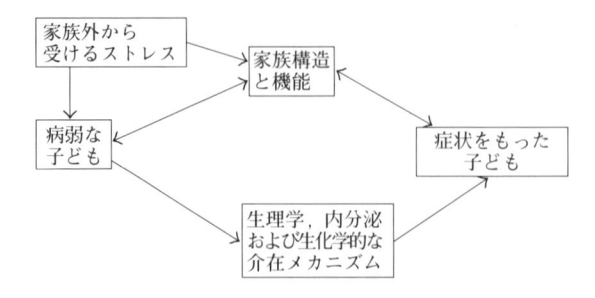

図9-12 心身症のオープン・システムモデル（平木，1992）

な関係にある。したがって，症状を見るには，構成員同士の関係や，構成員をとりまく環境をさぐることが必要という。

5. まとめ

1.の2つは，相反する考えに見えるが，治療者が患者に働きかけるという点では，共通している。つまり，この2つの発想は，機械の修理のようであり，治療者は技術屋のイメージである。一方，2.のユングの考えと3.のロジャースの考えは，ユングの治癒という用語，さらにはロジャースの自己実現という用語からわかるように，ともに有機体のもつ成長メカニズムを連想させる。つまり，治療者の立場としては，患者自ら開花するのを援助する存在である。さらにユングが描いたのは，母体という癒しの場である。

さらに以上と違って，もっと大局的に見るのが，事例性を社会の寛容度から眺める立場である。この立場がとる方法は，症状には直接ふれず，症状をとりまく側の態度を変えるだけである。コミュニティー心理学もこの延長線上にあるが，個人を成長促進させるにふさわしい場として社会を変えていこうとする意図がある。

|5| 心の姿をとらえる心理検査

1. 質問紙法－人格は要素

これは，図9-13のY-G性格検査に代表されるように，人間を細かな要素

に分析して，それを最後にプロフィールとして記述していくという考えである。具体的には，抑鬱性，気分の変化，劣等感，神経質，主観性，非協調性，攻撃性，活動性，のんきさ，思考的外向，支配性，社会的外向という12の特性（要素）から人格を分析する。そして，それらの要素を組み立てたり，全体の階層構造を明らかにしたりすることを目的とする。

図9-13　Y-G性格検査に盛られる特性尺度（早坂・上野，1968より）

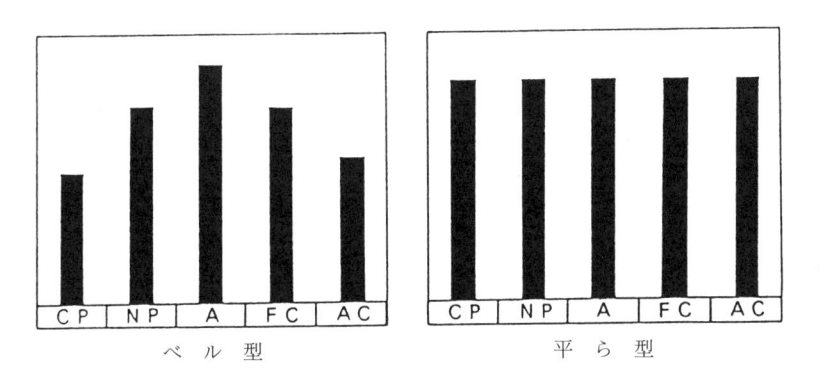

図9-14　望ましいエゴグラムの型（新里，1978）

ベル型　　　　　平ら型

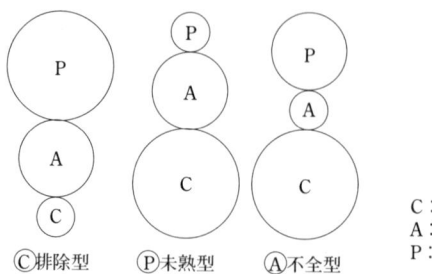

```
        (a)        (b)        (c)
                    P          P
       P                       A
                    A
       A            
                    C          C
       C                              C：子ども的自我状態
                                      A：大人的自我状態
     ⓒ排除型    ⓟ未熟型    ⓐ不全型   P：親的自我状態
```

↑ 図9-15　人格構造の偏り（竹内，1979）

　また，もとはフロイトの構造理論を参考にしているが，こころを3つの自我状態で表したバーン（Berne, 1958）のエゴグラム（egogram）がある。この検査はイド，自我，超自我の3者をそれぞれ子ども的，大人的，親的自我状態とし，それらのバランスを示したものであり，心の均衡状態が容易に把握できる。適応型には，すべての自我状態が十分に発揮されているベル型あるいは平ら型（図9-14）があり，また不適応型には，図9-15のように，(a)親的のみが威力をふるって子ども的を萎縮させる排除型，(b)子ども的だけ突出している未熟型，(c)親と子どもが肥大し大人が小さく挟まれた不全型などがある。

2. 投影法－人格は深層，心は創造者・統合者・木

　この方法は，あいまいで多義的な図形に答えさせるものであり，被検査者は自分のことを問われているとは思わずに自由に反応できる。しかし刺激図形があいまいであるがゆえに，その部分を明確にして答えることが求められる。つまり自らが創造しなければならないわけであり，その創造のあり方に個人の内的世界が映し出されるという意味で投影法と呼ばれる。特に人格の統合がなされているかどうかを見ていくテストが多い。

　例えばロールシャッハテストでは，インクの染みのような図版に対して，意味づけるよう求められる。例えば，カードを眺めて「狼の顔のような気がする」と答える人に「さらにもう少し説明してください」と尋ねたとする。その際に，答えが返ってこない人は，このようなあいまいなままに周囲の世界をみていることが予想できる。また，「ヒゲの生え方が似ている」という人につい

ては，細かい点にばかり気をとられて全体には注意を払っていないタイプの人ととらえることができる。さらに，「ここには狼の顔があります。百匹くらい吠えている」などと，どうしても理解しがたい反応を返す人は，その人独自の世界から周囲を見ていることが予想できよう。このように，図版への反応を通してその人になりきってみると，追体験ができるわけである。

　また，TAT (thematic apperception test) はマレー (Murray, H. A.) によって開発された手法で，心がイド・自我・超自我の均衡からなるフロイトの説を参考にした欲求－圧力理論に基づいている。マレーは，欲求と圧力が統合されて1つの心として現れるとした。例えば，図9‐16を見てみよう。この絵を見ながら被検査者は物語を作るわけである。例えば，「自分はバイオリンは好きではないのだが，両親は音楽家にさせようという希望が強い。いかに両親を説得しようか迷っている。将来は，バイオリンではないまでももっと活躍できる楽器を修得する。」というように反応したとする。この場合，欲求はバイオリンからの回避であり，圧力は両親の期待である。解決水準は，他の好きな楽器で代用するという現実的水準である。このような検査の場合には，自分のことを直接問われないから，防衛が少なく，自分の葛藤が現れやすいといわれる。

　また，人格発達のようすを木になぞらえた方法もある。コッホ (Koch, C. 1952) の考案した「実のなる1本の木」を描かせるバウムテスト (baum test) がそれで，このテストでは，図9‐17で示されているように木が時間的

↑ 図9‐16　TAT原図版における図版Ⅰ（ハーバード版）

図中ラベル：

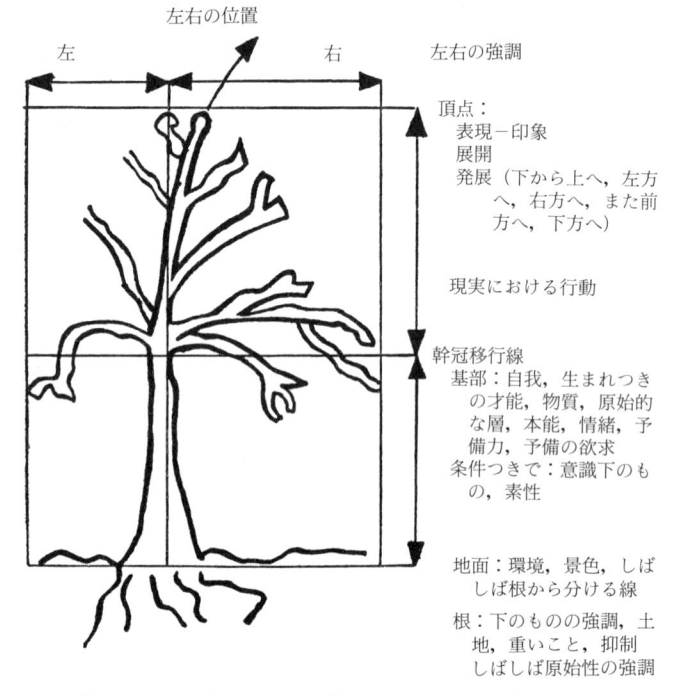

- 左右の位置（左・右）
- 左右の強調
- 頂点：表現－印象／展開／発展（下から上へ，左方へ，右方へ，また前方へ，下方へ）
- 現実における行動
- 幹冠移行線
- 基部：自我，生まれつきの才能，物質，原始的な層，本能，情緒，予備力，予備の欲求／条件つきで：意識下のもの，素性
- 地面：環境，景色，しばしば根から分ける線
- 根：下のものの強調，土地，重いこと，抑制 しばしば原始性の強調

図9-17　バウムテストの体系 （Koch, 1952；林ら，1970）

経過とともに成長するように自我も成長すると類推する。すなわち，自我は根に始まり，幹として成長し，そこから上方へ左右へさらには立体的に前後へと伸びる。そこには空間が象徴する原理との共通性が認められよう。大きく分ければ上は意識で，下は無意識であり，右は未来で左は過去である。さらに，前へ伸びる幹枝は慣習や伝統を打ち破ろうとする意志を表す。

下から上への発展は無意識から意識へ，左への傾斜は待避を示し，前面への突出（立体化）は伝統の打破を表す。不登校の子どもは，左上に浮いた木を描きやすい。このように，木の描写は心の代用表現でもある。

3. 作業検査法－人格は曲線

作業検査法の中で代表的な検査が内田クレペリン検査である。それは検査得点の曲線に人格の機微がそのまま現れるという考えである。

図9-18は定型をとる被検査者の曲線であるが，前半ではまず最初はがんば

り，しだいに疲れが出て下がり，終末が見えてくるとまたゴール目指して頑張ることが予想されよう。また，休憩後の後半は疲れも取れ，その頑張りは突出として現れるが，しだいにまた疲れが出る。このような曲線が定型の人がたどる軌跡である。つまり，人格には適度のメリハリがあるのがふつうである。そして，この軌跡から離れるに従って人格の偏奇さが明らかになる。

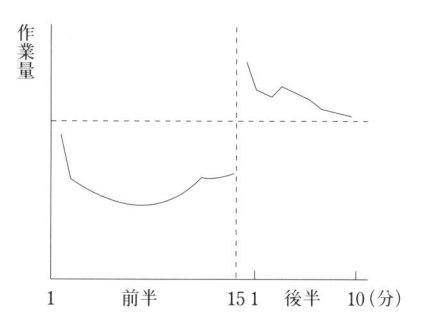

例えば，曲線が激しく揺れればそれこそ動揺の激しい人格だろうし，落ち込みが激しければ，ふと空白になったりする性格といった具合である。また，曲線が下がるばかりで回復が見られなければ，疲れやすい性格だろうし，休憩後，作業曲線が突出しなければ，疲れが溜まりやすい性格であろう。これらの人格特性は曲線から直感的に把握できよう。

図9-18 内田・クレペリン精神作業検査における定型曲線
（横田，1949）

第10章 比喩から見た社会心理

　われわれは，知らず知らずのうちに社会の影響を受けている。例えば「3人寄れば文殊の知恵」という格言は，複数で考えた方が，1人で考えたより有用な結果をもたらすことを意味する。

　また，集団が個々人の単なる集合でなく，あたかも1個の有機体と見間違うこともある。例えば，国家間の争いが人物の抗争として見立てられることもある。国家のような集団は個性をもった全体として機能し，各構成員は集団からの数々の圧力を受けたりする。このように，集団は1個の生物体（有機体）とみなされ，さらに個体が統合を保とうとすれば，そこにさまざまな力が働き始める。それを表現する用語としては物理学用語が豊富に用いられている。ここでは，生物体と物理学，さらにはシステム的な見方を中心に扱っていきたい。

|1| 集団に見られる生物比喩と物理化学比喩

1. 集団の形成

　人はなぜ集団を作るのだろうか。それは，個人では達成できないような目標も，集団でなら達成できるからである。まず，その集団の比喩から見てみよう。個々人の心の総和とは違った集団の心なるものが存在する考えが，ゲシュタルト心理学から提起された。その代表者であるマクドーガル（McDougall, W.）は，集団を1つの生き物のようにとらえ，"集団心"を想定した。

　また，ゲシュタルト心理学のレビン（Lewin, K）は，集団心理をグループダイナミックスと命名した。これも集団を有機体のようにとらえるがゆえである。このように，個々の意志を超えた集団という生き物が想定されたわけである。

　その例として，グループの変容過程を紹介しよう。

　図10-1は，集団の構造化過程を時間経過とともに記述したものである。そ

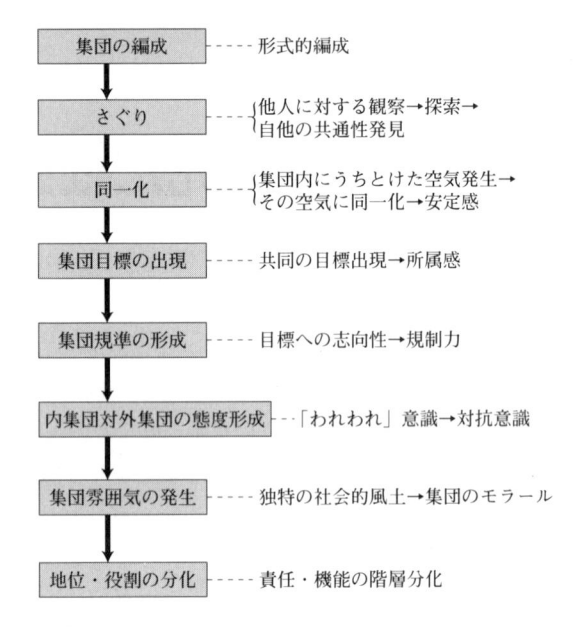

```
集団の編成 ----- 形式的編成
   ↓
  さぐり  ----- 他人に対する観察→探索→
                自他の共通性発見
   ↓
  同一化  ----- 集団内にうちとけた空気発生→
                その空気に同一化→安定感
   ↓
集団目標の出現 ----- 共同の目標出現→所属感
   ↓
集団規準の形成 ----- 目標への志向性→規制力
   ↓
内集団対外集団の態度形成 --- 「われわれ」意識→対抗意識
   ↓
集団雰囲気の発生 ----- 独特の社会的風土→集団のモラール
   ↓
地位・役割の分化 ----- 責任・機能の階層分化
```

図10-1　学級集団の構造化の過程（田中，1965）

こでは，まずさぐりが起こり，しだいにうちとけた雰囲気が生じる。さらには集団の目標が生まれ，基準が形成されるように，1個の有機体の様相を呈する。それは外集団への態度として"われわれ意識"が生じる際にもっと明らかになる。そして，完成の域に達すると，地位や役割の分化が起こる。これは発達における分化を思わせる。このように集団はあたかも有機体のごとく発達していく。

このような考えに対して，集団心は幻想にすぎないとするのがオールポート（Allport, F. H.）らの考えである。彼は，真に存在するのは個々の心のみであるとし，集団心を集団誤謬(ごびゅう)として批判した。

2. 集団心から起こる集団力学

人は他者から影響を受け合って生活している。仲良し集団になるほど外見や考えまで似てくるといわれ，特に判断するための基準が明確でない場合に，他者から影響される傾向は顕著となる。

例えば丙午の迷信のような事柄について，所属する集団の人たちと意見が合

うほどその真実性が増すことを社会的リアリティーという。このリアリティーが必要な状況ほど，また集団目標が明らかになるほど個人を集団に従わせるような圧力が働くという（Singer, 1980　図10 - 2）。この圧力は斉一性の圧力と呼ばれ，圧力が高まると成員は他者の意見を自分たちの意見に近づけようとコミュニケーションや説得を起こす。この現象は集団凝集性と表現されている。このように，一個の有機体のようになった集団は，個々に対して圧力や凝集といった物理原理を働かせ始める。そこで，集団圧力の典型例として同調行動を挙げてみよう。

アッシュ（Asch, 1951）は，わざと嘘の判断をするサクラ集団を作り，被験者をその中に入れて，どのような判断の狂いが生じるかを観察した。実験では，図10 - 3のような1本の標準線分と3本の比較線分を比較判断させる課題で，実験群には表10 - 1に示された試行でサクラにわざと嘘の線分を選択させた。一方の統制群にはサクラは加わらなかった。そして，実験群の被験者が，その嘘にどれだけ対抗できるかを見たわけである。

その結果，表10 - 2のように，実験群においては全のべ試行のほぼ3分の1（全600試行中192試行）で同調行動が現れたのに対して，統制群では全体でも3試行しか現れなかった。人は周囲の状況に影響されやすく，その人の判断は，他の意見と調和をとりながら決定されるのである。

このように，集団心を提唱する立場からは，集団の力動を物理学用語を豊富に用いて説明している。

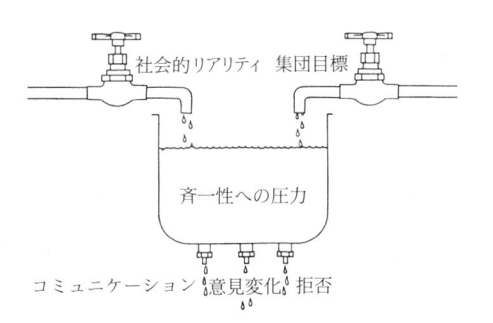

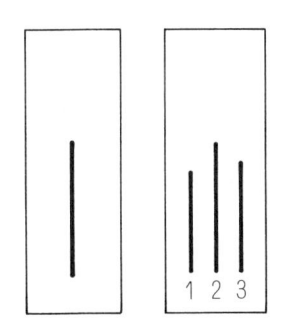

↑ 図10 - 2　斉一性への圧力の水力学モデル
（Singer, 1980）

↑ 図10 - 3　同調実験用カード
（Asch, S. E., 1951）

▼表10-1 標準線分と比較線分の長さ
（Asch, 1951；磯崎, 1988）

試行	比較線分の長さ（インチ）			標準線分の長さ（正答）	サクラの判断
	1	2	3		
1	8.75	10	8	2	2
2	2	1	1.50	1	1
3	3.75	4.25	3	3	1*
4	5	4	6.50	1	2*
5	3	5	4	3	3
6	3.75	4.25	3	3	2*
7	6.25	8	6.75	2	3*
8	5	4	6.50	1	3*
9	6.25	8	6.75	2	1*
10	8.75	10	8	2	2
11	2	1	1.50	1	1
12	3.75	4.25	3	3	1*
13	5	4	6.50	1	2*
14	3	5	4	3	3
15	3.75	4.25	3	3	2*
16	6.25	8	6.75	2	3*
17	5	4	6.50	1	3*
18	6.25	8	6.75	2	1*

＊圧力試行——サクラの一致した誤りの判断がなされたことを示す。（1インチは約2.5cm）

▼表10-2 実験群と統制群の誤りの分布
（Asch, 1951；磯崎, 1988）

圧力試行での誤り数	実験群*（n＝50）人数	統制群（n＝37）人数
0	13	35
1	4	1
2	5	1
3	6	
4	3	
5	4	
6	1	
7	2	
8	5	
9	3	
10	3	
11	1	
12		
合計	50	37
平均	3.84	0.08

＊実験群の誤りはすべてサクラの判断の方向への誤りである

3．集団は人物－リーダーはその頭

　集団のリーダーのことをヘッド（head）と呼んだりするが，これは集団を人と見なすことから生まれる呼称である。レビンは，このリーダーのタイプが，集団の雰囲気に変化をもたらすことを指摘した。さらにその考えを発展させたレビンら（1939）は，表10-3のように，子どもの集団に対する大人のリーダーシップについて，権威的，民主的，自由放任的という典型的な3種を実験的に作り，集団の雰囲気にどのような違いをもたらすかをさぐった。その結果，権威的では作業量こそ高いものの，成員は互いに敵対的で，不平不満が多く，攻撃行動も多く発生し，リーダーに依存的で，創造的な行動は生まれなかったという。一方，民主的では，作業量が多い上，お互いに友好的で，われわれという意識が多く見られ，しかも独創的な行動が見られたという。そして最後の

■表10-3　3つのリーダーシップの型 (Lewin, et al., 1939；原岡, 1979)

権 威 的 指 導	民 主 的 指 導	自 由 放 任 的 指 導
1．方針のいっさいは指導者が決定した。	1．あらゆる方策は集団によって討議され決定された。指導者はこれに激励と援助を与えた。	1．集団としての決定も個人的決定も全く放任されて成員まかせであり，指導者は最少限にしか参加しなかった。
2．作業の要領と作業の手順は，その都度1つずつ権威的に命令する。そのため，それから先の作業の見通しの多くはいつも不明瞭であった。	2．作業の見通しは討議の間に得られた。集団の目標に達するための全般的な手順の予定が立てられた。技術上の助言が必要な時には，指導者は2つ以上の方法を提示して，その中から選択させるようにした。	2．いろいろな材料は指導者が提供した。また，求められれば情報を与えることを言明しておいた。仕事上の討議においてもこれ以上の役割はしなかった。
3．指導者は通常個々の作業課題を指令し，各成員の作業の相手方も指導者が決めた。	3．成員は仕事の相手として誰を選んでも自由であり，仕事の分担は集団にまかされた。	3．作業には，指導者は全く参加しなかった。
4．指導者は，各成員の仕事を賞賛したり批判する際に，「個人的主観的」に行う傾向があった。実演してみせる場合以外は，集団の仕事に実際に参加することはなかった。	4．指導者は，賞賛や批判をするにあたって，「客観的」で，「即時的」であった。指導者は気持ちの上では正規の集団成員の立場にあるようにつとめたが，差し出がましくならないように気をつけた。	4．質問されないかぎり，指導者は，成員の作業上のことについて自発的に意見を述べることはまれであった。そして，作業のやり方を評価したり調整したりすることは全くしなかった。

自由放任的では，作業量は最低であり，自分勝手な遊びが多く発生したという。このように，リーダーのタイプによって集団全体が何らかの影響を受けている。

さらに，三隅（1978）はリーダーシップには，課題遂行機能（P）と，集団維持機能（M）の2つの次元があることを提唱した。前の実験の例でいえば，作業量が課題遂行に，友好性とわれわれ意識が集団維持機能に対応しよう。そして，PとMの機能の強いもの（大文字）と弱いもの（小文字）によってPM，P，M，pmの4類型に分け，集団の生産性と部下の雰囲気をさぐった。その結果，PM型のリーダーのもとでは，生産性と，部下の満足度，チームワークがもっとも高いこと，pm型のもとでは生産性がもっとも低く，部下の不平不満が高いことが見出された。

例えばプロ野球の監督にこれをあてはめると，課題遂行ばかり強調するPm

型の監督では初年度の成績は芳しいが,翌年から低迷することが多かったり,また物わかりのいいだけのpM型の監督では,選手はのんびりできるが,年間を通じて成績が振るわなかったりする。PとMの双方を上手に使うことが,成功の秘訣であろう。

2 社会的認知に関わる責任のありかと量

1. 責任の分散

ラタネとダーレイ(Latané & Darley, 1970)は,てんかん発作を起こすサクラに対してどのような援助行動が起こるかを調べた。その実験は,個室でマイクを通して別の被験者と討論するという形式であり,人数では2人,3人,6人の3条件を設定し,その中の1人がサクラとしててんかん症状を起こすというものであった。その結果,人数が増えるに従って援助行動を起こす人が少なくなり,また援助行動を起こすまでの時間が長くなったという。

その場合,2つの葛藤する気持ちが起こると考えられる。1つはてんかん患者を放っておけないという気持ちであり,もう1つは,騒ぐことによって実験を台無しにしたり,馬鹿にされたりしないだろうかという気持ちである。人数が増えるに従って援助行動が少なくなったのは,自分以外に援助できる他者がいると認知すること,つまり責任の分散が起こり前者の気持ちが少なくなり,もう一方の馬鹿にされまいとする気持ちが相対的に強くなったためと考えられる。このように,理由づけをどこに置くか,つまり資源をどこに配分するかによって行動が変わるのである。

2. ミルグラムの命令への服従

人は過酷な命令にもかかわらず,それを遂行することがある。ヒトラーによる残虐行為のため,多くのユダヤ人が命を奪われたのは記憶に新しい。この残虐行為が一定期間継続して行われたのは,人が権威からの命令に弱いからであろう。この傾向を顕著に示したのがミルグラム(Milgram, 1974)の実験である。

この実験（図10-4）は、いろいろな人に教師と生徒を演じてもらうという設定であった。生徒は電気椅子にしばりつけられ、教師は生徒が誤った反応をするたびに隣室からショックを与えることを命ぜられている。実はこの生徒はサクラで、実験自体も生徒が間違えやすいように仕組まれている。生徒は、少しのショックに対しては文句をいう程度だが、120Vを越えるとその苦痛をわざと大声で

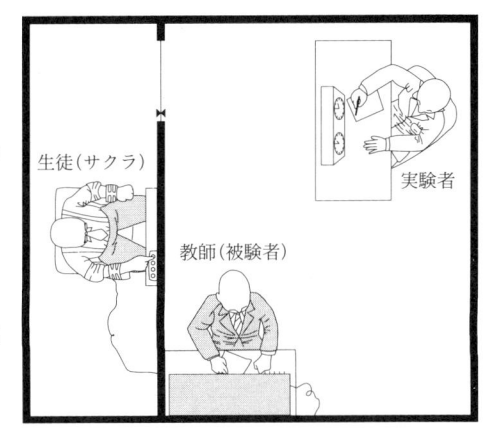

図10-4　権威への服従実験（Milgram, 1974）

訴える。さらに、150Vを越えると「ここから出してくれ」と絶叫する。これに対して教師が「実験をやめたい」というと、実験者は「実験のためにあなたが続けることが必要です。」などと勧告を行うのである。

　この実験の目的は、このように生徒役が苦痛を訴えるにもかかわらず、教師役が苦痛を与え続けるかどうかを見ることにあった。その結果は、事前の予想に反して、教師役の人たちがかなりのショックを命令通りに与え続けるというものであった。

　では、このように苦痛を訴えるのにもかかわらずなぜ教師役の被験者はショックを与え続けるのだろうか。その答えとして、ミルグラムは教師役は代理状態にあると説明している。つまり、ショックは自分の意志で与えているのではなく、あくまで代理で与えていると考えるからだと解釈した。いわば、自分の行為の原因を自分外に置くからという。この実験は、責任が自分になく他にあるとみなすと、どのような行為も平然と行えることを示している。例えば、あまりに人が多すぎて、会う人にすべてに対応するには負荷がかかりすぎる大都会では、少々のことは無視していかなければやっていけない。これも資源配分を考慮するからである。

3. ステレオタイプは資源配分の節約

　他者を認知する場合，部分から全体へ一般化してしまったり，逆に全体から部分を推定してしまう例がある。後者にはステレオタイプと呼ばれる現象がある。

　ある人に会って，その人が銀行員であるとか先生であることがわかると，人格も吟味せずにこういう人だと決めてかかることがある。つまり，その人の所属集団を見出して，その集団に一般に見られるとされる特性を，強制的にその個人にあてはめるのである。例えば，「銀行員だからまじめであろう」とか「アメリカ人であれば，合理主義者であろう」とかする例である。その面では，鋳型のようであり，首尾一貫した認知を保とうとする働きと，労力（資源）をできるかぎり節約しようとする働きの双方から起こるものと考えられる。

3　対人認知における均衡化システム

1. 対人認知は一貫性の原理－初頭効果と後光効果

　人を見る場合に「見直した」とか「見損なった」とかいうように，後に評価が変わることがある。しかし，一般には最初に受けた印象が全体像を形成し，後の情報もそれに色づけられやすい。このように部分から全体へ一般化する現象を初頭効果あるいは第一印象という。これは人が一貫した認知を保とうとするからである。

　また後光効果（hallo effect）と呼ばれるものがある。これは相手の1つ2つの特性を好ましいものと思えば，他の特性もすべて好ましいものと思ってしまう現象である。美人は性格もいいものだと判断してしまうなどその好例である。

　例えばケリー（Kelley, H. H. 1950）の実験を参考にしてみよう。アメリカのある大学で心理学を受講している学生に，代用教員の紹介をするという設定で，他の情報は同じで，「暖かい」人か「冷たい」人かだけを変えて紹介した。すると，暖かい－冷たいという情報が他の情報まで色づけたと報告されている。このように印象を形成する上では中心となる情報が存在し，その情報が良い

（悪い）と他の情報まで良い（悪い）と受けとられやすい。

　また，それと似たもので，論理的過誤と呼ばれるものがある。例えば，自分の友人にまじめだが融通のきかない人がいると，まじめな人は融通がきかないものだと決めつけてしまう。ここにも，情報間に矛盾がないようにする力が働いている。

　これらの現象は，認知に費やされる労力を節約する面からも説明されよう。しかし，一貫した認知を保とうとする原理が働いているからこそ起こるものであろう。

2. 情報認知における均衡化－認知的不協和理論

　人は，認知内で不協和な情報が生じた場合には，緊張を起こす。そして，それを低減させるような変化を起こそうとする。これがフェスティンガー（Festinger, L）の提唱した認知的不協和理論である。以下に，その理論を端的に示す実験（Aronson & Mills, 1959）を紹介しよう。

　女子学生が性心理学を討議するグループに参加することを願っているという状況があるとしよう。このグループに参加するためには，性に関する単語を恥ずかしがらずに話せるというテストに合格しなければならず，その場合，厳しいテストを受けた場合と比較的優しいテストを受けた場合とでは，後の討議内容の評価に違いが見られるかどうかを測定した。ただし，討議内容とは実は極めて退屈なものであった。結果はテストが厳しいほどメンバーや討議内容に高い評価を与えるというものであった。ここでは，厳しいテストをクリアーしたのだから討議内容もそれに見合って充実したものでなくてはならないと，認知を一貫させたと考えられる。その他にも有名なのが「タバコを吸う」人は「タバコは体に悪くない」と認知したり，あるいはそういう情報を避けたりする現象である。タバコが体に悪いと思いつつ吸うという行為は認知内で不協和を起こすからである。このように，人は矛盾のない均衡のとれた認知を保とうとする。

3. 対人認知は均衡を保つシステム－バランス理論・適合の理論

　ハイダー（Heider, F.）は，自分（P）と他者（O）および第三者（X）と

の関係で，自己の認知内で矛盾がないようにしようとすると考えた。そして，図10-5のように，1つひとつの関係において，好意あるいは関係をもつ場合はプラス，嫌いあるいは関係をもたない場合はマイナスと表現した。結局三者の関係を乗算して，プラスになれば認知は均衡であり，マイナスになれば不均衡となるわけである。例えば図10-6を見てみよう。

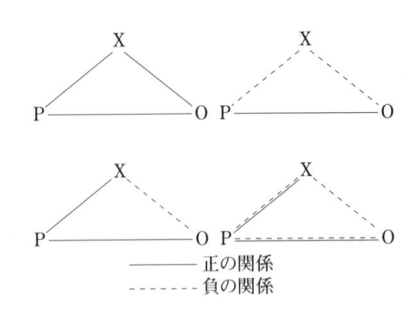

図10-5　ハイダーのバランス理論

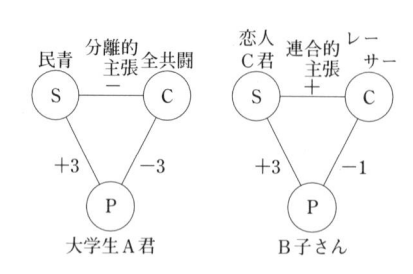

図10-6　バランス理論での予測
（飽戸，1970）

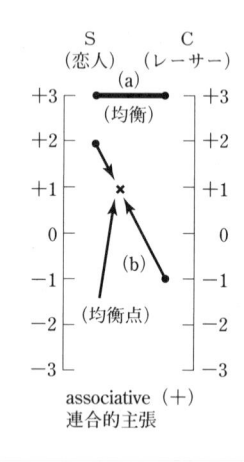

図10-7　適合の理論での予測
（飽戸，1970）

　B子さんは恋人C君が好きである。しかし，B子さんはレーサーが嫌いという場合に，どのような変化がB子さんの認知内で起こるだろうか。この場合，B子さんのC君に対する感情はプラス（＋），B子さんのレーサーに対する感情はマイナス（－），C君とレーサーの関係はプラス（＋）で，かけ合わせると，マイナスとなる。そこで，その不均衡から起こる緊張を解消しようと何らかの変化を認知内に起こそうとする。例えば，「C君なんか嫌いだ」と思ったり，「レーサーってそんなに嫌な職業じゃない」とか，「C君は決して好きでレーサーをしているわけではない」というふうに認知を変えようとするだろう。

このように，ハイダーは，人間の認知を，緊張を解消して均衡を保とうするホメオスタティックなイメージでとらえている。

以上のハイダーのバランス理論は，変化の箇所を述べているのに対して，オスグッドとタネンバウムは，さらにどこがどう変化してどのような均衡が得られるかを追求した。

彼らは，図10-7のように恋人とレーサーが連合的（＋）の場合は両者ともに変化して適合的になろうとし，その変化の大きさは原点（0）からのずれの大きさに反比例すると予測した。この考えにしても，バランス理論同様，安定・均衡を保とうとするホメオスタティックな原理に基づいている。

|4| 態度変容（説得）における免疫

1. 態度変容に有効な呈示方法

説得とは，相手の感情や知性に訴える情報を与えて，自分の意図する方向に相手の意見や態度を変えようとする試みである。説得が成功する条件には，送り手の要因，送るメッセージの内容の要因，受け手の要因の3つが考えられる。

その中でまず，送り手である説得者の信憑性や説得の内容はどのように態度変容にいかに影響するのだろうか。同じ内容であれば，信憑性が高い者からの情報と，低い者からの情報を比べると，やはり高い場合の方が態度変容は起こりやすい。そこには，専門的知識をもっているという専門的信頼性と，人間的信頼性が影響していると思われる。また説得内容でいえば，例えば自動車を売り込む時に，「わが社の車はエンジンの性能，ボディーの強さ，スタイル性など，何をとっても他社の新車に比べて格段に優れています。」という一方向しか呈示しないやり方と「今度の新車はハンドルは多少後ろにつきすぎていますが，エンジンの性能，ボディーの強さ，スタイル性などは他社の新車に比べて格段に優れています。」という多少マイナス面も認めた上での呈示の仕方ではどのような違いがあるだろうか。その結果として，受け手の要因によっても効果が異なることが指摘されている。つまり，教育程度が低い，あるいは最初の態度が説得方向と同じ場合には，「何をとっても他社の新車より優れています」

という一面呈示の方が効果がある。しかも，受け手がメッセージの内容に対してまったく反論したりする機会や経験がなければ，すぐに説得されてしまう可能性がある。一方，教育程度が高いか，あるいは最初の態度が説得方向と逆の場合には，「ハンドルは多少後ろにつきすぎていますが」というように多少マイナス面も含めた二面呈示の方が効果があるという。教育程度の高い場合には知識があるゆえに，一面のみの呈示には抵抗し，一度逆の意見を挿入して気持ちを受け入れた二面呈示の方が，説得方向への変化するのである。このような説得に対する抵抗力は，医学・生物学でいう免疫という原理によく似ている。

2. 説得における免疫

　マクガイア（MacGuire, 1964）は，説得に対する抵抗力を身につける方法として接種理論を提唱している。これは，「自明の理」に関するもので，われわれは「できれば毎食後，歯を磨くべきである」という一見もっともな見解に対しては，何も疑問を抱かない。つまり，意見における無菌状態にあり，そのまま感染しやすいのである。しかし，その「自明の理」も，一概に正しいとはいえないこともあり，もし反論する機会が与えられると，容易には説得されないだろうと予測して実験した。

　実験では，自明の理に対する反対意見が提示され再びその反論に論ばくした論ばく群と，自明の理を与えられたのみの支持群で，2日後に自明の理を攻撃する説明文を与えた。その結果，予想通りに論ばく群の方が，説得への抵抗を示したと報告されている。

　このように，一度反論して抵抗力をつけると説得されにくくなる。

第II部

心理学における比喩理論

第11章 心理学全領域を扱う比喩

|1| 心理学史に見られる比喩

　心理学が心を扱ってきた歴史は，まさに比喩の歴史といった観すらある。心理学史を飾るさまざまな主義も，その根拠をたどれば比喩である。前述の構成主義（要素主義）にしても，ミル（Mill, J. S.）の心的化学説に代表されるように，心を H_2O のような化学結合にみなす。これに従えば，心を分析することも可能になる。一方，ゲシタルト主義では，心を分割できない全体，さらに力動的なものとする。これは心を鋳型のように，さらに少し柔軟さを加えると有機体（生物）のようにみなしている。また，ゲシタルト主義のケーラー（Köhler, W.）による心理物理同型説は，生理過程に物理的枠が存在するとみなす。このように，要素主義対ゲシタルト主義は，デジタル対アナログ，部分対全体のように示される。

　行動主義は機械論といわれる。代表者のワトソン（Watson, J. B.）は，心を条件反射の集合とみなしたわけである。またその機械主義が排除した欲求や態度などのいわゆる"心"を復活させた新行動主義は，心は刺激と反応を仲介する関数とした。そこには，数式の考え方も見られる。さらにその流れをくむ認知心理学では，その仲介変数にコンピュータを据えている。

　フロイト（Freud, S.）の精神分析理論は深層心理学と呼ばれ，心を年輪のような層にみなす。これは生物学に由来するものであろう。さらに，リビドーという精神的エネルギーは，生物のみならず，当時開発された蒸気機関車をイメージしたのではなかろうか。また，心がイド，自我，超自我の均衡から成り立つとする心的装置説は，人格を安定化をめざすシステムとみなす。これも，サーモスタットのような機械システムをイメージしたのではなかろうか。

　以下，心を比喩から眺めた研究者の考えをそれぞれ概観してみたい。

2 心の比喩
－レイコフとジョンソンの心の概念としての比喩－

　レイコフとジョンソン（Lakoff & Johnson, 1986）は，比喩とは，われわれが考えたり行動したりする際の概念体系とした。この考えは心の比喩を考える出発点となろう。彼らは①方位的比喩（orientational mataphor）②存在論的比喩 ontological metaphor）③導管比喩（conduit metaphor）④構造的比喩（structural metaphor）に分類している。①の方位的比喩は，われわれの肉体がそもそもそうした方向性をもつことを暗示し，例えば上は，多く，支配的で，良く，一方の下は，少なく，従属的で，悪いといった具合になる。この概念は，意識を上，無意識を下のようにとらえたフロイトの世界観やバウムテストの象徴図式にも見出せ，さらには，心を内と外の双方からとらえている。②の存在論的比喩は，心を実体とみなすことである。経験された部分を，1つの存在物あるいは内容物として扱う。記憶も，実体とみなされることから多くの理論が生まれた。記憶モデルは，主として空間比喩（spacial metaphor）から発展したが，このように実体とみなすゆえに，空間に貯えるという発想も生まれたのであろう。さらに，③の導管比喩では，心の働きを情報伝達とする。記憶における情報処理比喩はこの典型例であろう。さらに，④の構造的比喩は，精緻な構造と明確な輪郭をもつ別の概念によってある概念は構成されるとする。心理学で扱われる理論の多くは構成概念であるが，まさに形をもたない心に形を与えるのがこの構造論的比喩であろう。

3 ゲントナーとグルーディンによる比喩の分類と変遷

　ゲントナーとグルーディン（Gentner & Grudin, 1985）は，90年にわたる心理学の歴史を振り返り，心の歴史は以下のような比喩に要約できるとする。
①生命本質比喩（animate being metaphor）　考えや心の要素はそれ自身生き物であるとする。

②神経比喩（neural metaphor）　思考の逸脱を多量の興奮が短絡したものだとするように，身体的神経システムとみなす。

③空間比喩（spatial metaphor）　思考を空間における事物の拡散や移動ととらえる。

④システム比喩（system metaphor）　心は合法的に制約された要素同士の相互作用システムであるとする。

そして心理学の歴史を前期（1894～1915），中期（1925～1945），後期（1955～1975）に分け，前期には生命本質比喩や空間比喩が，中期には神経比喩が，そして後期には空間比喩やシステム比喩が多く採用されていることを見出している。それを図11-1に示した。

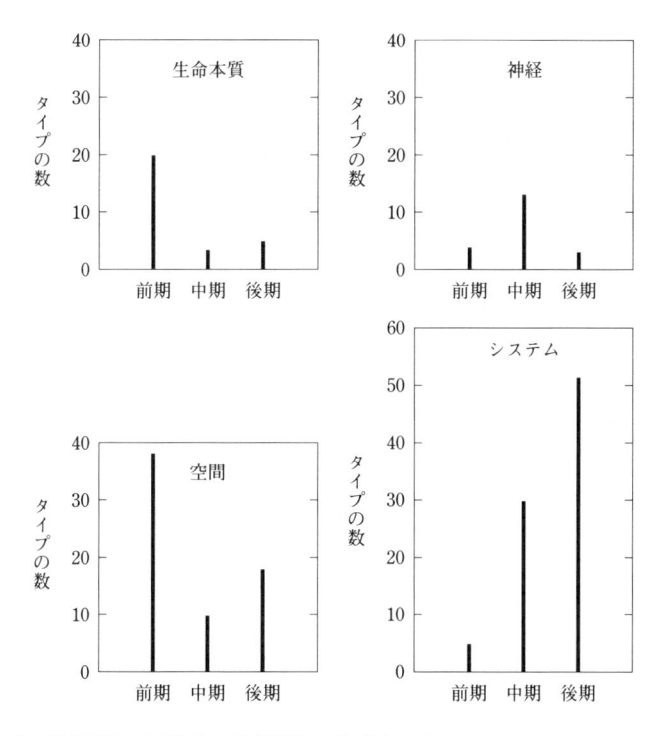

図11-1　各年代における4つの主要なカテゴリー（Gentner & Grudin, 1985を修正）

表11-1 主要な4つの比喩カテゴリーの例（20年ごとの区分）(Gentner & Grudin, 1985)

前期 (1894〜1915)	中期 (1925〜1945)	後期 (1955〜1975)
①生命本質		
横たわり，流れに逆らって泳ぐことによって心は傷つきにくくなり強くなる。	反射弓は，緊張の度合を変えつつお互いをブロックする。ついには，一方が十分な大きさになる。	認識を選択的に妨げる超（上位）識別知覚者
②神経		
灰色の事物の領域に関連する白い事物のようなイメージ間の連想 広いアイデアは，小さいアイデアを短絡させる。（手間を省く。）	思考とは，1つの領域から他の領域への連想の繊維にそって変わっていく神経インパルスである。 怒りとは，副交感神経システムに興奮を短絡させること。	抑制制止的過程 音の認識とは，神経インパルスの数に比例している。
③空間		
背景に隠れているものはいずれも，心的活動ではない。 記憶が直接的注意であるように，記憶痕跡は写真である。	アイデア間の習慣的連結 恐怖は交感神経システムにあふれる。	決定的な一連のつながりが形成された。 固定化された行為パターンに対する貯水池モデル
④システム		
われわれの思考が，その自由な意志でさまよっている時のように，身体はそれ自身の勢いで空っぽの状態に変わる。 連想的力	神経システムは，スイッチボード機制のようである。 目標勾配：正と負の転移	$\theta = r/(r+i)$ において，r は関連要素で，i は非関連要素であり，θ は条件づけ定数（率）である。 連続反復操作

〈ゲントナーらの比喩の別の解釈〉

　ゲントナーらの例を表11-1にそのまま挙げてみたが，さらに解釈を加えてみたい。

　まず①の生命本質比喩においては，典型例として挙げられるのが動因ではなかろうか。またフロイトの提唱したリビドーという精神的エネルギーもこのイメージからのものかもしれない。

　②の神経比喩は生物学から影響を受けており，神経のシナプス結合をイメージしている。神経シナプスは多岐に分かれ，それゆえに思考の多様性につながる。例えば拡散的と収束的思考のアイデアも，神経の流れをイメージした

ものではなかろうか。さらに，長期記憶のモデルとして有名なコリンズとキリアン（Collins & Quillian, 1969）によるネットワーク比喩も，神経のイメージを情報科学風に脚色したものではなかろうか。また，このネットワーク比喩は，単に連結されているといった意味だけでなく，互いを活性化したり，共有したりできることから，経済的な節約性もある。

③の空間比喩は，レイコフとジョンソンの存在論比喩に似ている。古くは，心を実体としたフロイトの無意識概念にもその端緒がうかがえる。しかし，空間比喩がさかんになったのはコンピュータの発明以降であり，記憶の貯蔵庫モデルも空間比喩とコンピュータ原理をミックスさせたものだろう。ローディガー（Roediger, 1980）がまとめているように，近年における記憶研究はこの空間比喩に負っているといっても過言ではない。

④システム比喩は，機械やコンピュータ，さらには生物体のシステムを包括している。フロイトのイド・自我・超自我という3者間の均衡関係にもシステム性がうかがえ，また新行動主義における仲介変数や，GPS（general problem solver）に代表されるアルゴリズムによる思考，さらに近年では，臨床心理学における家族療法にもこのシステムが活かされている。ゲントナーらによれば，システムとは，一方の刺激変化が他方の反応変化をひき起こすような関数的変化をさし，単なる空間を占める意味の空間比喩とは区別される。例えば表11-1で説明されてあるように，θが条件定数であり，rは関連要素の数であり，iは非関連の数としたような学習理論の等式$\theta = r/(r+i)$においては，θは関連要素の数rの増加と非関連要素の数iの減少とともに上昇する。このように要素同士が相互関係にある場合を，システム性があるという。しかし，このシステム性も空間比喩に基づいているのはいうまでもない。したがって，図11-1の空間比喩は後期になって再び上昇している。また神経は後期になると低くなっている。これは，前期・中期では神経の形態から分類されていたのに対し，後期にいたると神経網が生み出す並列処理のようなシステムとして分類されたからとも考えうる。一方，期ごとの特徴を眺めてみると，前期の生命本質，神経，空間では，機械やシステム性といった意味合いは含まれず，いたって素朴な発想の比喩である。ところが中期では，たとえ生命本質や神経に分類されても，エネルギーの伝導などという力学的な意味合いが見えてくる。

そして後期ともなると，上位識別知覚者とか，神経インパルス数に比例とか貯水池モデルとかいうように，後のシステム性を暗示するような用語が現れている。

‖4‖ 世界事象の視座としての根元的比喩

　少し抽象的になるがサービン（Sarbin, 1986）による根元的比喩（root metaphor）がある。これは，ペパー（Pepper, 1942）の世界仮説（world hypothesis）を基とし，なかでも世界事象を見ていく視座として"語り（narative）"，いわば文脈主義を重視している。この世界仮説とは，存在する現象すべてに共通して見られる原理のことで，サービン自身は心を機械から見ることから脱し，文脈から見るべきと唱えた。

　基本となるペパーによる世界仮説を，長田（1991）の訳を参考に以下のようにまとめてみた。

① フォーミズム（formism）　フォームそれ自体が存在するとみなす。あるいは中島（1997）のように，「各種の存在の類似性と差異性に基づいて世界を構築する立場」という見方もある。例を挙げれば構成心理学，現代人の人格特性論，公式に認められている統合失調症（旧名：精神分裂病）の学説がある。中でも特性論は典型例であろう。

② 機械論（machinism）　現実の出来事を力の伝導から産出されたものとする。現代の科学とは，これを忠実に採用したものであり，有効な因果関係を記述することを目標としている。これは行動主義やラディカルな経験主義にあてはまると考えられる。

③ 有機体説（organism）　世界を有機体ととらえ，全体の中に部分を位置づけようとする。その理想的な構造は，ステップないしステージが進行して終了した時点で見出される。例としては自己実現のマズロー（Maslow, A. H.），人格的成長のロジャース（Rogers, C.）や，段階を経て成熟にいたる発達主義にあてはまる。

④ 文脈主義（contextualism）　変化と新奇を重視する。事象はたゆまず流動的であり，各事象の諸条件の統合こそが未来事象の文脈を変えていくとする。

それを典型的に表現したのが，歴史的事象である。フロイトがどちらかといえば機械論による世界観からの影響を受けたのに対し，シェイファー（Schafer, R）やスペンス（Spence, D. P.）らは，精神分析的実践を"語り手"から検討したとする。つまり文脈主義からの治療とは，クライエントが自己について「不一致で矛盾し確信のもてない語り」にいるのを，より「満足のできる」語りへと変化させることである。

文脈主義からすれば，行為は，エネルギー，空間といった機械的比喩から，ドラマ，ゲーム，プレイング，儀式，レトリック，テクストといった人間的比喩に移っていくという。さらにカーネマン（Kahneman, D.）やトヴァスキー（Tversky, A.）が，決定のための説明原理としてヒューリスティックを用い，ローゼンバーグ（Rosenberg, S. V.）がパーソナリティをまとめる原理として暗黙の性格観を用いているのもこの立場からとしている。

■ 根元的比喩のまとめ ■

ここで根元的比喩の内容を解釈してみたい。①のフォーミズムは心を実体としてとらえたもので，前に紹介したレイコフとジョンソン（1986）の存在論的比喩と共通する。また②機械論は，心を白紙の状態から作り上げてゆく経験主義，さらには部品の組み立てのようにとらえる行動主義にあてはまる。③有機体説は成熟というメカニズムが存在すること，さらに段階的成長や，細胞分裂による分化・統合，さらには部分より全体を重視している。そして，自らが進展するわけではない②の機械論とは相反する立場である。しかし，これら①から③までと一線を画すのが④の文脈主義であろう。初期の認知心理学で注目されていた"領域固有の知識"や記憶における"状況依存記憶"は，文脈主義から説明できる。文脈主義では，知識は状況を離れては存在せず，その状況や文脈に固有に働くという。知能においては，従来までは文脈や状況に関わりのない一般知能が重視されてきた。しかし，最近では経験を状況でいかに生かすかという視点や，さらには状況に応じて行動を調整する社会的知能（Sternberg et al., 1981）も注目されている。このように，知能にも文脈からとらえる視点が息づいてきた。

5 心理学の研究と理論における根元的比喩

アルトマンとロゴフ（Altman & Rogoff, 1987）は，心理学の研究と理論に世界仮説を適用している。その内容は，表11-2のような，特性（traits），相互作用（interaction），有機体的（organismic），交流作用的（transaction）の4つである。それは，現象が現れるまで，環境と人間の間にどのような因果関連があり，どのように変化するかをさぐっている。表の中で彼らは，ペパー（Pepper, 1942）の挙げた機械論の代わりに，相互作用という用語をあてている。機械とは，一方から他方へ力が伝導されていくものであり，相互作用もどちらかといえば分離された物理環境と人間が影響を及ぼし合って結果をもたらすという意味である。結局2つとも原因があって結果が生まれる因果関連を示している。また有機体はペパーの用語と同じであるが，もともとの素質が完態へと変化するというペパーの考えとは少し異なり，環境との相互作用によって目標状態に向かってホメオスタティックに変化する意味合いである。そして最後の交流作用的は，結局現象が状況という外的環境に沿って現れる点で，文脈主義に似ている。しかも，因果関係のような一方向の影響ではなく，むしろ観察者がその中に入り込むことによって現象が"立ち上がる"という表現がふさわしい。文脈主義は，環境との長い交渉の末に蓄積された情報が環境に植え込められることをさすが，この交流作用的は，観察者の位置からの見方を重視しており，生態的な見方といってよい。例えばその場面に参加した後から，その場面に潜む法則が見えてくるということであろうか。

結局アルトマンとロゴフの考えは，心理学が扱う現象がどのような原因によって，またどう変化するかをさぐっている。まとめれば，前の3つまでは，もともとそのものに原因があり，その変化はあらかじめ仕組まれている（特性），人間と環境の相互作用から変化はもたらされ，それは因果関連という形で示される（相互作用），最終的な目的に向かってホメオスタティックに変化する（有機体的），であり，これらはいずれも観察者によって現象は変化しない。ところが，最後の交流作用的は，現象が変化するかしないかはその現象に内在し，観察者の位置によって現象は違って生じるという。つまり，現象はその場に即

表11-2 特性，相互作用，有機体的，交流作用的の4つの世界観
(Altman & Rogoff, 1987；丸野，1998を参考)

	分析の単位	時間と変化	選択された目標と科学の哲学		
			原因	観察者	他
特性	人間・人間の心理学的性質	通常は不変性を仮定する；現在の操作では変化することはまれである；変化は，あらかじめ仕組まれた目的メカニズムと発達段階にしたがって起こるのがしばしばである	物質的原因を強調すなわち現象に内在する原因	観察者は現象から分離し，客観的立場にあり孤立したものである；異なった観察者によっても同一の観察が得られる	特性に焦点を当てたり，人間の特性を連想させるような原理にはほとんど依存しない心理学的機能の普遍的法則を求める；数々の心理学的領域における特性の仮説や顕在化を研究する
相互作用	人間と社会あるいは物理的環境の心理学的特性は，もともと分離されてあるもので，それらの部分間で相互交渉を行ったものとみなされる	一個の人間と環境実体の交互作用から変化はもたらされる；変化はその基にある規則的メカニズムに合う形で起こる。例えば，ホメオスタティック；時間と変化は現象には本質的なものではない	十分な因果関係を強調する。すなわち前提条件と結果は，因果関係というアイデアを生み出す	観察者は現象から分離し，客観的立場にあり孤立したものである；異なった観察者によっても同一の観察が得られる	要素と要素間の関連に焦点を当てる。変数とシステムの部分間の関連法則を求める；予測や統制によって，そして要素間の関連について追加される情報を積み重ねることによってシステムを理解する
有機体的	1人ひとりの人間，そして環境的要素・側面・部分から構成される全体的実体，そしてそれらの関係や相互作用から全体という特性を生み，部分の総和を越える	人間と環境実体の交互作用から変化はもたらされる；変化はその基にある規則的メカニズムに合う形で起こる。例えば，ホメオステティック；時間と変化は本質的なものではない。すなわち，ホメオスタシスそして長いスパンにわたる目的志向的なメカニズム，つまり理想的発達状態。いったん理想的状態が達成されると変化はその状態とは無関連になる；システムの安定性が目標であると推測する	最終的な原因を強調する。つまり目的は理想的状態に向けて引っ張っていく	観察者は現象から分離し，客観的立場にあり孤立したものである；異なった観察者によっても同一の観察が得られる	全体を統括する原理に焦点を当てる；知識の結合の原理，全体的システムとサブシステムの階層構造の強調；全体システムの原理や法則を明らかにする
交流作用的	1つひとつ個別化された部分，あるいは側面ではなく，aspect(相面)から成り立つ全体的実体；相面はお互いに定義される；一時的な特質は全体がもともともつ特徴である	不変性/変化は心理学現象に内在し，そしてその現象の特徴を定義している；変化は継続して起こる；変化の方向は立ち上がるもので，あらかじめ仕組まれたものではない	形式的原因を強調する。すなわち，現象のパターンや型，そして骨組みを記述したり理解することである	相対的；観察者は現象の1側面であり異なった位置(物理的として心理的)にいる観察者は現象についての異なった情報を生みだす	出来事を強調する。すなわち人や空間や時間の合流；出来事のパターンや形を記述し，理解する；一般原理を求める事に開かれている。しかし出来事を説明することに関心がある；状況に適切であるように，原理や法則を実用論的に適用する；生じてくる説明原理に対して開かれている；予測は受け入れ可能であるが必ずしも必要ではない

応して現れる相対的なものといえる。

6 ソイランドによる キーワードから見た心理学の比喩

　ソイランド（Soyland, 1994）は，心理学者の心のとらえ方をキーワードによって表した。領域は，記憶，発達，情緒，知能そして心である。まず記憶では，局所主義と全体主義を対比させ，ラッシュレイ（Lashlay, 1960, 1963）という研究者が，"局所論（localism）"と"全体論（wholism）"の間をいかに揺れ動いたかを紹介している。まず痕跡とかエングラムという比喩は，記憶が脳の特定の部位にあるという局所論を導いた。しかし，脳の外科手術の報告によれば，その部位を削除しても記憶が再生されることがあり，そこから脳細胞の等価潜在性（equivilism）という考え，つまり1つひとつの細胞がすべての記憶を保持しているという全体論が生まれた。そしてその延長として，波の拡散が緩衝パターンを生み出すようなホログラフィー（holography）にもふれている。ホログラムという考えに従えば，記憶は波長のようなものと考えられ，無限に蓄えられることになる。さらに再生とは入ってくる情報と保持している情報の波長が合った現象となる。ホログラムは，結局のところ全体論に含まれようが，貯蔵庫のような空間を想定するモデルではない。

　また発達の様相では，研究者の考えがうまく表現されている。ピアジェ（Piaget, J.）は"段階（stage）"，"移行（transition）"，"生物学的プログラム（biological program）"というように遺伝を，一方のワトソンは"習慣形成（habit formation）"と"機械的（mechanical）"といったように環境を重視したとして対比され，さらにスキナー（Skinner, B. F.）にいたっては"空白の有機体（empty organism）"と"細やかな設計（sharper specification）"のようにワトソンの考えをいっそう精巧なものにしたという。一方，ヴィゴツキー（Vygotsky, L.）は，ことば（word）を発達の雛形（mold）として重視し，"遺伝的柔軟性（inherent flexibility）"をもとにして，ことばの使用を"変化（change）"させたり，"再編成（reshape）"させることによって以前の経験を越えていくように，遺伝が社会環境によって磨かれる点を強調したという。最

後のメルロポンティ（Merleau-Ponty, M.）は，子どもを"活動的な代理人 (an active agent)"とみなし，その代理にされる対象であるところの他者の役割が非常に大切であること，そして子どもをとりまく環境を"社会的環境 (social environment)"とし，子どもは行為の構造を社会環境から学習していく（the learning of a structure of conduct）とし，ヴィゴツキー以上に社会を重んじたという。

情緒については"表出（expression）"に代表されるように身体や遺伝に原因を求める考えと，一方で"学習（learning）や選択（choice）"といった社会や環境に求める考えに2分しているし，知能についても，遺伝を重視した"能力（capacity）"と，環境を重視した"内容（content）"とに分けている。この2つとも結局，遺伝対環境という分類である。

■ソイランドの比喩のまとめ■

ソイランドの比喩は，まとめていえば「部分と全体」,「遺伝（内　個人）と環境（外　社会）」という2次元からまとめられよう。そして部分から全体へ，個人内から社会的環境へと視点を拡げている。しかし，その最後に述べていることで注目されるのは，比喩は提唱されるにとどまらず，妥当なものかどうか検証されなければならないという警鐘である。今後はその比喩が妥当なものかどうか検討していくことが必要だという。このことについては，序章でも述べたように，ゲントナーとグルーディン（1985）も同様のことを警告している。

第12章 領域別における比喩

　第11章では，心理学全領域にわたっての比喩を展望してきた。本章では，心理学の領域ごとに用いられている比喩理論を紹介していきたい。

1 レアリーの『心理学の歴史における比喩』に紹介された各領域の比喩

　レアリー（Leary, D. E.）が編纂した"*Metaphors in the history of psychology*"（心理学の歴史における比喩，1990）には，心理学が比喩とともに発展してきたことが紹介されている。この著作は，その全内容は邦訳されていないものの，心理学における比喩を考察する上で大変貴重な示唆を与えている。ここでは主に，現在までふれられていない面を中心に，紹介したい。

> ●●註●●
> 　以下，1.以外の構成はレアリーの"*Metaphors in the history of psychology*"中の各執筆担当者の知見に従って区分し，その内容を筆者の考察をふまえてまとめたものである。1.については「現代のエスプリ」第286号に田中一彦（1991）によって部分的に紹介されたレアリーの著作中のブルーナーとフェルドマン（Bruner, J. & Feldman, C. F., 1990）の研究紹介より，田中の訳に沿って筆者がまとめたものである。

1. 意識と認知の比喩

　ブルーナーとフェルドマン（Bruner & Feldman, 1990）の意識と認知に関する比喩を田中（1991）の訳を参考にしつつ，以下のようにまとめてみた。

ⓐ 意　　識

　まず，意識には大きく分けて受動的比喩と能動的比喩がある。そして，この両者を対照的に見ていく上で，閾という比喩を挙げている。意識が起こるには何者かがある閾を越えなければならない。しかし，この閾に対して"対象がい

かにして意識の中に入り込むのか"，つまり"意識を，心という神殿の中の明るく照らし出された中庭へ導くのは何か"という問題が起こる。この問題に対して受動的立場は，閾を越えて気づきへと押しやる力は"意識の中にあるものとの連想結合である"とする。一方の生産的アプローチ者は，"心は受動者ではなく，経験を活発に探究したり構成したりする者"とする。

しかし，どちらも1つの特性で共通している。それは結局，心が"集中する"ことで，外部からの集中が受動で，内部からの集中が能動ということになる。それなら，いったい何の目的で集中がコントロールされるのだろうか。このあたりはいまだに解明されていないという。意識に関するもう1つの見方で，フィルタリング（読み取り）という比喩もあるが，これについても"コントロールする者は誰か"という疑問が残されたままであるという。

b 認　知

認知でも意識と同様に，刺激をそのまま再現するのか，それとも構成生産するのかという論争がある。前者の立場からいえば，認知は環境からいろいろな特徴について，そのメッセージを書き込む受容器にすぎない。この代表的比喩がコピー機である。一方，生産的なものとしては作用心理学があり，作用における比較や抽象とは，原料としての感覚と連合を現象上の完成品へと加工することであるという。その代表比喩は創造的統合である。これをさらに発展させたものがパース（Peirce, C. S.）の考えで，例えば，記号や象徴というシステムを通して読み取る類像，指標などがその例として挙げられている。

■意識と認知の比喩のまとめ■

これらをまとめると，結局意識や認知は受動か能動かということになる。あるいは，受容器か制作者かといってもいいだろう。しかし，たとえ制作者としても，最終的にそれを司るのは誰か，という小人化主義（homunctionalism）の問題が解決されないまま残っている。図12-1のように，エーデルマン（Edelman, 1992）は小人化による認知が限りなく続いていくことを示した。この問題を解決してくれるのは結局文脈主義であろうか。

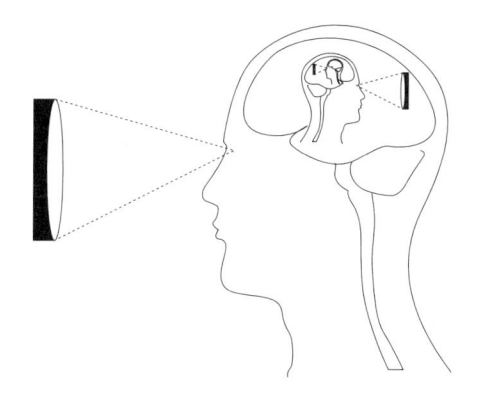

指令や情報処理の考えであれば，次の誰かが読まなければいけない。しかし，その結果も誰かが読まなければならず，これには終わりがない

↑ 図12-1　小人化主義による限りない認知 (Edelman, 1992；金子，1995)

2．神経心理学におけるコンピュータ比喩

　プリブラム（Pribram, 1990）は，神経心理学において，比喩は研究データを意味あるものにする際に有用とする。そして，神経心理学は電話通信，統制システム技術，コンピュータ科学，ホログラフィのそれぞれの比喩から影響をうけたとし，神経の本質をいい当てる的確さもその順序で高くなるという。以下は比喩の特徴とその変化のようすを彼の記述に沿ってまとめたものである。

ａ 電話通信

　まず，電話通信であるが，ここでの情報単位は，送り手の信号パターンと受け手のパターンが一致すれば１つのユニットとなる。この考えからすれば，分岐の一方がなくなると，情報も１単位減ることになる。これは，制限されたチャンネルというモデルを後に生んでいる。しかし，そのような制限つきの能力から，しだいに変化する条件にも柔軟に対応できる能力へ，つまり，以下に述べるコンピュータのようなものへと移っていったのである。

ｂ 統制システム技術

　この代表は，情報を統制する科学のサイバネティックスである。統制システムに求められる操作は，誤りを減少させることである。現在の状態と望ましい

状態とをフィードバックを通して比較し、望ましい状態へ近づけさせる。このように、刺激を受け取って反応して返す姿は、受動的なイメージから、能動的なイメージへ、すなわち適合した環境を求めてホメオスタティックなコントロールをしようとするものへと移っていった。

c コンピュータ科学

この考えは、単純にいえば脳の細胞が環境の1つひとつの特徴に対応していることである。コンピュータはこのような直列的処理を基本にする。しかし一方では、1つの細胞も多岐にわたる選択肢をもち、1つの刺激だけから出力するわけではないともいわれる。つまり、皮質細胞は多くの連想ネットワークをもち、その処理は連続ではなく並列に起こるといってもいい。その証拠に、脳は1つひとつの特徴を照合するより、パターン特徴として照合するのが得意である。そこで、コンピュータにおいても並列処理的なものが生み出された。しかし、その場合にもやはり、コンピュータより脳の方が処理が速いという特徴があり、それをどう解明してゆくかが問題として残る。

d ホログラフィー（並列分散過程）

ホログラフィーとは、部分が全体を表象しているところから名づけられたものである。ホログラフィーにおいて、入る光は池に投げ入れられた小石のような役割である。いくつかの小石が投げ入れられた時、1つの小石から作られた波は、他の小石から作られた波とは違った位置に源があるゆえに、波は交差して干渉パターンを作る。つまり、波が加わるとこぶが、波同士が打ち消すとへこみができる。このような原理から、光からの衝撃は表面のあらゆる部分に記録され、それぞれの部分は違った情報をもっている。いいかえれば、その表面の各部分が全体を符号化していることになり、情報はホログラフィーのすべての部分に織り込まれる。

■神経心理学のまとめ■

このように歴史的に見ると、神経心理学は、1対1そして一方向への伝達から、さらには柔軟な組み合わせによる多方向への伝達へと説明は続いている。そして、最後のホログラフィーは、要するにいろいろな箇所から入ってくる刺激が1つの干渉パターンとして保持されることになり、またあらゆるところか

ら再生も可能となる。この例を図12-2に示したが，(c)は(a)と(b)を重ね書きしたものである。このようにホログラフィーは，いくら情報を加えても新たな場所は取らない。しかも部分はいろいろな情報を同時に担える。しかし，このホログラフィーモデルを実際にどのように検証するのであろうか。今後の研究の進展が望まれる。

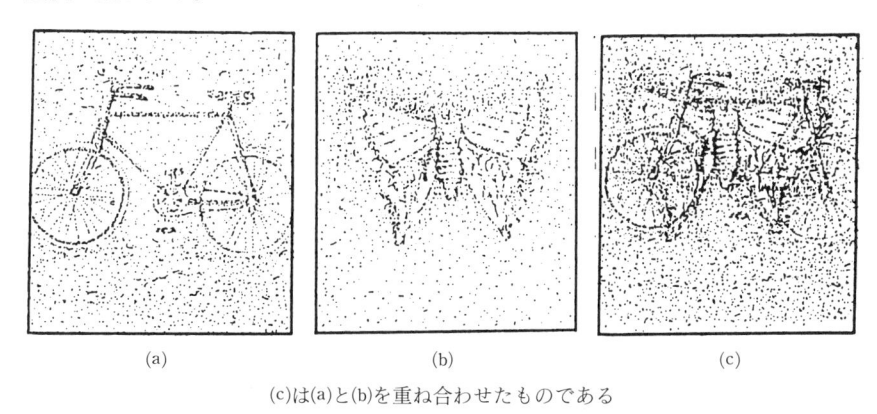

(a)　　　　　　　　(b)　　　　　　　　(c)
(c)は(a)と(b)を重ね合わせたものである

図12-2　記憶の重ね書きに関する図式的アナロジー（Metcalfe, 1990；小松，1991）

3. 認知比喩

ここでは，ホフマンら（Hoffman et al., 1990）の記述をまとめてみたい。

a 情報処理における導管比喩

西洋心理学の比喩は，自然言語における比喩と同様に，認知現象を建築，導管，出来事，機械，実体事物，運搬者，定位（志向）によって把握している。この考えに従うと，意識経験の要素は，実体として精練され，案内人とともに内的精神運搬者へと投げ込まれ，1つの心からもう1つの心へと移動される。

また認知比喩は，仮説を生み出すだけでなく，研究領域を成長させたり，パラダイムを生み出すために使用されてきた。例えば，会話をいかに知覚するかについての一般的な情報処理パラダイムを示すと，多くの会話研究者たちは，会話は符号化された情報を話し手から聞き手に運ぶ導管と仮定する。そして最終的には，その情報は最後の気づきへと送られ，信号を再び認識し，意味ある会話となるという。

では，そのような認知比喩は，実際にどのような研究に関連しているのか。ホフマンらのケース研究から，ここではデカルト・ヘルムホルツ伝統（The Cartesian-Helmholtzian tradition）という記憶痕跡に依存する考えと，ギブソンによる生態的視覚論である記憶痕跡に依存しない見方の対比を中心に紹介したい。ここで紹介される情報処理的見方は，記憶痕跡に依存する見方に含まれ，アテニーブ（Attneave, 1954）によれば知覚は意識に届くまでの情報のダイジェストであるとされる。では記憶痕跡に依存するものの中のパターン認識の比喩から見てみよう。

ⓑ パターン認識

コンピュータ比喩　　一般的な人工的知能によれば，パターン認識とは，感覚からの信号が分析された上で入力され，どのクラスあるいはパターンに属するかを決定するものである。それを達成するには多くの段階があり，まず感覚入力を整えるための前過程があり，次に多様なパターンの記憶と照合する検索の過程がある。そこでは，いったん代用物が再生され，それらは入力と比較され，一致しているかどうかの決定過程へと送られる。ここには，実際に刺激が運ばれるという導管比喩が利用されている。

パンデモニューム（万魔殿）モデル　　セルフリッジ（Selfridge, 1959）が考えたパンデモニュームモデルの目的は，柔軟で学習能力のある知覚システムを開発することであった（第2章 **2.** 図2-2参照）。このモデルによれば心は一連の認知デーモンによって構成されている。このシステムの1つの水準は，データからの駆動－入ってくる感覚信号を分析すること－である。もう1つの水準は，リンゼイとノーマン（Lindsay & Norman, 1977）の唱えたような，下位の心的過程に上位の過程が加えられる概念駆動である。この概念駆動も，概念的情報や期待，意味づけのための特殊なデーモンといえる。

データ駆動のデーモンは水準ごとに分担が分かれ，それぞれに得意な特徴を抽出するので，与えられた信号はそこで完全に分析される必要はない。したがって，そこではすべてのデーモンが互いに交流できる必要がある。これを考慮して，リンズレイとノーマンは，心的黒板を仮定し，デーモンは，必要なあらゆる情報を黒板から取ったり加えたりするとした。さらに，監督デーモンもいる。これは，黒板の情報をもとに感覚入力をまとめて論理的に解釈する。デー

モンの過程は，仮説的な神経過程に対応するように見える。

ところで，このように認知比喩はいつも情報過程比喩に合わさなければいけないのだろうか。他の比喩の可能性はないのだろうか。というわけで，次に情報処理とは違った理論が登場する。

c ギブソンの生態的知覚心理学

コンピュータやパンデモニューム比喩は，もともと刺激に依存していたり，貯蔵されてある記憶に依存した考えであった。それは，デカルト・ヘルムホルツ伝統と呼ばれるものである。ヘルムホルツの理由づけに従えば，ほとんどの心理学者が今なお知覚を無意識的推論とみなしている。なぜなら，2次元上の視覚的感覚は弱まっていくというデータがあり，知覚的経験は，外の世界そのものではなく，世界を類推したものであると信じられている。その類推とは，推論を通して輪郭を移したり補うといった，感覚器官に至るまでの道程からもたらされたものである。感覚そのままでは，何の意味ももたず，神経システムはそれらを鍵として，手がかりとして，記号として，特徴として使用する。しかしこの考えも，あくまでも感覚刺激に沿ったものである。これに対して，違った見解を示したのがギブソン（Gibson, 1979）である。

ギブソンの生態学的選択肢　　ギブソンにとって，知覚は，弱いなりにも感覚がなければ生じないとか，手がかりといった仮説的な過程を経なければ生じないというものではない。ギブソンは，光をそれ自体高度に構造化されたものであるととらえ，いわば，視覚環境は，どこから見ても3つの空間的次元に特定化されたパターンをもつ視覚エネルギーの宝庫であるとした。

では，何が知覚されるのかというと，アフォーダンスが知覚される（1977）としている。アフォーダンスとは，1つの棒を把握していく能力のようなものであり，表面が支えられるものかどうか，対象をもち上げられるかどうか，この坂は転がりやすいか，といったものである。アフォーダンスは，1つの有機体にとって採用される全特性の供応動作である。ギブソンにとっては，知覚は感覚から積み上げられたものではなく，アフォーダンスは，むしろ光学上に配置されたものを通して知覚される。

ギブソン派と情報処理見地との比較　　ギブソン派と情報処理見地との間には，多くの類似性がある。しかし，ギブソンは，知覚的な経験は，記憶痕跡を

活性化させることや感覚的メッセージが記憶に与えた陰影に気づかせることではないとする。情報処理過程とギブソン派見地を分ける鍵概念は，知覚を起こす手助けをするのが，仮説的な媒介者（情報処理）か，それとも知覚的経験の表象（認識的媒介者）かのどちらかということである。結局，出来事や特性が即座に知覚されるのを見ると，情報処理説との違いが明らかとなる。即座の知覚について，ラッセル（Russell, 1948）は媒介された知覚とし，過剰学習あるいは強い知覚期待による素早い自動的な知覚をさす。リードとジョーンズ（Reed & Jones, 1978）によれば，継続的な知覚といえども（例えば世界の事物のコピーを記憶貯蔵庫から引き出すことが代表であるが），有機体の行動の中の即座の知覚には適用できないということである。というのは，即座の知覚に対する反応には，永続か変化かといった特性を生かす証拠はないからである。一方のデカルト・ヘルムホルツ伝統では，あくまで痕跡も推論も刺激が残っているから起こるとする。志向比喩流にいえば，意識は上よりも，外にある。このように，アフォーダンスを即座の知覚から説明してきたが，次の運動技術の例を見るとさらに明らかになる。

d 運動技術

この区分は，記憶に運動命令を保存させる方法に違いがあるというのが，運動の性質を扱ったフィードバックについての開放ループと閉鎖ループである。

フィードバックとは，筋肉に送られた貯蔵された命令の複製と実際の行為を比較することと，ある計画された行為の結果を貯蔵された期待と比較することである。これは遠心性複写理論（efferect copy theory）と呼ばれる。しかし，このような閉鎖ループにおけるフィードバックは，環境要因によって偶然に起こされた誤差をいかに検出するかを説明できないという批判がある。このような閉鎖ループが遂行を監視する最中にフィードバックを使用するのに対し，一方の開放ループ理論は，行為はあらかじめ予想されているのでフィードバックが必要ない，むしろそれによってフィードバックが導かれるとされ，「蜂の巣仮説」（comb hypothesis）とも呼ばれる。そのメカニズムは記憶痕跡とは違ったところにあり，階層的原理によって順序が整えられているという。

閉鎖ループとしての痕跡理論　　アダムス（Adams, 1971）の痕跡モデルの簡単な数学的例は，総反応時間を構成する2つの構成要素である。式で表せば

T＝t＋Δt であり，Δt は相互関連の効果を示す。この理論は，反応時間が運動課題の要求する情報処理量の関数として増加していくことである。しかし，このような閉鎖ループ理論は，動作が実行される速さの範囲内でしか関連しない。もう1つは開放ループ統制であり，いくつかの行為は実行の前に計画されるもので，フィードバックは必ずしも必要ではないとする。そして，次のスキーマ理論においてその開放ループの性質は明らかとなる。

開放ループとしてのスキーマ理論　シュミット（Shmidt, 1975）のいう開放ループ比喩では，現在行われている運動からのフィードバックをその運動の行使に利用しない。この理論は，感覚的フィードバックをしていると間に合わないような速い動きを扱う際に有用である。いわば，知覚的経験の表象（認識的媒介者）としてのスキーマが入り込まざるをえないような新奇性と可変性を扱うさいに適用される。また，普段の署名でも，黒板に大きな文字を書く署名でも，同じように書ける。それは，たとえ筋肉運動は異なっていても，同じスキーマを用いるからである。

ⓔ 注意研究

　情報理論とコミュニケーション研究の心理学への応用は，注意の心理学のような領域にもインパクトを与えた。ブロードベント（Broadbent, 1958）によれば，目，耳，触などの入力は，それぞれの入力ラインをもった異なったチャンネルに対応する。選択された注意は，システムのボトルネック（狭い通路）やオーバーロード（過荷重）を避けなければならない。入力の例にはいくつかあり，そこには選択や決定されるためのスイッチがあるという。スイッチという考えでは，スイッチの入れられたチャンネルからしか情報が入ってこないとする。しかし，参与していないはずのチャンネルからの特徴にも気づいており，この結果は，選択的注意が単なるスイッチでなく，フィルターを基礎としていることを示す証となった。これがカクテルパーティー効果と呼ばれるものである。

　さらに意味から分析されていること，つまり知覚的辞書があることも報告された。それ以来注意研究は，実験の結果をさらに説明できる比喩を洗い出すことに注がれた。例えば，カーネマン（Kahneman, 1973）は，注意の新しい概念化を求め，それは彼が労力や資源理論と呼ぶものである。この理論によ

れば，注意は需要と供給の経済的トレイド－オフ（economic trade-off）に従っている。これは，装備を走らせる容量に制限のある家庭電化システムのようである。一方に容量を使い果たすと，もう一方には使う容量がなくなるということだろう。

■認知比喩のまとめ■

ギブソンの考えは，所詮デカルト・ヘルムホルツ伝統の延長にしかすぎない情報処理的見地と対比させる形で説明している。かいつまんでいえば，ギブソンのアフォーダンスは刺激から推測されたものではなく，刺激との相互作用を通して形成された光学上の情報ということであろうか。つまり情報検出の鍵は視覚にあるというより環境にあるとみなしてよいかもしれない。さらに，ここで使用されているスキーマという用語は，新たな刺激に対して予測的に作られる開放ループの一過程としてとらえられている。つまり，瞬時の反応の際にはフィードバック機構では間に合わず，予測されたスキーマを適用している，いわばサイバネティックスのフィードフォワード機構が動いていると考えざるを得ない。例えば野球やテニスでのスピードボールへの打ち返しには，予測されたスキーマによって行われていると考えられる。図12-3で，閉鎖ループ（①）と開放ループ（②）を対比させて示した。②のシステムによれば目標や行動の場へ情報を前向きに予測して発生させている。

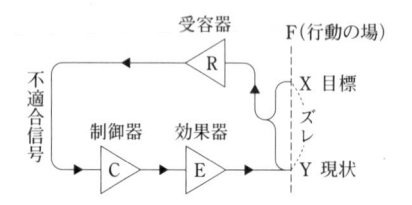

① フィードバック機構のみによる目標指向行動（閉鎖ループ）
　　（MaCKay, 1956；菅井，1983）

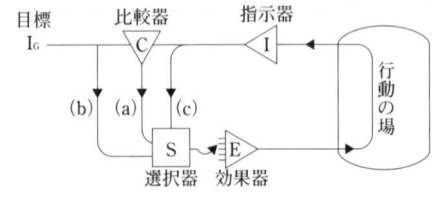

② フィードバック機構とフィードフォワード機構を併せもつモデル（開放ループ）
(a)フィードバック　(b)目標からのフィードフォワード　(c)場の状態からのフィードフォワード
　　（MaCKay, 1966；菅井，1983）

②については，(a)が外部の行動の場から目標を発生するのに対し，(b)と(c)は内部の機構から予測されて発生するという点が異なる

↑ 図12-3　閉鎖ループと開放ループの比較

4. 感情・情緒比喩

アベリル（Averill, 1990）は情緒を以下の主要な6つの比喩からとらえている。以下は，彼の説をまとめたものである。

現象学的立場－感情は，内的感じ・感性（feeling）である　　内的に起こる感情あるいは経験ととらえる。感情の分析には2つの見方があり，1つは原子論的見方で，もう1つは全体論的見方である。原子論的については，感情は身体的変化の高まりという考え（James, W.）と，感情は快・不快の経験様式であるという考え（Wundt, W.）がある。一方の全体論的見方については，非内省的経験と内省的経験があり，前者は，例えば1匹の犬や1羽の鳥といった気づきで，後者は，高位にある気づき，すなわち気づいていることへの気づきのようなものである。

心理生理的見方－感情は生理学的反応である　　これは，内的感情というよりむしろ内的反応をさす。われわれの身体は物質と同じように記号であり，身体が勝手に動くのに圧倒されることがある。身体は，その人物でさえもわからない何かを知っており，それ自身で行為する。そのような自動的に見える反応は，行為としてよりもむしろハプニングや情熱である。

生態的立場－感情は人間性の中の動物的なものである　　情緒は生理学的に依存し，理性（認知・意志・高位の精神過程）は依存しないとされがちだが，実はその理性もわれわれの生まれもったもので，生体にとって欲求がしなやかに満たされるように秩序づけられた内省あるいは手段であるとする。理性を生物学的性質から離れたものとみなすのが誤りであるのは，情緒を社会的性質をもつ高度な思考過程とみなしたりする誤りと同じとする。理性と情緒は，人間の生まれもった性質の高位と低位を分担しているだけである。

心理力動的立場－感情は心の病気である　　この立場は，情緒を心の病とみなす。情緒的障害と心的病いは同じ意味である。例えばフロイトはヒステリーを例に挙げ，ヒステリーとは，情緒が生じる時に，しかもそのはけ口が見つからない時に生じるものとし，情緒をもともと生物学的素因から発するヒステリー的攻撃とみなした。フロイトを強調する理由の1つは，情緒概念と心理力動を同じように心の病としたこと，もう1つは，情緒を転換ヒステリー反応のよ

うにとらえた点である。転換ヒステリー反応は生まれつき起こりうるもので，内部の心理葛藤がもたらした結果であるとし，一方それとは逆の普通の情緒反応は，社会の中で標準化されたり，法則化されたものとする。

動因的立場－感情は行動推進力，または生命のエネルギーである　動機は遺伝的源泉からもたらされる一種の心的エネルギーであり，情緒も動機と同じように解釈され，行動を押し進める役割をはたすという。例えば恐怖は回避行動を動機づける動因であり，怒りは攻撃性を動機づける動因である。動因それ自体は実体的性質をもたないが仲介変数として働くとする。

社会的役割の立場－感情は劇の役割　社会的役割とは，個人が情緒的反応を受けるというより，むしろそれを演ずるとする。社会的役割の比喩は劇場 (theater) である。サービン (Sarbin, 1986) は社会的役割を以下の4つのタイプに区分した。1つ目は劇の中の主人公や役割を演ずること。2つ目は社会的文脈の中で他者の性質をおびること。3つ目は，彼に期待された行為や与えられた地位を演ずること。最後が伝統的なステレオタイプ的行為パターンを採ることである。その社会的役割の特徴を列記したのがアベリル (Averill, 1990) である（表12-1）。この表から，社会的役割的な感情は，自然に身体内

表12-1　劇の役割と感情の役割の比較（Averill, 1990）

	劇	感情
役割	役割は一連の指示で構成される（台詞と舞台装置）。	感情は社会的規則と状況で構成される（単に生得的な要因によってではない）。
演技	役割は孤立して存在してはいないが全体を形作るために他の役とともに織り交ぜられている。	感情は独立した事象としては存在しない，個人間主観的*現象である。
筋	役割はそれに意味を与える大きな話の部分である。	感情は，それに意味を与える大きな文化的な交流（マトリックス）の1部分である。
役者	人は役をいつ，どのように演じるか選択できる。	人は感情の活動的な参加者であって，受動的な受け手ではない。
訓練	演技することは才能だけでなく練習をも必要とする技能である。	感情は巧みに作られた行為で，学習されてないとか反射的な反応といったものではない。
介入	役者は役の人物が事象を体験するようにその人物と同一視する。	感情にいかに入り込むかが，どのような感情を，どのくらい強く体験できるかを決定する。
役割の解釈	役に熱中するために，役者は劇の図面を理解しなければならない。	感情へ入り込むには，感情に意味を与える文化的マトリックスの深い理解を要求する。

*ここでいう間主観的とは，対象をまきこんだ外的で実践的な活動を通して自分自身と自らの法則性を明らかにしていくことである。

から起こるとされてきた従来の感情の考え方と違って，どのくらい自分が文化交流（cultural matrix）に入り込めるか，文化交流からの要請をいかに自分のものとして体験できるかに依存している。

■感情・情緒比喩のまとめ■

①現象学的立場，②心理生理的立場，③生態的立場については，感情・情緒とは何をさすかをさぐっており，しかも，生まれつき備わった性質を強調している。一方の心理力動的立場と動因的立場は，感情情緒を生み出す機制は生まれつき備わっているものの，その現れ方は環境との関係によって変わるとする。特に，心理力動的立場は，心的葛藤から派生的に情緒が生じるとしている点が異なっている。また，動因的立場と社会的役割の立場は，生きるという大きな目的システムを助けるサブシステムとして機能しているように思える。また社会的役割の立場は，生態的の立場が生まれつきの素因が発現すると考えるのに対し，感情は状況に合わせて作られるものだとしている。

そこで，感情・情緒を情報処理システムの部分としてとらえたものを紹介してみよう。

竹村（1993）は，感情や情緒は図12-4のように情報処理システムのなかでとらえられるというノーマン（Norman, 1981）の考えを紹介している。ノーマンによれば，生物は栄養摂取，生殖，防衛などの生存価を高める統制システムをもち，それは情報処理システムのなかでも最も優位であるという。感覚入

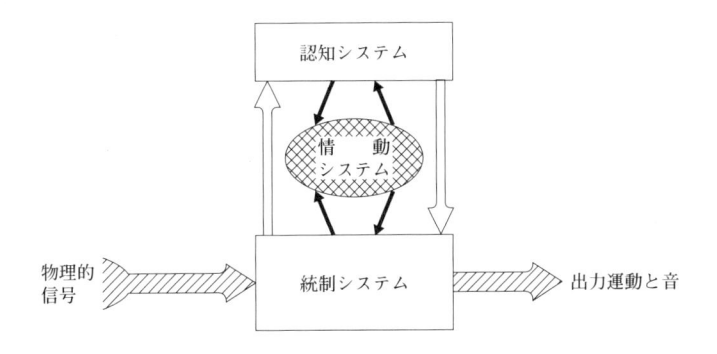

↑ 図12-4　情報処理システムとしての情動（Norman, 1981；竹村，1993）

力は基本的には統制システムによって処理され，運動などで出力される。そして感情や情動のシステムは，認知システムと制御システムの間に位置して両者を媒介するという。この図のように，一般には認知してから感情が生起すると思われる関係も，絶え間なく連続して生じるうちに，認知する前に感情が生じることにもなりうる。

また，福井（1990）は，プリブラム（1971）のことばを引用し，感情というのは，「以前の経験によって生体が現実的に適応するように調整する自己の内部の恒常性維持機構の偏りを知らせている」という。つまり，外界の環境からの刺激に対して欲求が起こり，行動へと動機づけられるが，その行動を実行することによる有効性を，皮質が調整しているうちに感情が起こるという。その考えに従えば，「どうも気がすすまない」という感情は，今までの経験を内部で調整した上で，「止めた方がいいのでは」と感情がサインを送っているということであろう。

5. 動機比喩

マクレイノルズ（McReynolds, 1990）は動機を以下のような比喩からまとめている。

①統制する権力：手先あるいは駒（pawns）としての人格
②人格的統制：代理人（agents）としての人格
③遺伝的傾向：生得的実体（natural entities）としての人格
④身体的過程：有機体（organism）としての人格
⑤内的力：機械（machines）としての人格

統制する権力－権力によって統制される人間　人の行為を起こすのを決定するのは，高位の超自然的力の影響からであるとする。重要なことを選択する際に個人が行う決定は，その人を統治するある神性がその人の精神過程に影響して決められるとする。

人格的統制－代理人としての人物　"意志（will）"への関心は，現代心理学で消えつつあったが，広い意味での人格統制比喩はいまだに残り，増加しつつあるように見える。ド・シャームズ（de Charms, 1968）は，自分自身の選択によって自分の行動が決定されていると感じる個人を形容するオリジンと，他の

人物や環境により決定されていると感じる個人を形容するポーンという比喩を採用した。さらにロッター（Rotter, 1966）は，同様に内的感情（代理人としての人格）と外的感情（ポーンとしての人格）を区別するために統制の位置（locus of control）という空間比喩を用いた。代理人の特徴をもつように思われるもう1つの比喩は，ミラーら（Miller et al., 1960）によって導入されたプラン（plan）である。

遺伝的傾向－生まれもった存在　最も古い，そして今なお広がっている動機的概念は，人々はそうなるような傾向をもっているからするのだという説である。なぜなら彼らにとってそうするのが自然だからである。この根源比喩は，個人の個々の行動を説明するのは難しいが，成人の男性や女性あるいは子どもの行為の違いを説明することは可能である。ここでの生得的という意味は，生まれつきの，遺伝の，一般のという限られたものではなく，"人々が生まれつきそうなっている様"を表している。例えば，人々が新しい知識を求めるのは，その人たちにとってそうするのが自然だからである。社会的変化も重力の原理と同じようにそうなるようになっているからである。

身体的過程－有機体としての人格　動機を表す身体過程比喩は動物，有機体である。まず有機体であるという考えは，人間の特徴を，暑い，冷たい，乾いている，湿っているという表現で表すように，また情緒的安定性を体の熱さ－冷静さの程度によって表すように，あらかじめ備えられた気質（humor）と考える。いわば，エネルギーが備わっているという考えであり，動物的情熱が脳から筋肉へと神経管を通って伝達されるような考えである。

　エネルギーをもてば，当然のごとく蓄積されるという考えにいたり，次の機械比喩を生み出すことになる。これから導かれる代表的な機械比喩は，動機づけという概念にはある意味では必須の水力学（hydraulics）の類推である。例えば，1つの対象に注ぎ込まれるために他の対象からは引き下がらなければならないというフロイト（Freud, S.）による充当概念，心的エネルギーはある愛着から開放される時のみ他に付着するというユング（Jung, C.）による等価性原理（principle of equivalance），いくつかの動機からの力が加わって総動機を生み出すというハル（Hull, C. L.）による動因理論，異なったエネルギーが貯められてゆく図式で概念化されるローレンツ（Lorenz, K.）による行動特

殊エネルギーモデル（action-specific energy model）などがある。つまり，エネルギー（緊張）が蓄積されると，蒸気を吐出すように解放する機構のことである。結局，有機体と機械には連続性がある。

内的力―機械としての人間　　初期の機械比喩は動物的な意味合いがある。機械比喩の代表であるコンピュータも何か動物的なものにたとえられ，それが構造的に擬人化されたものやオートマトン（機械仕掛けの自動人間）である。この考えの基本の1つは，物理的な動き（motion）という用語であり，それも自ら動き始める動作という意味である。もう1つは時計じかけ比喩からの影響である。つまり，動物や人間は一定の行動経路に自動的に駆り立てられたり，強制されたりする。この比喩は動物比喩とは異なり，操作子や効果を重視する。機械から見た精神的な活動は，神経や脳の働きと同一視され，さらには心的努力にも等しいとされる。そして，機械がなぜ動くかを説明するのが動機づけ（drive）であり，動機の最も典型的なものが，安定を保とうとする働きである。最適化理論（Arkes & Gaske, 1977）や最適なバランスを保つホメオスタシス（Cannon, 1932）もそのような働きから起こるとする。結論として，この比喩は自然実体として，あるいは有機体としての人格に関連する。それと反対にあるのが，代理人としての人格である。

■ 動機比喩のまとめと展望 ■

①統制される人間も②代理人も，結局人がポーン（駒）かオリジン（さし手）かのどちらかということで，ポーンは受動者で，さし手はオリジンである。また②の代理人は小人化主義の影響が強く，統括する主体（動作主）というニュアンスが加わる。一方の③遺伝的は自然に発現する意味で，ペパー（Pepper, 1942）の有機体比喩に近い。④身体的過程や⑤内的力では，ホメオスタシスという用語にうかがえるように，システムを制御したり，刺激と反応を仲介する機関という意味がある。つまり，④身体的過程は有機体とはいっても，その能動性よりむしろ刺激を処理する自動化された機関をさし，そこには代理人のような動作主の意味はない。レヴィンの場の理論も，この比喩の流れに沿ったものであろう。

しかし，このマクレイノルズのまとめでは，④身体的過程と⑤内的力の違い

が明らかでなく，有機体の特徴として紹介されてもよいホメオスタシスも，⑤内的力－機械－の延長として紹介されている。つまり，機械比喩も有機体比喩から発展したものであり区分しがたいとしている。その中で彼が最も重視したのは，代理人比喩である。

そこで視点を変え，マクレイノルズの考えを簡潔にまとめたものとして，ワイナー（Weiner, 1991）の2つの動機比喩を紹介したい。その2つとは機械比喩（machine metaphor）（表12-2）と神比喩（god metaphor）（表12-3）である。機械比喩が，④身体的過程や⑤内的力などの，どちらかといえばシステム比喩に該当していると思われるのに対し，神性比喩は②人物的統制の動作主

表12-2 動機の機械比喩（Weiner, 1991）

理論家	理論	機械論的概念	知られている研究
フロイト（Freud, S.）	精神分析	エネルギー；エントロピー；エネルギーの保存	カセクシス；転換（置き換え）
ハル（Hull, C. L.）	新行動主義	動因；習慣	多様な要求の同時的剥奪；剥奪が消去抵抗に及ぼす効果　言語学習の速さ
ローレンツ（Lorenz, K.）；ティンバーゲン（Tinbergen, N.）	生態学的	反応特殊エネルギー；水力学的	真空行動；転位行動
レビン（Lewin, K.）	場	緊張；境界；領域	代償；課題再生と回復
ハイダー（Heider, F.）；フェスティンガー（Festinger, L.）	バランス；不協和	よい形；単純構造；動因	対人内行動；態度形成と変容

表12-3 動機の神比喩（Weiner, 1991）

下位比喩	理論家	理論	内容	知られている研究
人間は合理的な決定者	レビン（Lewin, K.）；アトキンソン（Atkinson, J. W.）；ロッター（Rotter, J. B.）	期待－価値	成功への期待；結果誘発性	情熱のレベル；期待変化
人間は科学者	ハイダー（Heider, F.）；ケリー（Kelley, H. H.）；シャクター（Schachter, S.）	帰属；社会的比較	共変；因果図式	因果連関；情緒的反応
人間は裁判官		帰属的	統制可能性；責任性	援助；差別への反応；攻撃；達成評価；夫婦満足度

あるいは能動者比喩に該当していよう。

機械比喩の意味　まずワイナー（1991）は，機械の特徴には，以下のものがあるとしている。

1. それらは部分をもち，1つの構造をなす。
2. 望まれる目標や機能がある。
3. 互いに関連した一連の部分から全体は機能し，この目標を達成する。
4. 行動は，不随意のものであるか，あるいは意志が働かない。いわばその行為は反射みたいなものである。
5. 行動は，意識的に気づかれることなく遂行される。
6. その反動は，1つのセットとなった環境に対して，あるいは環境によって活性化される刺激に対して必要であり，あらかじめ決められている。
7. その行動は固定化され，型にはまっている。
8. 力やエネルギーが移行され，その力はバランスや均衡を保っている。そこでは変化へ可動性は現れない。しかしバランスが崩れる場合は，変化への可動性が刺激される。

このように人を機械として位置づけることは，人の動機に特別な特徴を与えるような強烈なイメージがある。

機械比喩のそれぞれの理論を挙げると以下のようになる。まず，フロイトによって形成された精神分析理論（エネルギー分配やエントロピーにふれた原理）は，希望する目標状態を実現するためにその力を効果的に使うエネルギー操作システムである。次に，ハルによって押し進められた動因理論（しむけられた刺激に対して自動的な反応をするという思想）は，例えば，欲求のはく奪が行動となって現れたり，動因×習慣によって行動が決定されたりする。また，ローレンツやティンバーゲン（Tinbergen, N.）によって提示された生態学理論は，例えば，いつも表出されている反応が表出されなければ，連関エネルギーが蓄積されて不適切なセッティングでもあふれ出たりする。そして，レビン（Lewin）によって採用された場の理論（水力が過剰になった結果とみなされる初期の生態学理論と考えが共通している）は，例えば，緊張が解消されず，他の領域も閉ざされているなら隣接領域にもれてしまったり，また離れた領域の不適切な目標が正の持性を獲得したりする。最後に，コフカ（Koffka, K.）

やケーラー（Köhler, W.）によって形成され，そして，それをハイダー（Heider, F）によってさらに応用されたところのゲシタルト理論（電気的場にも連想される概念）は，例えば場のどこの部分が変わっていて，他の部分が変わることによって新しい均衡が達成される。

神比喩の意味　神比喩については，比喩自体を引き立たせるような鮮明なイメージはないものの，次のような特徴が連想されるという。

1．万能（いっさいの賢）
2．最終的な判断（いっさいの正義）
3．無形
4．いっさいの愛，慈悲深さ
5．万力

神比喩は，レビン，ロッター，アトキンソン（Atokinson, J. W.）によって採用された「完全に合理的な決定者」として描かれている期待－価値理論（expectant-value theory）に現れている。例えば課題困難度が高まる，つまり期待が低いと達成の価値が高まる。そして，ハイダーやケリー（Kelley, H. H.）らによって考察された「人物は合理的な科学者である」という帰属理論に代表される。これは，環境の因果関係を自己の認知内で支配できるかどうかといった問題である。

加えて，神比喩から連想されるもう1つの意味は，暗黙のうちに多くの理論や研究を導いている「人は，裁判官である」という比喩で，この比喩は，「人が科学者である」という帰属理論の比喩を補うものである。

■ 機械比喩と神比喩のまとめ ■

ハイダーのバランス理論は，合理的な決定が強調されているものの，対人認知上の均衡を保つことであり，ホメオスタシス性に沿う面では機械的でもある。ここで機械的というのはエネルギーの蓄積から自動的に生じるという意味で，そこには意識は働いていないように思える。一方の神比喩は蓄積したからといって必ずしも行動が生じるとは限らず，いろいろな条件を加味しながら最後には上位者が行動を起こすかどうか決定するという意味であろう。

6. 社会心理学の比喩

　心理学で社会といえば，2人以上の関係から影響を受けることをさす。ここには，社会が今までにどのようにとらえられてきたかを描いている。サービン (1986) の記述をもとにまとめてみたい。まずは，近代科学前の初期の比喩を，次に科学的時代の比喩を紹介したい。

ⓐ 集団心理における初期の比喩

有機体としての集団　プラトン (Plato) は身体の各部分内の関係を社会クラスの各部分の関係にあてはめている。社会の統制クラスは頭 (head) に，同様に軍人クラスは胸に，奴隷クラスは腹部にあてはまる。身体のどの部位も生きる上で必須であるのと同様に，どのクラスも社会生活にとって必須である。

　集合としての有機体は，個人から構成されているものの，上位からその強さと防御が加えられる。マクドーガル (McDougall, 1920) の"集団心"とは単なる個々の集合より長く存続し，しかもその生命力は個々人の意識に依存するという上位の実体である集団である。

動物としての人間　マクドーガル (1908) は，「与えられた環境条件において，種の生存は遺伝あるいは種の法則に依存する」というダーウィンの考えに基づいた動物比喩を使用した。人間は"その行為が生存に貢献する"動物である以上，基本的行為パターンの源が遺伝にあるとみなすのはもっともなことである。

　プラトンは，その過程を，動物の階層のような，高位から順序づけるように統合された階層とみなした。後に社会の歴史的発展を説明したヘーゲル (Hegel, G. W. F.) やマルクス (Marx, K) によってもその比喩は発展した。最近でもその比喩は，人間と社会変化を説明するために多くの社会心理学者によって使用されている。

物理的構造としての社会　建築比喩に始まり，後に精錬されて物理学比喩となった巨大連鎖実体，19世紀における"社会生活を統治している法律が神の道徳特性を反映している"という考えもこの比喩である。またヒューム (Hume, D.) は，世界は唯一の巨大な機械であるとした。この立場からは，社会的世界を部分に分け1つひとつを明らかにしていくこと，そしてそれらの法

則的関連を発見していくこと，そしてそれらと他の宇宙との間の法則を明らかにしていくことが社会科学の作業であるとされる。

ⓑ 科学的時代の社会的比喩

動物実験としての社会生活　　初期の社会心理学者にとって，社会生活が何たるかを理解させるのに引き合いに出される比喩は刺激－反応方略であった。人は有機体とされ，彼らの生活状態は刺激条件に，そして活動は反応におきかえられた。その代表がパブロフ（Pavlov, I. P.）の条件反射である。それが下火となった中でも，「同種の他者が存在するだけで有機体が活性化される」というザイアンス（Zajonc, 1965）の社会的促進は際立つ研究であった。動物実験が現在にもたらした点は，前提条件に対する観察者のありようと，その生起する現象を記述することである。

新行動主義　　動物実験がもたらした比喩の中に不足していたものは，「生物は何を最も大切な目的としているか」ということである。心のメカニズムは物理学や生物学から導かれたものであるが，その中でも，一種の心的機械論であるレビンの理論は魅力的である。彼は，心における化学を重要視したり，電磁場理論，相対性理論の考えを取り入れた。しかし一方で，レビンは心内の自己活性化を重視しすぎて，その時代の研究者がしたような，適応を最大限にするように外的刺激を取り入れるという「環境刺激を重んじる見方」とは異なっていた。つまり，心理学的メカニズムを外的な観察変数に結びつけようとする関心に乏しく，あまりに自己内制（self-contained）すぎたのである。当然ながら，彼の弟子たちはこの物理的場比喩から離れ，生物学比喩つまり外から刺激を取り入れて均衡を保つホメオスタティック過程に代えようとした。

象徴的相互作用－意味ある関連としての社会　　機械論では心的世界が機械のように構成されると考えてきたが，象徴的な相互作用主義者はそれが象徴から構成されているとする。前の新行動主義で重視されたのは環境刺激である。一方，象徴の世界では，社会生活を決定するのは客観的な環境ではなくその環境が象徴するものである。機械的比喩では個人が自分の隣接する環境にどのように行動していくかが問題であったが，象徴主義者の考えはある人がもつ象徴システムが他者がもつ象徴システムとどのように関係するかということである。

市場としての社会的世界　　環境刺激が個人の反応を引き起こす代表的比喩

が，行動的報酬（behavioral rewards）である。ホーマンズ（Homans, 1950）は，報酬という概念を経済学から引き出し，支出と対比させた。そして，報酬から支出を引いたものを利益としたのである。ティボーとケリー（Thibaut & Kelley, 1959）も社会行動分析の中心モードとしてこの「支出に対する利益」という交換理論（exchange theory）を確立した。これらの交換理論において，市場が重視するのは，その合法性（legitimation）である。同盟を組んだ方が個人にも利益が上がるように，交換理論は，経験上から強く支持されている。このように交換理論は，従来まで交換の基本的原理（例えば最大報酬，相互利益，平等）に固執してきた。ところが，いついかなる時でもこの交換理論が人間行動を説明できるのかというと，必ずしも万全ではない。例えば，社会的変化からもうかがえるように，結局，何をもって市場と考えているか，また，どういった利益を他者から得るのかによっても変わってくるからである。

■社会心理学の比喩のまとめ■

社会とは，機械論においては自己を活性化させる単なる刺激であり，新行動主義では自分を含めた全体の場である。そして場の相互関係から自分の行動が醸し出されるとする。さらに社会を象徴とする見方では，対人関係において人はどのように自分を見るかによって自分の行動が変わるといい，さらに市場では，取引関係の合法性から他者への行動が決定されるという。この流れを見ると，社会の定義が自分の近辺の具体物から離れて，しだいに広い周囲にわたる，しかも象徴的なものに変化しているのがわかる。

7. 心理的介助の比喩

これは，サービン（1986）が，従来までの心理療法をペパー（1942）の根元比喩からまとめたものである。

行動主義者の療法（behaviorist therapy）　　科学に行き渡っている根元比喩の中でも機械論は，行動を修正するさまざまな方法に反映されている。その特性は，"環境刺激が手がかりと強化の性質をもつ"という認識である。習慣は，欲求を満たしたり緊張を減少させるような外からの行為によって，もしくは，他者からの言語的強化により定着されたり修正される。その基となる

比喩を表現してみれば"人間は機械［装置］"：machine）である。現代の行動理論を支えている比喩はそもそも生理的実験に源があり，ふるまい（行い）を混乱させるのは，結局刺激と反応の結びつきであり，来談者もしくは患者は，機械論という根元比喩に規定された形でとらえられる。つまり，そこでの彼もしくは彼女は，あくまで中立の，受動的な有機体（生物体）であり，感覚をもったり構造化された人格をもった存在とは考えられていない。

心理力動的療法（psychodynamic therapy）　　心理力動理論の起源は，機械論的原理にある。しかし，機械論からの説明はしつくされ，本質的特性といったこころの（もしくは精神の）概念に注目は移った。「機械の中の幽霊」として脚色された二元論的な見方は，当時広く受け入れられていた信念を具体化した比喩つまり"心（mind）"は注目の的となった。病的なふるまい，コントロールできない感情，そして感情的な不快さは，心が構造化される過程での観念相互のアンバランスや，不慮のアクシデントからおこるとする。したがって，心理療法家の仕事は，比喩からとらえられた精神構造を調節したり，再配置，再構築したりすることにある。セラピストは，その人の精神的構造を直接観察からではなく，言語的行為もしくは言語にかわる表現から解釈する。すなわち，話やジェスチャーに現れた手がかりに細心の注意を注いで，心の謎を見抜くのである。一方クライエントは，セラピストによって自己分析を導いてもらいながら，心の構造（原因を起こす実体）を変えることが可能であるという立場を保証してもらう。しかしその場合でも，クライエントの苦悩にはクライエント自身が責任が負わなくてはならないことをセラピストはほのめかしている。

実存的療法（existential therapy）　　しばしば，心理学における，いわば3番目の力と連想される実存的療法の枠組みは，存在，気づき，経験，確実性，実存的危機，そして自己の現実主義のような概念である（図12-5）。そのもととなる比喩"自己（self）"は，抽象化された他者と関連づけられるもう1つの抽象概念である。神，宇宙，自然，人類と自己との関係に，実存的セラピストは興味をよせる。現象論理学的仕事は，比喩や他の会話形態をとおして，隠されてきた意味を明らかにすることである。実存的見方は，人間の哲学や神学に起源がある。人が健康に生きるには，「現実の安息を与えてくれる対

象に対して，いったい自分はどんな存在なのか」という疑問に対して納得のいく返答を見出す必要がある。したがって，セラピストによる介助は，医学や祈り，審美的経験，もしくは痛み，苦しみによって補われ，取って代わられるかもしれない。実存的療法のねらいは，超然的な対象や超然的な出来事に対して自己はどのように関連しているかを認識することであり，それによって自己を変容させることである。

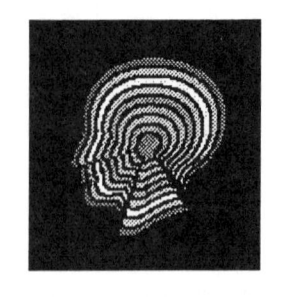

↑図12-5 「自己と宇宙」のイメージ

社会システム療法（social system therapy） 社会システム療法が基礎とする根元比喩は，文脈主義者の世界観，つまり歴史的行為と同じようなものである。これは，"社会的文脈の中にいる個人（person in social context）"に注目する（図12-6）。社会科学の実践家は，目標の人物の位置だけではなく，その人物のふるまいに判断を下せる人物の位置からも，その異常な振るまいを認識（知覚）する。社会システムの観念は，システムのメンバーの行為は他のメンバーの行為にも影響すると想定する。近年，歴史的行為という比喩を採用することは，実践家に対して対人関係の要因だけでなく，文化や制度上の要因を考慮させるよううながした。そして多くの介助プログラム，例えばコミュニティー心理学，家族療法，そして自助グループや相互援助グループ等が認められるようになり，その結果として，歴史的行為という根元比喩を心理学者に採用させたという。

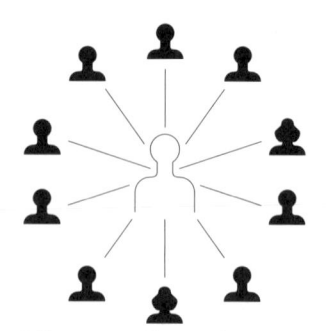

↑図12-6 「社会の中にいる個人」のイメージ

■心理的介助の比喩のまとめ■

この4つを大きく分類してみると，行動主義者と心理力動的はどちらかといえば機械論的であり，実存的と社会システム療法は状況論的である。前者は，原因を突きとめて直していこうとするのに対し，後者は周囲から癒していこうとしている。治療の方向性が対照的である。

2 記憶比喩
－ローディガーの記憶の空間比喩－

　記憶理論には，数々の比喩がちりばめられている。その記憶の理論を発展させたのが，ローディガー（Roediger, 1980）のいう空間比喩（spatial metaphor）であろう。ローディガーは，記憶研究の歴史をこの空間比喩を軸に展開している。まず，彼は，心と意識に共通する比喩は，大きな部屋のような物理的空間であるとし，それが記憶現象に適用される際，2つの重要な含みをもつとする。その1つ目は，記憶は心の空間の特別な位置に貯えられた具体的な事物と考えられている点であり，2つ目は，情報を再生するために，これらの記憶をさがし出すことが必要とする点である。これらの2つの仮定は，記憶の貯蔵庫比喩と検索比喩として語られている。これらの考えは，コンピュータの特徴でもあり，記憶理論を発展させた。具体的な比喩は表12-4のようなものである。

　以下に彼の考えに沿って記憶比喩の主なものを紹介する。なお，彼自身の説明が足りない部分は補足説明を加えている。

1．初期の空間比喩

ⓐ 古典的比喩
　まず"書き板"の比喩は，記憶したい印象が押印されたような，どちらかといえば受け身の見方である。一方，プラトンの空想的な"鳥のおり"類推は，心を活動的，構成的に見る。それは，欲しい知識片をハンティングし，再びそれらが羽ばたくのにまかせるといった内容である。

ⓑ 空間比喩
　次に記憶を物とみなしてその「所在」を唱えた空間比喩が現れた。最も有名な心理学者であるジェームス（James, 1890）とフロイト（1952）は，記憶を1つの家にたとえ，その特徴を家の事物に結びつけた。この空間貯蔵比喩と組み合わされているのが，検索という認識である。その中でもフロイトの考えを紹介してみよう。

表12-4　ローディガーによる記憶比喩・類推 (Roediger, 1980を改変)

A. 空間類推

ろうの札　wax tablet（Plato, Aristotles）
蓄音機，平円盤蓄音機　gramophone（Pear, 1992）
鳥のおり，鳥類飼育場　aviary（Plato）
家　house（James, 1890）
家の部屋　rooms in a house（Freud, 1924/1952）
電話交換手などの配電盤，交換盤　switchboard（John, 1972）
さいふ　purse（Miller, 1956）
もれやすいバケツあるいはふるい　leaky bucket or sieve（Miller, 1956）
がらくたボックス　junk box（Miller, 1963）
ボトル　bottle（Miller, & Galanter, & Pribram 1960）
コンピュータプログラム　computer program（Simon & Feigenbaum. 1964）
貯蔵庫　stores（Atkinson & Shiffrin, 1968）
神秘的なはぎとり式便箋　mystic writing pad（Freud, 1940/1950）
作業台　workbench（Klatzky, 1975）
雌牛の胃　cow's stomach（Hintzman, 1974）
放り込む入れ物　pushdown stack（Bernbach, 1969）
過酸化（酸化された）液容器，電解槽　acid bath（Posner & Konick, 1966）
図書館　library，机　desktop（Broadbant, 1971）
辞書　dictionary（Loftus, 1977）
鍵様のカード　keysort cards（Brown & McNeill, 1966）
運搬ベルト　conveyer belt（Murdock, 1974）
テープレコーダー　tape recorder（Posner & Warren, 1972）
地下鉄マップ　subway map（Collins & Quillian, 1970）
ゴミ入れ捨て缶　garbage can（Landauer, 1975）

B. その他の空間理論

構成理論　organization theory（Tulving, 1962）
階層ネットワーク　hierarchical networks（Mandler, 1967）
連想ネットワーク　associative networks（Anderson & Bower, 1973）

C. 他の類推

筋肉，筋力，腕力　muscle（"strength"）（Woodworth, 1929）
構成　construction（Bartlett, 1932）
恐竜の再現　reconstruction of dinosaur（Neisser, 1967）
処理水準　levels of processing（Craik & Lockhart, 1972）
信号検出，探知，検波　signal detection（Bernbach, 1967）
ピアノのメロディー　melodies on a piano（Wechsler, 1963）
調律の音叉　tuning fork（Lockhart, Craik, & Jacoby, 1976）
ホログラム　hologram（Pribram, 1971）
錠と鍵　lock and key（Kolers & Palef, 1976）

フロイトの，家の比喩は，心を無意識，前意識，意識の部屋からとらえ，その間にあって抑圧・歪曲しているものは何かを明らかにした。まず無意識は大きな最初の部屋にたとえられる。その部屋にはいろいろな精神的興奮が押し込められてお互いに押し合っている。この次に来るのが，受け入れ部屋であり，意識が宿る部屋である。この2つの間にはドアキーパーを配備した重要人物がいる。その人物は，いろいろな精神的興奮を吟味し，それらを仕分け，それらの正体が明らかにならなければ受け入れ部屋へ入ることを禁止する。しかし，閾を越えることを許された興奮がそのまま意識となるわけではない。意識の目をひきつけることに成功した場合にのみ意識化されるとする。

2. 空間比喩からの発展－コンピュータ比喩へ

その後1950年代中期以来，人間記憶の研究に対する関心は爆発的に増えている。そして，多少の例外を除いて，そのモデル化は空間貯蔵比喩と検索比喩を具体化する方向へ進んだ。

a 持ち歩き比喩－短期記憶

例えば，ミラー（1956）は記憶貯蔵を，"持ち歩き"から類推し，さいふにコインを入れて運ぶことにたとえた。いわば短期記憶における7つのコイン比喩である。しかし，財布に負担がかからないのは，たくさんのペニーコインよりも少ない銀ドルコインの方である。この比喩はのちのチャンク化，体制化を連想させる。

b 貯蔵と検索比喩

比喩の多くはコンピュータ比喩を基礎としている。しかしそのようなシステムの記憶構造の基にあるのは空間比喩である。コンピュータになぞらえた空間比喩の代表例は，記憶が分離された貯蔵庫からなるとする考えである。加えて，貯蔵されたものは小人によって検索されるとする。

例えば，短期貯蔵庫（short-term store）と長期貯蔵庫（long-term store）という2つの仮説的な貯蔵庫，さらに視覚情報と聴覚情報の貯蔵にあたる画像的（iconic）貯蔵庫と音響的（echoic）貯蔵庫（Atkinson & Shiffrin, 1968）などがある。さらに同じ空間比喩でも，記憶される過程にまでふれたのがハント（Hunt, 1971）による，「システムとしての中間記憶（intermediate-term memory)」である。このシステムという意味は，短期記憶に貯められた情報に働きかけて，長期記憶に送る作業を行うことをさし，作業記憶とも呼ばれる。またタルビング（Tulving, 1972）はエピソード（episodic）記憶と意味（semantic）記憶という2つのカテゴリーを加えている。しかも，これらの異なった記憶貯蔵庫にある情報は，管理者や小人が検索することによって再生されると考えた。これらの比喩は，単にコピーと考えた受動的な比喩とは異なって能動的な比喩である。

c 貯蔵庫モデルにおける短期記憶と長期記憶についての比喩

さらにブロードベント（Broadbend, 1971）は，記憶を"ボックス（書類入れ）と近くにファイルキャビネット（箋）をもつようなデスクトップ（机）に座っている1人の人物"の状態にたとえている。ボックスの中が短期記憶に，ファイルキャビネットが長期記憶に対応する。デスクトップ上は，意識あるいは作業記憶（working memory）に対応する。デスクトップ上では，ボックスの中からファイルキャビネットに情報を移すというような心的作業がなされているという。この作業という用語には，貯蔵とは異なって能動的・創造的意味がある。また，バーンバック（Bernbach, 1969）は，1つの記憶貯蔵庫のみを想定した。そして彼は貯蔵庫から経験をリハーサルさせることが多くの複製（replica）を産出するとし，その複製を失うことが忘却になるとした。また彼は短期記憶をレストランのカウンター下にある外からは見えない食器放り込みの入れ物のようなものとし，記憶は食器の枚数でなく入れ物が空かどうかに依存するとした。また，短期記憶がすぐに失われる事実を説明する比喩として，ポズナーとコニック（Posner & Konick, 1966）の電解槽理論（acid-bath theory）がある。これは酸の桶の中で，貯蔵されている項目同士がお互いに連接されてはまた離れたりすることを表している。

d 長期貯蔵庫の比喩

意味と階層　タルビングは，エピソード記憶と意味記憶の2つを複雑で大きな貯蔵システムとした。さらにブロードベントは，記憶を本が整然と配列された図書館（library）にたとえているし，ロフタス（Loftus, 1977）は，意味的記憶のことを，その人が知っている単語が貯えた辞書（dictionary）とみなした。ロフタスによると，これらの単語は辞書として貯蔵されているだけでは

なく，階層をなした連想ネットワークとして貯蔵されているという。さらにマードック（Murdock, 1974）のベルトコンベアーモデル（conbeyer-belt model）は，経験をベルトコンベアーによって運ばれていくスーツケースにたとえ，貯蔵という意味に，正確な時間的順序による符号化という意味を加えた。

地図（マップ）　もう1つのモデルは地下鉄マップ（map）である。コリンズとキリアン（Collins & Quillian, 1970）は，できるだけ早く正誤を求められた時，記憶ネットワーク内にどのような活性化が起こるかをモデル化した。それは，現在地と目的地の位置をボタンで知らせると最も近い距離が地図上に示されることにたとえられる。この考えでは，意味記憶の中にある単語が結節（node）をもつことが必要で，いろいろな道がその結節につながっているとする。つまり1つの単語を活性化させると拡散して他の関連単語まで活性化されるという意味で，経済的な節約性を暗示している。

空間と検索のさらなる例　情報処理アプローチの1つに，意識とは"数々の精神的操作が遂行されている精神的空間"という考えがある。つまり，ある時点である課題が遂行されれば，他の課題は起こらない。いわば"労力の貯水池（pool）"である。もう1つはスターンバーグ（Sternberg, 1966）の走査（scanning）と呼ばれるパラダイムである。この実験は，短い項目リストを与えられ，後でそれら1つひとつを再認するといった内容であり，項目が見つかった時点で走査は終了するのか，それとも全部を走査した後に判断を下すかを確かめる実験である。実験データとモデル推測データを比較すると，意外なことに全部を走査する方に分がよい。

3．空間比喩に代わるもの

以下に挙げる理論は，空間を占める実体としてよりも，特殊な数式上の暗号というイメージがある。記憶はある特定の条件で再現される。

ⓐ 非空間的類推

まず挙げられるのが，痕跡の強さ（trace strength）が記憶をうながすという考えである。認知心理学者は，これを有用なものとはしていないが，長期記憶から表象される強さが短期記憶中に受けた処理に依存することは認めている。もう1つはバートレット（Bartlett, 1932）の唱えた構成比喩（construction metaphor）である。われわれは，出来事を自分に理解できるような物語にする。記憶は，固定化された，生命もない，断片的な痕跡，というわけではなく，想像的な再構成であるとする。またクレイクとロックハート（Craik & Lockhart, 1972）による処理水準（level of processing）という類推もある。これは知覚過程の副産物ともいえるもので，刺激知覚は，初期の感覚的処理（early sensory processing）から意味的連想操作（semantic associative operations）と連続に処理されて記憶されるという。

また3つ目の類推は聴覚想像（auditory imagery）である。心理学における信号検出理論（signal detection theory）の考えは，聴覚の面にまず応用されたが，記憶においては再認記憶に適用された（Bernbach, 1967）。その比喩の1つが，共鳴比喩（resonance metaphor）あるいは放送比喩（broadcast metaphor）である。これらの要点は，外から与えられた経験は小さい波長（vibrations）をもって貯えられ，それと同じ波長が再び与えられた時に記憶が再現されるというものである。記憶がこのような音だとすると，ピアノのキーにはメロディがないのと同様に脳の中にも記憶はない。いわば，ピアノを奏でて初めて音楽があるように，復元あるいは再現されて初めて記憶が起こることになる。

最後の興味深い類推は，プリブラム（1971）のホログラフィー（holography），あるいは光学フィルター（optical filter）類推である。フィルム記憶を適切な刺激にふれさせると，視覚可能なあらゆる点からの情報がフィルター中に貯えられるとする。そしてどの部分からでも検索が可能になるという。

b 抽象化理論

抽象化理論には言語理論（verbal theory）と数学理論（mathematical theory）がある。まず言語理論の中で影響のあったものとして，タルビングとトンプソン（Tulving & Thompson, 1973）の符号特定性仮説（encoding specificity hypothesis）とペイビオ（Pavio, 1969）の2重コード仮説（dual coding hypothesis）などの符号化を重視した情報処理モデルである。符号特定性仮説は，手がかりとなるものが再生されやすい現象をさし，2重コード仮説とは情報はイメージかまたは言語のどちかのコードに符号化処理されるというものである。またポストマンとアンダーウッド（Postman & Underwood, 1973)の忘却の干渉説（interferece theory）も挙げたい。干渉による忘却とは，記憶がなくなってしまうことではなく，お互いに出ようとして結局双方ともに出られない，つまり再生されないことである。また，一方の数学モデルは，記憶の質だけでなく量を仮定するのが長所であり，代表例は，エステス（Estes, 1955）の標本抽出理論（stimulus-sampling theory）である。この理論は，経験を学習する際に，その新奇情報に対して標本が抽出されるとする説で，新奇情報は，保存されている典型例としての標本と数量的に一致すればするほどよく記憶されることになる。

■ 記憶比喩の今後 ■

　以上は，記憶理論の歴史をローディガーの見方からたどったものである。前半は，まさに比喩らしい仮説で，後半のコンピュータ比喩に至って初めてモデルといえるものが現れている。しかし，これらの比喩を眺めていると研究者の頭にどのようなイメージがあったのかがうかがえ，その時代背景を重ねてみると興味深い。

　ローディガーの記憶の比喩は，空間比喩をもとにするが，空間比喩とその応用として最たるものはコンピュータ比喩であろう。コンピュータは膨大な情報から必要のものを見つける検索が得意である。この検索という用語は，記憶用語として自然に用いられているように有用な比喩である。しかし，コンピュータのような空間比喩をもとにすれば，記憶はあくまで貯蔵であり，処理は直列であり，さらに過去を扱うものである。一方，ホログラフィーのように，空間に束縛されない見方も生まれているし，さらに貯蔵みたいな受け身でなく，①能動的なものとする見方や，直列のような一方向でなく，②並列分散的であるとか，さらに過去でなく③未来を展望したものであるという見方もある。

　最初の①能動的な見方とは，ある活動をもって記憶が成り立つというもので，ローディガーが紹介している理論の中には音楽，放送比喩やホログラフィー，標本抽出理論がある。ホログラフィーは，**2**「神経心理学におけるコンピュータ比喩」（図12-2）でも説明したように，空間を占めず，いくらでも情報を重ね合わせられるという点で，その貯蔵能力は無限である。

　また人間の記憶には，コンピュータのように直列に精密に情報を処理すると

いうより，もっとあいまいで，しかも並列に処理される面がある。そこで期待されたのは，②並列処理に焦点を合わせたモデルであったが，その流れからルーメルハートとマクレランド（Rumelhart & McClelland, 1986）によるコネクショニズムあるいは並列分散処理（Parallel Distributed Processing：PDP）が生まれたのであろう。このモデルは，脳の神経細胞の膨大なユニット構造を想定し，外部からの情報はそのユニットに重みづけとして信号を与え，それらの信号が総和され評価関数に代入されて，その結果が出力ユニットに出されるという考えである。この考えと似ているのが，エーデルマン（Edelman, 1995）が唱えた記憶の神経淘汰説であろう。これは図12-7のように発生的にまず淘汰された神経ネットワーク（第1レパートリー）が行動の結果として選択的に強められたり弱められたりして回路が造形される（第2レパートリー）という。つまり，強化という経験から起こる淘汰によって神経ネットワークが変化したわけである。PDPを小松（1991）のことばを借りて要約すれば，外部情報を入力していくうちに内部に入力地図らしきものが形成され，それが安定した後には，類似の入力に対して類似の出力が行えるということであろう。これらのモデルには初期の認知心理学で活躍したパンデモニューム，代理人，メタ認知といった，いわゆる代理人比喩の考えは見あたらない。要するに，時間の経過とともに規則らしきものが自然に形成されるとする説で，小松（1991）によれば潜在的な知識とも呼べる記憶である。このように並列処理とは周囲の影響から個が成り立っていくことで，その文脈を重視している。

　さらに，空間比喩では，過去に起こったことを蓄えるという観点が中心であった。しかし今話題となっているのは，③将来に開かれている記憶（丸野，1994）という観点であり，日常で記憶をどのように使い，役立てていくかという記憶の目的論である。いわば，蓄えられた記憶構造をさぐるのでなく，知る，わかるという意図や行為との関連から記憶のあり方を語り，目的をもって生きる人間像から記憶をとらえる。今後は，このような方向からも，記憶をとらえていくべきであろう。ローディガーも構成や物語という比喩には言及しているが，この並列処理とか展望とかは視野に入れていない。それはこの論文が書かれた1980年という年代とも関連していよう。

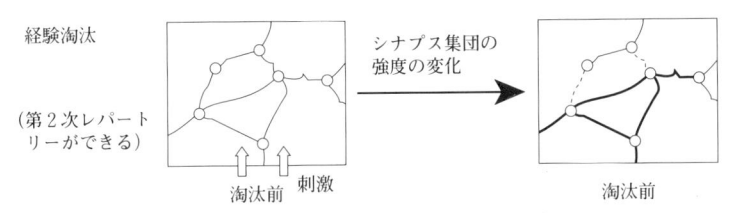

中：経験淘汰。行動の結果によるシナプス集団の淘汰的強化または減衰で，いろいろな回路（神経細胞群の第2次レパートリー）が造形される。シナプス強化の結果は太線で，減衰の結果は破線で示す。記憶機能のもとになると考えられる。

図12-7　神経のシナプス集団における経験による淘汰
（Edelman, 1992；金子，1995より一部を抜粋）

比喩トピックス ❶

楠見による一般人の記憶比喩

楠見（1992）は，心理学専門家でない一般人の記憶比喩を探っている。そして「貯蔵庫としての記憶」，「減衰する記憶」，「自伝的記憶」の大きく3つにまとめた。さらに一般人の記憶モデルを心理学者の記憶モデルと比較しており，一般人と一致するモデルとして空間モデルを，一般人のみにあり心理学者とは一致しない比喩としてカメラ比喩を挙げている。カメラ比喩は，一般人が記憶を忠実な記録・保持・再現としてとらえやすいからであろう。

比喩トピックス ❷

ローディガーの記憶比喩のその後

1998年3月にローディガーに直接お会いする機会があり，1980以後どのような比喩展開を考えているかを尋ねた。すると，彼は2つの書籍を挙げた。1つは，ミンスキー（Minsky, 1986）の「心の社会」であり，もう一つはガザニガ（Gazzaniga, 1985）の The social brain という本である。前者は邦訳されており，心の働きはエイジェント（代理人）の協応によって成り立っている考えである。後者は心のネットワークを重視し，局所論に反した全体論や状況論に立つものである。この2つで共通した用語は「社会」であり，社会から記憶をとらえるならば，記憶は局所に貯蔵されているものではなく，状況に開かれており，刻々と状況に合わせて変わるものということであろうか。

3 知能比喩

スターンバーグ（1990）は，従来の知能理論は，それぞれ特定の比喩から導かれたものであり，違った比喩から導かれた理論同士は，比較することは容易でないという。しかし，特に内的世界あるいは外的世界に知能はどのように関わっているか，という問いに答えていけば，過去の知能観が将来の知能観にいかに貢献しているかがわかってくるという。そのためにも，従来の知能比喩を見ていかねばならないという。彼は，従来までの知能に関する比喩（立場）を

▼表12-5　スターンバーグによる知能の主要な比喩の概観 (Sternberg, 1990)

比喩	主要な動機 （仮定された問題）	主要な動機 （導き出される問題）	典型的な理論	提唱者
地理的	内的世界と知能	心の地図は，どのような形をとるか	2因子説 生得的な精神能力 知性の構造 階層的	スピアマン (Spearman) サーストン (Thurston) ギルフォード (Guilford) キャッテルとバーノン (Cattell & Vernon)
コンピュータ	内的世界と知能	知性的思考の基にある情報処理的流れ（プログラム）とは何か	言語効果性 構成的	ハント (Hunt) スターンバーグ (Sternberg)
生物学的	内的世界と知能	脳の解剖学と生理学および中枢神経組織は知的思考をいかに説明するか	半球の位置 神経伝達の速度 神経伝達の正確性	レビー (Levy) ジェンセン (Jensen) アイゼンク (Eysenck)
認識論的	内的世界と知能	知性や精神過程を通して構成される心の構造とは何か	発生的認識論	ピアジェ (Piaget)
人類学的	外的世界と知能	知能は文化的発明としてどのような形をとるか	過激な文化関係論 条件的比較論 生態学的	ベリー (Berry) コール (Cole) チャールズワース (Charlesworth)
社会学的	外的世界と知能	社会過程は発達とともにどのように内在化されるか	近接発達領域 媒介された学習経験	ヴィゴツキー (Vygotsky) フォイエルスタイン (Feuerstein)
システム	内的世界と外的世界の知能	比喩をつなぐようなシステムとしての心をいかに理解するか	多元的知能 トライアングル	ガードナー (Gardner) スターンバーグ (Sternberg)

まとめ，その問題点にまでふれている。表12-5がそのまとめであり，以下に詳しく紹介したい。

地理的比喩（geographic metaphor） これは，心理テストの得点で，個人差を生じさせている因子は何かを明らかにする。因子を明らかにするには，数学的な軸を設定することが必要で，この軸の設定いかんでは，知能すべてを総括するような一般因子も，多様な因子を生み出すことができる。これらは，因子分析の手法を用いて，知能の内容をさぐったものである。それらの手法とは，知能に関する多数の下位テストの相関関係を見て因子の異同を明らかにするものであり，一種の心理測定的見方ともいえる。しかし，この理論は構造については回答しているものの，過程について，さらにその内容が脳といかに対応するのかについては回答しえていない。さらに，それらの理論は，個人差のみを扱うもので，性質や能力については人種間で共通なものとみなし，個人が成長とともにどのような発達を遂げていくかという生物学的理論や社会学的理論は扱っていない。この比喩の代表的理論が，スピアマン（Spearman, C. E.）の2因子説とサーストン（Thurstone, L. L.）の多因子説である。

コンピュータ比喩（computational metaphor） 地理的比喩は知能の過程にはふれていないが，それを補うのがこのコンピュータ比喩である。これは，心をコンピュータ装置として描き，コンピュータの一連の操作でもって心の過程を推しはかる。さらに，知能は人種に関わらない共通なものとしている。この理論では，地理的比喩の提唱するような"過程が最終的にどのように分かれるか"は求めない。過程の1つひとつは，地理的比喩の因子かもしれないが，それらを知能の過程上にうまく配列したのがこの理論である。しかし，この理論の危険な面は，"なぜ特別な課題を探っているのか"，あるいは"その課題上のどんな遂行が大きな知識となっていくのか"という視点を見失うことである。

生物学的比喩（biological metaphor） この理論は脳機能からさぐるもので，脳との対応を見るのが目的である。いわば，脳の客観的な観察と脳の働きを対応づけることである。その中には，a．脳の器質的障害と機能の失われ方の対応を見る b．電気生物機能科学データ（例えばα波）と知能と関連を見る c．脳の血流の測定と生起する認知過程の対応を見る，などの方法が

ある。しかし，例えばbの場合のように，莫大な変数が1つの出力として現れるので，どの変数が原因となっているかを明らかにするのは難しいという。

認識論的比喩（epistemological metaphor）　この視点の1つ目の特徴は，新しい情報の吸収は，2つの相補的過程の均衡状態－同化と調節－によって達成されるとする原理であり，それも行動からよりもむしろ能力によって達成されるとする。2つ目の特徴は，一定期間に発達がどのような内容をたどるかということで，感覚運動期から形式的操作期にいたる行程をさす。しかし，知能の多くはピアジェ（Piaget, J）が探求したような科学的様式による思考によっては理解できないとされたり，"水平的ずれ"としてピアジェ自身も認めているように，提唱されたような厳格な段階が，知的発達に関しては見られそうもないとする。さらに実際に想定される年齢より早く多く遂行でき，知識の役割を過小評価しているのではないかとされたり，形式的操作が最終段階ではないとかの批判もある。

人類学的比喩（anthropological metaphor）　個人の内的世界よりも外的世界によって知能を見るのがこの立場である。知能を文化的発見とし，1つの文化における知能指標は他の文化のものに置き換えることができないと考える。例えばIQテストを例に取ると，ある文化で開発されたテストを他の文化に直接に持ち込もうとして翻訳しても，文化が違えば意味を伝えることができないという。この立場は，文脈が遂行に大いに影響している点を提唱している。一方で，この理論は極端な場合には，知性を理解する上で"頭の中にあるもの"は関係ないと考えたりする問題点ももっている。

社会学的比喩（sociological metaphor）　認識論的比喩の代表者がピアジェならば，社会学的比喩の代表者はヴィゴツキー（Vygotsky, L.）である。ピアジェは知能は遺伝メカニズムが開花するように「内から外へ」と発達すると考えたが，逆にヴィゴツキーは環境をいかに設定するかが，遺伝を引き起こすことになるとして，「外から内へ」発達すると考える。つまり，社会化の過程が知能を促すという説である。例えば，親から教えられる概念が教室で先生から教えられる概念と同じならば，子どもたちは学校で有利になるとする。子どもは成長するにつれ，自らが観察する社会過程を内在化し，自分の一部にしてゆくという考えである。ヴィゴツキーが重視したのはことばと環境である。

システム比喩（systems metaphor）　システム比喩は曖昧な比喩である。というのはすべての比喩がある面ではシステムといってよいからである。知能は1つの比喩では説明しきれず，少なくともいくつかの比喩を組み合わせて理解しなければならない。それらの結合方法を1つひとつ明らかにしていくことが知能を理解する道である。そして，多数のシステムがお互いに影響し合っていることを説明する必要があり，どの組み合わせが正しいのか判断できない。そして，システムには今まで述べた比喩がすべて含まれているので，独自の比喩とはいえないかもしれない。それゆえに，構造が複雑となり誤りを見出すことも困難となる。しかし，このような"1つの比喩に制約されない立場"は，多くの可能性にも門戸を開いているという。

　このようにスターンバーグは，それぞれの知能の立場の長所と短所を語り，すべてを眺めて行かねばならないとした。一方，知能を働かせる素になる表象（representation）に焦点をあて，表象はいかなる目的から存在するのかを問うた機能的見方もある。その代表者として，ワグマン（Wagman, 1996）の5つの見方を紹介しよう。

①代理的側面：表象をもってする操作は，現実の事物を扱った操作の代わりである。外的世界と直接に関わる代理となる。
②存在論的側面：ある特定の表象を選択することは，いくつかの特徴を顕著にするためのもので，残されたものは背景に消える。
③推理的側面：知的な推理システムを構成するために存在し，いわゆる論理的記号のことである。
④コンピュータ的側面：知識表象は，情報処理を効果的にする媒体である。
⑤コミュニケーション的側面：知識表象は世界について他者に表現したり，他者とコミュニケートするための道具である。

■知能比喩におけるまとめと展望■

　以上のように，スターンバーグは7つの比喩を提唱しているが，大きく分けて地理的，コンピュータ，生物的，認識論的までを内的世界から見た知能，人類学的と社会学的を外的世界から見た知能，そしてシステム的を内・外両世界から見た知能と分類した。彼自身は，知能の要素分析理論，経験理論，文脈理

論をまとめた知能の鼎立理論（a triarchic theory）を提唱し，その3番目の内外両世界の立場に立つ。

　従来までの知能の論争といえば，古くいえばスピアマン対サーストンのように因子構造からの論争であったり，アイゼンクとケイミン（Eysenck & Kamin, 1981）に代表されるような"遺伝か環境か"という論争であった。それは，まさに内容についての地理的な論争であった。しかし，スターンバーグは，要素分析的な知能観に加え，従来まで焦点が当てられなかった実用的知能や社会的知能の文脈理論，さらに経験を自動化させる能力の経験理論まで取り込み，包括的知能観を提唱した。つまり，知能を要素に分けたり構造を明らかにすることから，それらの要素がどのように組み合わされて実際の知的課題を解いているかに視点を移したのである。さらにその要素の中には，自己や人格に関するものも現れている。また，ガードナー（Gardner, 1983）による知能の階層理論でも，下位知能の組み合わせを考慮している。彼は，言語的，空間的，論理数学的，音楽的，身体運動性，対人，対自己という7つの下位知能を設け，それぞれが脳の部位に対応するとともに，いかに協応して具体的な課題を解いているかをさぐろうとした。今後は，このような下位知能がどのようなシステムで運用されているのかを明らかにしていかねばならない。さらに文脈理論の中でも社会的知能に着目した子安（1989）は，能力をパワーとスピードだけで測ってきた今までのやり方に対して，コントロールの観点でも測らねばならないと忠告している。

　また，ワグマンの表象の分類も，これからの知能観を見ていく上で有用である。特に文脈理論からは，⑤「コミューニケーションのために表象する面」が重視されるだろう。他にも現代的知能としてメタ認知や動体認知に着目した中島（1997）や，現実を表象したり，考えることのできる媒体は概念だとしたリー（Li, 1996）も新たな見方として挙げておきたい。

4 オルズの自己の比喩

　オルズ（Olds, 1992）は，心を他の学問分野と関連させ，さまざまな比喩から眺めている。その中で自己についての4つの比喩を提唱した。そして自身は，

最後の全体性あるいはシステム理論の立場に立つ。彼女の考えに沿って以下にまとめてみよう。

① "合理的な自我（rational ego）" としての自己：無意識が実現不可能な要請をつきつけてくるのを，内在化された社会規範が制圧しようとするのに対して，自我はそれらを知覚・検証して戦う存在として描かれている。フロイト（Freud, S）の "意識" はその代表である。

② "同一性（identity）" としての自己：われわれはいかにすれば "全体（whole）として自らを維持できるか" を知りたい。例えばオールポート（Allport, 1955）の "われわれの人生の中心的課題はわれわれが誰であるかという単一性とユニークさに対処することである" という定義を引用し， "個別の存在" という感覚がわれわれ自身を認識させるという。

③ "活動過程（active process）" としての自己：オールポート（1955）も， "自己化" に加え， "代理人" という用語も重視した。また，アドラー（Adler, 1956）は "個人の創造的力" として "個人は自ら選んだ将来目標に向かいつつ生きる" ことを強調し，ここにも活動過程としての自己がある。

④ "全体（wholeness），さらには統一体，統合" としての自己：これは，ロジャース（Rogers, C.），ユング，レビンの説に示されており，システム理論に含まれる。これらの理論は， "人格が統一へ向かう感覚"， "生活時間の変革を通して存在する" という感覚を併せもつ。例えば，ロジャースは全人格を包括的視点から "有機体" という用語で説明しているし， "現象的視野" へ入ってくる経験のすべての結集が，われわれの存在だとする。

ユングは， "人生の前半では，意識的で合理的な自我を形成し，後半では，その自我が自己と呼ばれる広い全体的人格感覚に立ち向かいつつ学んでいく" という2つのレベルを想定したとする。つまり， "意識的な自我" と "集団的無意識と呼ばれるものを源泉とする同一性" という2つから人格をとらえる。また，レビンも，心的環境の中に分化された人格を位置づけ，心は生活空間という宇宙を形成していると考えている。以上の考え方は， "個人と環境を分断し，1つひとつの反応は環境刺激に対する結果" とした行動主義とは対照的である。

■オルズの自己の比喩のまとめ■

　オルズは自己について，形としてはその一貫性と全体性，さらには能動性と主体性を説明しているが，中でも全体の統合としての自己を重視している。そして，いかにその人の人格全体を全体世界に任せつつ融和させていくかが心理的健康の鍵になるとしている。例えば，アルコール依存症の解決方法として，飲みたい欲望も，それを抑えたい欲望もすべて自分の一部と考え，さらに自分も大きな全体のシステムの一部であると感得し，飲みたいが止めたいという部分間の競合に巻き込まれることなく，高位の力に身を預ける（surrender）境地に至ることが必要であるという。

5 シーゲルマンの心理臨床家の比喩

　フロイトやユングの療法には，豊富な比喩が採用されている。ここでは，それらの代表的な療法を比喩から説明しているシーゲルマン（Siegelman, 1990）の記述を紹介したい。

1. フロイトの心理療法過程

　彼によるとフロイトの精神分析療法は以下の3つの比喩により説明されるという。まず彼の1つ目の比喩は，心理療法の形についてのもので，それは，お互いの領域に入り込むというより，まるで隣り合わせで走っているトラックのような並行過程であるという。2つ目の比喩は，患者に対して分析家が優位な位置にあることであり，その仕事を，科学者，外科医，整形外科医，教師になぞらえている。3つ目の比喩は考古学から引用されたものである。フロイトのカウンセリング室からは，彼がいかに古代の遺跡発掘に身を費やしたかがうかがい知れるという。

　フロイトの比喩に共通しているのは，分析家と患者間の心理的距離を最大限に保っていることである。そこには，患者に取り込まれることなく，症状に対し客観的に立ち向かい，メスで切り刻むように，あるいは発掘するように心を解き明かしてゆく分析家の姿がある。

2. ユングの心理療法的空間

　ユングは，分析過程で起こる作業を錬金術師の仕事にたとえている。セラピストと患者は，溶解炉の中でおたがい削りあったり，壊したり，融解したり，分かれたりする。そして最終的には，対極のものをも包摂するような雌雄両性体の子ども（hermaphroditic child）を生成するという。このように，心理療法を数段階にわたる転換作業にたとえている。

　神殿（temenos），円，船がユングの三大比喩であり，これらを図式化すると曼陀羅が描かれるという。ユングにいわ

↑図12-8　ユングによる「対立物の統合を表わす曼荼羅」
（Jung, C. G. ; 林, 1998）

せると，世界中のあらゆる民族が全体象徴として円を描き，また患者は分析の過程で自ら，円に埋め込まれた四角のサイクル型を描くという。神殿とは神にささげられた空間という意味で，円に囲まれて表現されていたり，密閉された船に置きかえられたりもする。そしてこれらは象徴上での無意識との交流の場でもあったりするという。

　図12-8には，ユングが描いた曼荼羅の例を示した。ここでは対極の統合がテーマとなっている。

3. ラングスとミルナーの治療的枠という視点

　ラングス（Langs, 1979）は，枠という比喩を固定的な枠と可変的な枠とに区分している。固定的な枠とは完全な機密性を保ち，第三者の関与を排除するものであり，週のうち何回面接をするか決めたり，患者の身体の方向，金額さえも固定することである。もう1つの可変的な枠とは，患者のわずかな変化にも対応できうるような治療者の理解の枠のことである。その枠の変化が患者に強い情緒的反応を引き起こしては，またそれが文脈となって新たな連想が生まれるという。

一方，ミルナー（Milner, 1957）はラングスと異なり，枠が焦点づけられるべきは枠自体ではなく，枠づけられることにあるとする。彼は，枠内にあるものは枠外にあるものによって解釈されるという。つまり，面接という枠内でなされた一見偶然の気づきも，枠外から象徴的に解釈されるならば意味あるものになると考える。彼は，無意識にいたる手がかりとしてペインティングを提唱しているが，その描かれ方も，その人の枠に規定されるという。

4．ウィニコットの環境と潜在的空間の保有

ウィニコット（Winnicott, 1971）は，患者が"乳児期に近い段階に退行し，安全な空間を保つ母子関係を初めからやり直す"という心理分析的過程を記した。幼児が健やかに発達するには，環境を促したり，保ったりする"ほどよい母親（good enough mother）"が重要だとした。また彼は，分析家を心理療法のルールを決めたり，構造化したりする者としてではなく，"現状を包容するもの（containing presence）"として位置づけ，"抱っこ（hold）"を強調して，その役も分析家にになわせた。また抱っこと同じくらい重要なものに患者と分析家あるいは母親がとりくむ象徴的空間がある。ウィニコットが"移行対象（transitional object）"を導入したのは広く知られる。移行対象とは母親と自己の延長上にある代用物であり，内と外，赤ちゃんと母親，現実と幻想の中間にある母性的対象である。

彼の心理療法は2つの点で貢献があったといえる。1つは，分析過程において母親が赤ちゃん返りをする法則を明らかにしたことで，そのキーワードは再経験と再作業である。もう1つは象徴を強調した点で，環境を"抱っこ"することは，特別な比喩的空間を生み出すとし，移行空間，遊戯空間，潜在的空間の概念を唱えた。

■シーゲルマンの心理療法家の比喩のまとめ■

1. のフロイトの療法と**2.** のユングの療法は対照的である。フロイトは医学や考古学という，患者の症状を客観的にとらえてメスを入れてゆく西洋医学的や科学的技法からの発想である。一方ユングは，患者あるいは症状の中に入り込んでは自然の変転に身をゆだねるという，どちらかといえば東洋医学的技

法に発想源があるといえよう。一方，**3．ラングスとミルナー**は心理療法にとって重要な枠にふれており，ラングスが，枠があるゆえに促される部分を強調したのに対し，ミルナーは心理療法を進める上で枠の設定が必要で，枠内のものは枠外からの文脈によって連続性を見つけられるべきことを強調した。結局，心の内だけの葛藤を扱うのではなく，解釈に広がりをもたせる必要を説いたのである。

また，他の比喩としては，クライン（Klein, M.）は心を深い層（layer）のようにみなしたとしており，ウィニコットと同様に対象関係論と呼ばれ，特に母親という内的表象を重視したとしている。

6 心の比喩のまとめと展望

以上のように心のとらえ方を紹介してきたが，それらをおおまかにまとめると以下のような次元が見えてくる。つまり，部分と全体，受動と能動，遺伝（内的影響）と環境（外的影響），空間と非空間，機械と有機体（ミクロとマクロ，固定性と力動性）直列と並列，カオスとシステム，さらにフォーム（特性）と文脈である。またシステムにも機械のような閉鎖システムと有機体のような開放システムがある。

全体の特徴をまとめてみたい。まず領域によって優勢な比喩は異なる。感覚では感知・受容器比喩が，知覚，動機，意識，認知では能動的人間（代理人・小人）比喩あるいは動作主比喩が，記憶では情報処理比喩が，知能では地理的比喩が，発達では生物・有機体比喩が特徴的である。一方，人格では多種多様な比喩が見られ，さまざまな人間観を提供している。しかし，最終的にはすべてに入り込んでいるのがシステム比喩であろう。

次に比喩の歴史的発展を見てみよう。歴史的に見れば動物や生物の比喩を経て，空間比喩さらには機械や情報処理比喩が盛んになり，最近ではシステム比喩や文脈比喩が注目されている。では機械論とかフォーム（特性）が状況文脈主義がまったく異なったものかといえば必ずしもそうではない。例えば，ソーンダイク（Thorndike, E. L.）の試行錯誤説の中の効果の法則は，条件づけという面では機械的であるが，その成立過程を眺めれば，自然淘汰である。つま

り，周囲からの影響（強化）によってしだいに形成されるものであり，後のルーメルハートらによるPDPの思想にもつながっていく。このように，比喩を見ていくのに，単に意味の違いだけでなく，発展経過や包含関係にも着目すべきであろう。例えば，条件づけでは，自然淘汰の結果として結合機械的側面が形成される。また，システムにおいても，認知心理学のところで述べたように，閉鎖ループと開放ループがある。開放ループとは，閉鎖ループで説明できないような，瞬時の対応行動を説明するために生まれた。それゆえに，ゲントナーとグルーディン（Gentner & Grudin, 1985）がいう新たな比喩である。このように，従来の比喩では説明できない時に新たな比喩が飛躍的に現れて連続して発展していく。

一方，心理学の発展におおいに貢献したのはコンピュータの比喩であろう。人間の脳をコンピュータに見立てたのが認知心理学である。しかしこの認知心理学においても比喩の変遷があった。初期の認知心理学にはコンピュータ比喩が華々しく展開された。しかもこの当時の認知主義は，メタ認知に代表されるような調整判断する主体，いわゆる代理人を想定した考えが主流であった。さらに，コンピュータによる比喩のもう1つの特徴としては直列回路があった。しかし直列回路はパターン認識を得意とする脳の働きとは一致せず，それを補うために並列分散処理のような脳モデルも生み出されたわけである。そしてこの並列分散処理のあたりから，状況や淘汰という，いわば周囲と歩調を合わせたり，周囲から決定されたりする意味の比喩が生まれたのである。加えてコントロールや階層構造という比喩も現れてきた。そして，このような状況や文脈の比喩に至ると，代理人比喩は姿を消し，個体は周囲から決定されると考えられている。結局，主体中心ではなく，周囲にしなやかに合わせていくことが大切ということだろうか。これらの比喩は，状況文脈主義あるいは社会的構成主義として，認知心理学における新たな地位を獲得しつつあるが，現在注目されはじめたばかりであり今後の発展が期待される。このように，認知心理学もコンピュータ比喩から状況文脈主義へと移行している。

また，ここまで述べてくれば，例えば人間の頭をコンピュータとみなす考え1つをとっても，従来の知覚，認知，記憶という領域区分も意味をなさないのではないかと思える。領域の壁を取り去り，心理学理論を比喩からまとめると

いう新たな試み（田邊，1996）も必要なのではなかろうか。

　最後に比喩の将来についてふれておきたい。比喩は確かにモデルよりも真実性に欠ける。逆にいえば，比喩はデータから裏づけられて初めてモデルになるともいえ，比喩は1つの見方あるいはメンタルモデルといえる。比喩とは，対象の一部分だけを強調して表現する手法であり，それゆえ全体の対応からすれば誤りというものもある。事実，レアリー（1990）も，比喩は誤りも含み，モデルにいたる過程であるとしている。それゆえ，本研究で紹介した比喩には信憑性に欠けるものもある。比喩に対しては，わかったような気分にさせるだとの批判もある。しかし，比喩はある1面は確かに説明している。その側面を基盤として，わからない部分を説明してくれる新たな比喩を求めてはどうだろうか。

　このように，比喩には弱点もある。しかし，われわれが新たな現象を理解しようとする時に頼るのは何であろう。それは，科学者が描くような理論というより，むしろ単純な見立てといったものではなかろうか。従来まで，心理学研究は比喩から成長したモデルに沿って仮説を立て，それから予想されるデータと実際のデータとがいかに一致するかを見てきた。しかし，人の行動を手早く予測するのには，精巧なモデルをあてにするよりも，まず浮かんでくる比喩を見る方が有用ではなかろうか。いわば，初学者のもつ素朴理論のことである。さらに，新たに生まれる比喩は，その時代の見方をもっとも反映しているといわれる。これから文化が変化したり，科学が変革することにより，どのような比喩が生まれるかを見ていくのも興味深い。

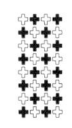

心理学理論の比喩に関する参考図書

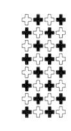

　ここでは国内で刊行されている書籍で本文で詳述できなかったものを，年代順に簡単に紹介する。興味のある方は，ぜひ参照していただきたい。

●精神分析入門〈岩波新書〉(宮城音弥　岩波書店，1956)

　フロイトの理論について，主として物理化学的比喩から説明している。中でも力学理論による説明は興味深い。

●現代心理学要説 (金子隆芳・古崎　敬編　日本文化科学社，1977)

　第5章に，心理学の諸学説と題して，比喩らしい理論が紹介されている。それらの理論の妥当性は定かでないが，錯視の感応場理論などは比喩から見ればおもしろい観点である。

●一般システム理論 (L・ベルタランフィ／長野　敬・太田邦昌訳　みすず書房，1973)

　システムに関する古典的な名著である。第9章に，心理学と精神医学におけるシステム理論が展開されている。古い本にしては，人間を能動的で開放的な有機体システムとしてとらえており，新たな見方を提供している。

●フロイトの読み方〈フロイトの読み方1〉(外林大作　誠信書房，1983)

　この本によると，フロイトの考えには，①経済的考え方，②場所的考え方，③力学的考え方の3つがあるという。また，物理学の比喩についても語られており，エネルギーと質量とに相当するものが，神経細胞と量としている。また心の装置論は，場所論と，力学論，経済的すべてに関係しているといえよう。またエネルギーの配分の考えについても触れられている。

●家族療法入門－システムズ・アプローチの理論と実際－ (遊佐安一郎，星和書店，1984)

　家族療法の記述に入る前に，システムの説明が詳細にされてある。それを読

むだけでも役に立つ。その後，各家族療法研究者のシステム的な考えが展開されている。

他にも，「古典的精神分析ではクライエントの抵抗は閉鎖システムとして扱われるが，クライエントの洞察や自主性が増加して，それがもたらす家族の変化によって逆にその個人に向かってくる圧力への抵抗は開放システムであるとしている」という記述の部分は，閉鎖システムとしての精神分析療法に対して，開放のシステムとしての家族療法理論を対比させている。

●心のモデル－揺れと統合の世界－〈フロンティア・テクノロジー・シリーズ005〉
(斎藤洋典　丸善，1986)

心をシステム理論あるいは均衡理論から説明している。遊びの観点から心を語っている部分は興味深い。他にも，斉藤には感情から記憶をとらえた研究もあり，これから「記憶は感情である」という新たな比喩が提唱されよう。

●心のプログラム (田中　敏　啓文社，1994)

心理学の流れを，比喩とみなせるキーワードからとらえる。古典的認知心理学とコネクショリズムの対比を，表象と非表象の対立ととらえたり，また，自我の変化を主体から交流へととらえたり，また学習者像の変遷についても比喩からとらえている。

●心理学史 (大山　正　1994)
●人格心理学 (鈴木乙史・佐々木正宏　1996)
●精神分析学－その成り立ちと展開－　(牛島定信　1996) 以上，放送大学教育振興会

この3つの書物には，内容の説明のために比喩が豊富に使用されている。最初の『心理学史』にはすべての章にわたって比喩らしき記述があるが，特に14章発達心理学は，比喩に近いモデルによってまとめてある。「人格心理学」には，新行動主義理論，ユングによる心の理論，またストレス理論が比喩から説明されてある。「精神分析」では，フロイトの局所論，経済論，力学論がわかりやすく解説されてある。

●メタファー思考〈講談社現代新書〉（瀬戸賢一　1995，講談社）

　G・レイコフとM・ジョンソンの「レトリックの人生」やM・ジョンソンの「心のなかの身体」に書かれてある内容も多く取り上げられているが，メタファーを悟性メタファーと感性メタファーに分けた点はぜひおさえておきたい。さらに心理学については第3章の「メタファーと現代社会」に詳しい記述がある。

●関係科学への道〈シリーズシリオン1〉（藤澤　等　北大路書房，1996）

　人間をあくまでも個としてとらえるのがこれまでの社会心理学であり，「関係」という観点からとらえなおす必要があるとしている。近年ネットワークという用語が盛んに用いられているのを見ても，そのことがわかろう。この書物は，「関係」あるいは「システム」という視点から社会心理学をとらえ直したものである。

●認知心理学における論争〈心理学のなかの論争1〉（丸野俊一編，ナカニシヤ出版　1998）

　論争ということで，対立する立場それぞれの記述がある。立場自体が比喩といってもよい。例えば，知識や記憶は「頭の中に閉じられたものかそれとも状況に開かれたものか」とか，学習は「模倣か創造か」という論争などは比喩の対比といえよう。

　他，有斐閣の月刊「**書斎の窓**」に1997年に連載された中島義明の連載『**心理学のことば**』の，第1回『「メタ認知」ってなんだろう』（1，2月号），第2回『「処理資源」ってなんだろう』（3月号），第3回『「スキーマ」ってなんだろう』（4月号），第8回『「ヒューマンエラー」ってなんだろう』（6月号）第10回『「現代的知能」ってなんだろう』（12月号）を薦めたい。

　この連載には，比喩がおもしろく，しかもわかりやすく紹介してある。特に，処理資源における「限りない小人化主義」は興味深い内容である。またメタ認知や現代的知能には，知能の新たな方向性が示されている。

◀◀ 引用文献 ▶▶

第 I 部

序章 心理学で比喩を用いる意義
Gentner, D. & Grudin, J. 1985 The evolution of mental metaphors in psychology : A 90-year perspective. *American Psychologist*, **40**(2), 181-192.
Gergen, K. J. 1969 The Psychology of Behavior Exchange. In C. A. Kiesler. (Ed.) *Topics in Social Psychology*. Addison-Wesley Publishing 清水 裕（訳）1977 現代社会心理学の動向1 社会交換の心理学 誠信書房
Lakoff, G. & Johnson, M. 1986 *Metaphors we live by.* Chicago : The University of Chicago Press.
Leary, D. E.(Eds.) 1990 *Metaphors in the history of psychology.* Cambridge : Cambridge University Press.
田邊敏明 1996 心の理論を比喩から学ぶ試み－試案からハイパーテキスト学習への展開－ 山口大学教育学部附属 教育実践研究指導センター紀要，**7**，89-100.

第1章 比喩から見た感覚・知覚
Broadbent, D. E. 1958 *Perception and communication.* Pergamon Press.
Bruner, J. S. & Goodman, C. C. 1947 Value and need as organizing factors in perception. *Journal of Abnormal and Social Psychology*. **42**, 33-44.
Edelman, G. M. 1992 *Bright air, brilliant fire : On the matter of the mind.* New York : Basic Books. 金子隆芳（訳）1995 脳から心へ－心の進化の生物学 新曜社
Gibson, J. J. 1977 The theory of affordances. In R. Shaw. & J. Bransford. (Eds.) *Perceiving, acting, and knowing.* Hillsdale, NJ : Erlbaum.
Guilford, J. P. 1954 *Psychometric methods(2nd Ed.).* New York : McGraw-Hill. 秋重義治（監訳）1959 精神測定法 培風館.
箱田裕司 1987 第3章 知覚と認知 安藤延男・光岡征夫（編）入門心の科学 福村出版 Pp41-56.
早坂泰次郎・上野 矗 1968 高看基礎講座 心理学 第4版 メヂカルフレンド社
Hochberg, J. 1964 *Perception(2nd Ed.)* Prentice-Hall.
Ittelson, W. H. 1952 *The Ames demonstrations in perception.* Princeton, New Jersey : Princeton University Press.
Kanizsa, G. 1979 *Organization in vision : Essays in Gestalt perception.* New York : Praeger.
Kaufman, L. 1974 *Sight and Mind ; An introduction to visual perception.* Oxford University Press.
小松伸一 1991 第2章 理解への認知マップ 6節 練習して覚えるしくみ 山下利之・山下清美（編）教育への認知マップ 垣内出版 Pp77-84.
Neisser, U. 1976 *Cognition and reality : Principles and implications of cognitive psychology.* W. H. Freeman and Company. 古崎 敬・村瀬 旻（訳）1978 認知の構図 サイエンス社
Rumelhart, D. E., McClelland, J. L. & the PDP Research Group. 1986 *Parallel distributed processing : Explorations in the microstructure of cognition(Vol.1).* Cambridge, M. A. : Bradford Books. 甘利俊一（監訳）1990 PDPモデル－認知科学とニューロン回路網の探索－ 産業図書
佐々木正人 1994 岩波科学ライブラリー12 アフォーダンス－新しい認知の理論－ 岩波書店
Schafer, E. & Murphy, G. 1943 The role of autism in a visual figure-ground relationship. *Journal of Experimental Psychology*, **32**, 335-343.
Shiffrin, R. M., Pisoni, D. B. & Castenada-Mendez, K. 1974 Is attension shared between the ears? *Cognitive Psychology*, **6**, 190-216.
Wertheimer, M. 1923 Untersuchungen zur Lehre von der Gestalt, II. *Psychologische Forschung*, **4**, 301-350.

第2章 比喩から見た認知
Bower, G. H., Black, J. B. & Turner, T.J. 1979 Scripts in memory for text. *Cognitive Psychology*, **11**, 177-220.
Bransford, J. D. & McCarrell, N. S. 1975 A sketch of a congitive approach to comprehension : Some

thoughts about understanding what it means to comprehended. In W. B. Weimar & D. S. Palermo. (Eds.) *Cognition and the symbolic processes*. Erlbaum.
Gibson, J. J. 1979 *The ecological approach to visual perception*. Boston : Houghton Mifflin, 古崎 敬・古崎愛子・辻 敬一郎・村瀬 旻（訳）1985 生態学的視覚論 サイエンス社
Klatzky, R. L. 1975 *Human memory : Structures and processes*. W. H. Freeman and Company. 箱田裕司・中溝幸夫（訳）記憶のしくみⅠ・Ⅱ サイエンス社
古崎 敬 1977 第3章 心の機能 金子隆芳・古崎 敬（編）現代心理学要説 日本文化科学社 Pp61-135.
Lindsay, P. H. & Norman, D. A. 1977 *Human information processing : An introduction to psychology(2nd Ed.)*. New York : Academic Press. 中溝幸夫・箱田裕司・近藤倫明（訳）1983 情報処理心理学入門Ⅱ 注意と記憶 サイエンス社
前田 明 1991 5章 太陽が笑っている 認知発達Ⅰ 児童期の認知発達 高野清純（監修）川島一夫（編）図で読む心理学-発達- Pp65-76.
Metzger, W. 1954 *Psychologie*. Dr. Dietrich Steinkopff.
Minsky, M. 1986 *The society of mind*. New York : Simon & Schuster. 安西祐一郎（訳）1990 心の社会 産業図書
Selfridge, O. 1959 *Pandemonuim : A paradigm for learning. In Symposium on the mechanization of thought process*. London : HM Stationery office.
鈴木高士 1989 第4章 既有知識と文書理解 鈴木宏昭・鈴木高士・村山 功・杉本 卓 教科理解の認知心理学 新曜社 Pp153-220.

第3章 比喩から見た記憶

Atkinson, R. C. & Shiffrin, R. M. 1968 Human memory : A proposed system and its control proceses. In K. W. Spence. & J. T. Spence. (Eds.) *The psychology of learning and motivation(Vol.2): Advances in research and theory*. New York : Academic Press.
Bower, G. H., Clark, M. C., Lesgold, A. M. & Winzenz, D. 1969 Hierarchical retrieval schemes in recall of categorized word lists. *Journal of Verbal Learning and Verbal Behavior*, **8**, 338.
Bower, G. H. & Hilgard, E. R. 1981 *Theories of learning(5th Ed.)*. Englewood Cliffs, New Jersey : Prentice-Hall.
Carmichael, L., Hogan, H. P. & Walter, A. A. 1932 An experimental study of the effects of language on the reproduction of visually perceived form. *Journal of Experimental Psychology*, **5**, 73-86.
Collins, A. M. & Quillian, M. R. 1969 Retrieval time from semantic memory. *Journal of Verbal Learning and Verbal Behavior*, **8**, 240-248.
Craik, F. I. M. & Tulving, E. 1975 Depth of processing and the retention of words in episodic momory, *Journal of Experimental Psychology : General*, **104**, 268-294.
Ebbinghaus, H. 1885 *Über das Gedächtnis : Untersuhungen zür Experimentellen Psychologie*. Leipzig : Dunker und Humboldt. 宇津木 保（訳）1978 記憶について-実験心理学への貢献- 誠信書房
海保博之 1980 心理・教育のためのデータ解析入門 日本文化科学社
北尾倫彦・杉村 健 1978 児童学習心理学 有斐閣
古崎 敬 1977 第3章 心の機能 金子隆芳・古崎 敬（編）現代心理学要説 日本文化科学社 Pp61-135.
Lakoff, G. & Johnson, M. 1986 *Metaphors we live by*. Chicago : The University of Chicago Press.
Loftus, E. F. & Palmer, J. C. 1974 Reconstruction of automobile destruction : An example of the interaction between language and memory. *Journal of Verbal Learnig and Verbal Behavior*, **13**, 585-589.
丸野俊一 1994 記憶観の変遷-自己に閉じた記憶観から状況に開かれた記憶観へ- 教育と医学 特集：記憶のふしぎさ 慶應通信 Pp4-12.
Miller, G. A. 1956 Human memory and the storage of information. *IRE transactions on information theory, IT-2*, 129-137.
茂呂雄二 1987 第7章 認知構造 第3節 認知構造の形成と発達 馬場道夫（編）学校教育のための認知学習理論 協同出版 Pp128-136.
Roediger, H. L. III 1980 Memory metaphors in cognitive psychology. *Memory and Cognition*, **8**(3), 231-246.
Sternberg, S. 1966 High speed scanning in human memory. *Sceience*, **153**, 652-654.
Stevens, S.S.(Eds.) 1951 *Handbook of experimental psychology*. Wiley.
山内光哉 1979 第7章 記憶と思考 原岡一馬・河合伊六・黒田輝彦（編）心理学-人間行動の科学 ナ

カニシヤ出版　Pp161-192.

第4章　比喩から見た学習

Ausbel, D. P. & Fitzgerald, D.　1961　The role of discriminability in meaningful verbal learning and retention. *Journal of Educational Psychology*, **52**, 266-274.

藤井悦雄　1971　創造性開発の方法としての発見学習　恩田　彰（編）創造性の教育3　明治図書　Pp60-89.

Garcia, J., Rusiniak, K. & Brett, L.　1977　Conditioning food-illness aversions in wild animals : Caveant canonici. In H. Davis. & H.Hurwits.(Eds.) *Operant-Pavlovian Interactions*. Hilsdale, N. J.: Lawrence Erlbaum Associates.

Hilgard, E. R. & Bower, G. H.　1956　*Theories of learning, third edition*. Appleton-Century-Crofts, Inc. 梅本堯夫（訳）　1972　学習の理論上　培風館

Hull, C. L.　1943　Principle of behavior : *An introduction to behavior theory*. New York : Apleton-Century.

Köhler, W.　1921　*Intelligenzprüfungen an Menschenaffen*. Berlin : Springer.　宮　孝一（訳）　1962　類人猿の知恵試験　岩波書店

佐伯　胖　1984　わかり方の根源　小学館

Seligman, M. E. P. & Maier, S. F.　1967　Failure to escape traumatic shock. *Journal of Experimental Psychology*, **74**, 1-9.

Thorndike, E. L.　1911　*Animal intelligence*. New York : Macmillan.

十島雍蔵　1989　心理サイバネティクス　ナカニシヤ出版

Tolman, E. C. & Honzik, C. H.　1930　Introduction and removal of reward, and maze performance in rats. *University of California Publications in Psychology*, **4**, 257-275.

Wiener, N.　1948　*Cybernetics : Or control and communication in the animal and the machine*. 池原止戈夫・彌永昌吉・室賀三郎・戸田　巌（訳）　1962　サイバネティックス－動物と機械における制御と通信　岩波書店

第5章　比喩から見た欲求

Bertalanffy, L.　1968　*General system theory : Foundation, development, applications*. New York : George Braziller　長野　敬・太田邦昌（訳）　1973　一般システム理論－その基礎・発展・応用　みすず書房

DeCarvalho, R. J.　1991　*The growth hypothesis in psychology : The humanistic psychology of Abraham Maslow and Carl Rogers*. Mellen Research University Press.　伊東　博（訳）　1994　ヒューマニスティック心理学入門－マズローとロジャース－　新水社

deCharms, R.　1968　*Personal causation : The internal affective determinants of behavior*. New York : Academic Press.

Deci, E. L.　1975　*Intrinsic motivation*. New York : Plenum.

Dweck, C. S.　1986　Motivational process affecting learning. *American Psychologist*, **41**, 1040-1048.

Harlow, H. F.　1958　The nature of love. *American Psychologist*, **13**, 673-685.

Harlow, H. F.　1959　Love in infant monkeys. *Scientific American*, **200**, 68-74.

早坂泰次郎・上野　矗　1984　看護基礎講座　心理学　第4版　メヂカルフレンド社

Heron, W.　1957　The pathology of boredom. *Scientific American*, **196**, 52-58.

Hurlock, E. B.　1925　An evaluation of certain incentives used in school work. *Journal of Educational Psychology*, **16**, 145-159.

Lepper, M. R., Greene, D. & Nisbett, R. E.　1973　Undermining children's intrinsic interest with extrinsic rewards : A test of the overjustification hypothesis. *Journal of Personality and Social Psychology*, **28**, 129-137.

Lewin, K.　1935　*Dynamic theory of personarity*. New York : McGraw-Hill.

Maslow, A. H.　1954　*Motivation and personarity*. Harper & Row.

Morris, C. G.　1976　*Psychology(2nd ed.)*. Prentice-Hall.

佐藤精一　第3章　欲求と行動　原岡一馬・河合伊六・黒田輝彦（編）　1979　心理学－人間行動の科学－ナカニシヤ出版　Pp59-84.

Schachter, S.　1959　*The psychology of affiliation : Experimental studies of the sources of gregariousness*. Stanford, Carifornia : Stanford University Press.

外山滋比古　1983　思考の整理学　筑摩書房

Weiner, B.　1974　*Achievement motivation and attribution theory*. General Learning Corporation.

第6章 比喩から見た思考

Anderson, J. R. 1980 *cognitive psychology and its implication*. San Francisco and London : W. H. Freeman and Company. 冨田達彦・増井 透・川崎恵理子・岸 学（訳） 1982 認知心理学概論 誠信書房

Bower, T. G. R. 1979 *Human Development*. San Francisco : Freeman. 鯨岡 峻（訳） 1982 ヒューマン・ディベロップメント ミネルヴァ書房.

Case, R. 1978 Piajet and beyond : Toward a developmental based theory andtechnology of instruction. In R. Graser. (Ed.) *Advances in instructional psychology(Vol.1)*. Hillsdale, N. J.: Lawrence Erlbaum Associates. 吉田 甫（訳） 1984 ピアジェを越えて－教科教育の基礎と技法 サイエンス社

Gick, M. L. & Holyoak, K. L. 1980 Analogical problem solving. *Cognitive Psychology*, **12**, 306-355.

Gick, M. L. & Holyoak, K. L. 1983 Schema induction and analogical transfer, *Cognitive Psychology*, **15**, 1-38.

市川亀久彌 1970 創造性の科学－図解・等価変換理論入門－ 日本放送協会

Johnson-Laird, P. N. 1983 *Mental models*. Cambridge : Cambridge University Press.

Lefford, A. 1946 The influence of emotional subject matter on logical reasoning. *Journal of General Psychology*, **34**, 127-151.

Luchins, A.S. 1942 Mechanization in problem solving : The effect of einstellung. *Psychological Monographs*, **248**(Vol.54, No.6)

Maier, N. R. F. 1931 Reasoning in humans : II. The solution of a problem and its appearance in consciousness. *Journal of Comparative Psychology*, **12**, 181-194.

Mayer, R. E. 1977 *Thinking and problem solving : An introduction to human cognition and learning*. Glenview : Scott, Foresman. 佐古順彦（訳） 1979 新思考心理学入門－人間の認知と学習へのてびき－ サイエンスサイブラリ 心理学10 サイエンス社

Siegler, R. S. 1976 Three aspects of cognitive development. *Cognitive Psychology*, **8**, 481-520.

田邊敏明 1989 4章 青年期の知的発達 平井誠也・藤土圭三（編）青年心理学要論 北大路書房 Pp41-59.

内田伸子 1992 1章 学習はどのように進むか 1節 認知発達の過程 吉田 甫・栗山和広（編）教室でどう教えるかどう学ぶか－認知心理学からの教育方法論－ 北大路書房 Pp2-26.

Wason, P. C. & Schapiro, D. 1971 Natural and contrived experience in a reasoning task. *The Quarterly Journal of Experimental Psychology*, **23**, 63-71.

Wallas, G. 1926 *The art of thought*. New York : Harcourt Brace Jovanovich.

湯澤正通 1994 第5章 帰納推理 多鹿秀継（編）認知と思考－思考心理学の最前線－ サイエンス社 Pp78-99.

第7章 比喩から見た知能

Cattell, R. B. 1963 Thoery of fluid and crystallized intelligence :A critical experiment. *Journal of Educational Psychology*, **54**, 1-22.

Chiu, C., Hong, Y. & Dweck, C. S. 1994 Toward an integrative model of personarity and intelligence : a general framework and some preliminary steps. In R. J. Sternberg. & P. Ruzgis. (Eds.) *Personarity and intelligence*. Cambridge : Cambridge University Press.

Eysenck, H. J. 1994 Personality and intelligence : Psychometric and experimental approaches. In R. J. Sternberg & P. Ruzgis. (Eds.) *Personarity and intelligence*. Cambridge : Cambridge University Press.

Gardner, H. 1983 Frames of mind : *The theory of multiple intelligences*. New York : Basic.

Guilford, J. P. 1967 *The nature of human intelligence*. New York : McGraw-Hill.

Horn, J. L. & Cattell, R. B. 1966 Age differences in primary mental ability factors. *Journal of Gerontology*, **21**.

子安増生 1989 社会的知能の研究－文献展望－ 京都大学教育学部紀要, **35**, 134-153.

中島義明 1997 有斐閣－書斎の窓－ 連載『心理学のことば』第10回「現代的知能」ってなんだろう（12月号）有斐閣 Pp28-33.

中西信夫 1995 英智の心理 ナカニシヤ出版

澤口俊之 1989 知性の脳構造と進化－精神の生物学序論－ 海鳴社

Spearman, C. E. 1904 General intelligence, objectively determined and measured. *American Journal of Psychology*, **15**, 201-292.

Sternberg, R. J. 1985 *Beyond IQ : A triarchic theory of human intelligence(5th ed.)*. Cambridge ; Cambridge University Press.

Sternberg, R. J. 1990 *Wisdom : Its nature, origins, and development*. Cambridge : Cambridge University Press.
Sternberg, R. J. 1994 Thinking styles : Theory and assessment at the interface between intelligence and personarity. In R. J. Sternberg & P. Ruzgis. (Eds.) *Personality and intelligence*. Cambridge : Cambridge University Press.
Sternberg, R. J. 1996 *Successful Intelligence*. New York : The Jeff Herman Agency. 小此木啓吾・遠藤公美恵（訳）1998 サクセスフル・インテリジェンス 知脳革命－ストレスを超えて実りある人生へ 潮出版社
Sternberg, R. J., Conway, B. F., Ketron, J. L. & Bernstein, M. 1981 People's conceptions of intelligence. *Journal of Personarity and Social Psychology*, **41**, 37-55.
Thurstone, L. L. 1938 Primary mental abilities. *Psychometric Monograph*, No.1.
Wechsler, D. 1944 *The measurement of adult intelligence*. Baltimore : Williams & Wilkins.

第8章 比喩から見た発達

荒木紀幸 1987 あなたがわかるわたしがわかる心理学 ナカニシヤ出版
Bertalanffy, L. 1968 *General system theory : Foundation, development, applications*. New York : George Braziller 長野 敬・太田邦昌（訳）1973 一般システム理論－その基礎・発展・応用－ みすず書房
Blos, P. 1967 The second individuation process of adolescence. *The Psychoanalytic of the child*, **22**, 162-186.
Bridges, K. M. B. 1932 Emotional development in early infancy. *Child development*, **3**, 324-341.
Erikson, E. H. 1959 *Identity and the life cycle*. New York : International University Press. 小此木啓吾（訳）1973 自我同一性 誠信書房
Fillmore, C. J. 1968 The case for case. In E. Bach. & R. T. Harms. (Eds.) *Universals in linguistic theory*. New York : Holt, Rinehart & Winston.
平本幸男・毛利秀雄 1994 生物学概論 放送大学教育振興会
市川亀久彌 1970 創造性の科学－図解・等価変換理論入門－ 日本放送協会
Jensen, A. R. 1968 Social class, race, and genetics : Implication for education. *American Educational Research Journal*, **5**, 1-41. 東 洋 1969 第1章 知的行動とその発達 桂 広介・園原太郎・波多野完治・山下俊郎・依田 新（監）＜児童心理学講座4＞認識と思考 金子書房 Pp3-23.
河合隼雄 1992 子どもと学校 岩波書店
鯨岡 俊 1996 Ⅲ現象学の系譜 現象学の視点－生き生きした発達事象に迫る－ 浜田寿美男（編） 別冊発達20 発達の理論－明日への系譜－ ミネルヴァ書房 Pp116-134.
Lahey, B. B. & Johnson, M. S. 1978 *Psychology and instruction : A practical approach to educational psychology*. 宮原英種（監訳） 1983 教室で生きる教育心理学 新曜社
Mahler, M. S. & Laperriere, R. 1965 Mother-child interactions during separation-individuation. *Psychoanalytic Quarterly*, **34**, 483-489.
Mayer, R. E. 1981 *The promise of cognitive psychology*. San Fransisco ; W. H. Freeman. 多鹿秀継（訳）1983 ライブラリ認知心理学 認知心理学のすすめ サイエンス社
村井潤一 1995 発達について －発達心理学と私－ 日本教育心理学会（編）教育心理学年報 第34集 1994年度版 Pp24-27.
村瀬 学 1990 第1部 発達論の周辺－発達論と子ども論，人間論 「大人」はどこにいるのか 浜田寿美男・無藤 隆・岩田純一・松沢哲郎（編）別冊発達10 発達論の現在 Pp17-29.
長尾 博 第9章 青年の家族関係 平井誠也・藤土圭三（編）青年心理学要論 北大路書房 Pp123-135.
野呂 正（編）1983 幼児心理学 朝倉書店
大山 正 1994 心理学史 放送大学教育振興会
小此木啓吾 1978 モラトリアム人間の時代 中央公論新社
Piaget, J. 1930 *Le judgement moral chez l'enfant*. 大伴 茂（訳）1977 ピアジェ臨床児童心理学Ⅲ 児童の道徳判断の発達 同文書房
Plutchik, R. 1960 The multifactor analytic theory of emotion. *Journal of Psychology*, **50**, 153-171.
多鹿秀継（編）1994 認知と思考－思考心理学の最前線－ サイエンス社
田島信元 1996 Ⅱ共同性論の系譜 ヴィゴツキー －認識の社会的構成論の展開－浜田寿美男（編）別冊発達20 発達の理論－明日への系譜－ ミネルヴァ書房
滝沢武久 1973 ピアジェの発達段階の意義と特徴 東 洋・大山 正・詫摩武俊・藤永 保（編）心理用語の基礎知識 有斐閣 P235.
Watson, J. B. 1930 *Behaviorism(Revised Ed.)*. Norton & Company.

第9章 比喩から見た人格

秋山俊夫　1979　第8章　パーソナリティ　原岡一馬・河合伊六・黒田輝彦（編）　1979　心理学－人間行動の科学－　ナカニシヤ出版　Pp195-228.
Berne, E.　1958　Transactional analysis in group therapy. *American Journal of Psychotherapy*, **12**, 734-742.
Brenner, C.　1955　*An elementary textbook of psychoanalysis*, International University Press. 山根常男・本村　汎（訳）　1965　精神分析の基礎理論　誠信書房
DeCarvalho, R. J.　1991　*The growth hypothesis in psychology : The humanistic psychology of Abraham Maslow and Carl Rogers*. Mellen Research University Press. 伊東　博（訳）　1994　ヒューマニスティック心理学入門－マズローとロジャース－　新水社
Freud, A.　1946　*The ego and the mechanism of defence*. Translated by C. M. Baines. New York : International University Press. 外林大作（訳）　1958　自我と防衛　誠信書房
石田　潤　1995　Column7　ロジャースの自己理論　石田　潤・岡　直樹・桐木建始・富永大介・道田泰司　ダイアグラム心理学　北大路書房　P176.
早坂泰次郎・上野　矗　1968　高看基礎講座　心理学　第4版　メヂカルフレンド社
Hendrick, I.　1967　*Facts and theories of psychoanalysis*. Alfred A. Knopf, Inc. 前田重治・杉田峰康（訳）　1975　フロイト心理学入門　岩崎学術出版社
東山紘久　1982　遊戯療法の世界－子どもの内的世界を読む　創元社
平木典子　1992　1家族の心理構造　岡堂哲雄（編）家族心理学入門　培風館　Pp13-23.
河合隼雄　1992　子どもと学校　岩波書店
Koch, C.　1952　*The tree test : The tree-drawing test as an aid in psychodiagnosis*. Verlag hans Huber. 林　勝造・国吉政一・一谷　彊（訳）　1970　バウムテスト－樹木画による人格診断法－　日本文化科学社
Kretschmer, E.　1955　*Körperbau und Character(21/22. Aufl.)*. Berlin : Springer.　相場　均（訳）　1961　体格と性格　文光堂
前田重治　1985　図説臨床精神分析学　誠信書房
三隅二不二　1978　リーダーシップ行動の科学　有斐閣
宮城音弥　1959　精神分析入門　岩波新書
宮城音弥　1970　性格　岩波書店
小田　晋　1990　第6章　地域社会における精神保健　早坂泰次郎・長谷川　浩・柏木哲夫（編）系統看護学講座　専門基礎11　精神保健　医学書院　Pp109-133.
岡田康伸　1989　第II章　箱庭療法　河合隼雄・水島恵一・村瀬孝雄（編）臨床心理学大系9　心理療法3　金子書房　Pp27-46.
大山　正　1994　心理学史　放送大学教育振興会
Rogers, C. R.　1951　*A theory of personality and behavior*. In *Client-centered therapy*. Boston : Houghton Mifflin. 友田不二男（訳）　1967　パーナリティと行動についての一理論　伊東　博（編訳）　ロジャース全集8　パーソナリティ理論　岩崎学術出版社　Pp.89-162.
佐伯　胖　1984　わかり方の根源　小学館
生和秀敏　1978　第4章　パーソナリティと適応　西山　啓・山内光哉（監修）　目でみる教育心理学　ナカニシヤ出版　Pp89-116.
新里里春　1978　エゴグラムのタイプ　交流分析研究, **3(1)**, 2-9.
Staude, J. R.　1981　*The adult development of C. G. Jung*. Routledge & Kegan Poul.
田畑　治　1995　第9章　心理療法とは何か　田畑　治（編）臨床心理学－その発展と課題の広がり－　放送大学教育振興会　Pp80-88.
竹内信子　1979　第9章　交流分析　三谷恵一・管　俊夫（編）医療と看護の心理学　ナカニシヤ出版　Pp149-164.
横田象一郎　1949　クレペリン・内田精神作業検査法解説　金子書房

第10章 比喩から見た社会心理

飽戸　弘　1970　適合の原理　東　洋・大山　正・詫摩武俊・藤永　保（編）心理学の基礎知識　有斐閣　Pp264-265.
Aronson, E. & Mills, J.　1959　The effects of severity of initiation on linking for a group. *Journal of Abnormal and Social Psychology*, **59**, 177-181.
Asch, S.E.　1951　Effects of group pressure upon the modification and distortion of judgements. In H. Guetzkow. (Ed.) *Groups, leadership and men*. New York : Carnegie Press.
原岡一馬　1979　第10章　社会的行動　原岡一馬・河合伊六・黒田輝彦（編）　1979　心理学－人間行動の

科学－　ナカニシヤ出版　Pp255-290.
磯崎三喜年　1988　第8章　対人行動と集団場面の心理－人とのどのように影響しあうか－　堀端孝司・高橋超・磯崎三喜年（編）人間行動論入門－心と行動をさぐる－　北大路書房　Pp125-145.
Kelley, H. H.　1950　The warm-cold variables on first impression of persons. *Journal of Personality*, **18**, 431-439.
Latané, B. & Darley, J. M.　1970　*The unresponsive by stander : Why doesn't he help?* New York : Appleten-Century-Crofts.　竹村研一・杉崎和子（訳）　1977　冷淡な傍観者－思いやりの社会心理学－　ブレーン出版
Lewin. k., Lippitt, R. & White, R. K.　1939　Patterns of aggressive behavior in experimentally created social climates. *Journal of Social Psycholoy*, **10**, 271-299.
McGuire, W. J.　1964　Inducing resistance to persuasion : Some contemporary approaches. In L. Berkowitz(Ed.) *Advances in Experimental Social Psychology. Vol.1.* New York : Academic Press.
Milgram, S.　1974　*Obedience to authority : An experimental view.* New York : Harper & Row.
三隅二不二　1978　リーダーシップ行動の科学　有斐閣
Singer, J. E.　1980　Social comparison : The process of self-evaluation. In L. Festinger. (Ed.) *Retrospections on social psychology.* New York : Oxford University Press.
田中熊次郎　1965　児童集団心理学　明治図書
田崎篤郎・高木　修　1970　バランス理論　東　洋・大山　正・詫摩武俊・藤永　保（編）心理学の基礎知識　有斐閣　P263.

第 II 部

第11章　心理学全領域を扱う比喩

Altman, I. & Rogoff. B.　1987　Chapter 1 World views in psychology : Trait, interactional, organismic, and transactional perspectives. In D. Stokols. & I. Altman(Eds.) *Handbook of environmental psychology.* New York : Wiley.
Collins, A. M. & Quillian, M. R.　1969　Retrieval time from semantic memory. *Journal of Verbal Learning and Verbal Behavior*, **8**, 240-248.
Gentner, D. & Grudin, J.　1985　The evolution of mental metaphors in psychology : A 90-year perspective. *American Psychologist*, **40**(2), 181-192.
Lakoff, G. & Johnson, M.　1986　*Metaphors we live by.* Chicago : The University of Chicago Press.
Lashley, K. S.　1960　In search of the engram. In F. A. Beach, D. O. Hebb, C. T. Morgan. & H. W. Nissen. (Eds.) *The Neuropsychology of Lashley.* New York : McGraw-Hill.
Lashley, K. S.　1963　Brain mechanisms and intelligence. : *A quantitative study of injuries to the brain.* New York : Dover.
中島義明　1997　有斐閣－書斎の窓－　連載『心理学のことば』第10回「現代的知能」ってなんだろう（12月号）　有斐閣　Pp28-33.
Pepper, S. C.　1942　*World Hypotheses*.: A study in evidence. Berkeley, California : University of California Press.
Sarbin, T. R.　1986　The narrative as a root metaphor for psychology. In T. R. Sarbin(Eds.) *Narrative Psychology.* New York : Praeger.　長田久雄（訳）　1991　心理学の根元的メタファーとしての悟り　田中一彦（編）　現代のエスプリ286　メタファーの心理　至文堂
Soyland, A. J.　1994　*Psychology as Metaphor.* London : SAGE Publications.
Sternberg, R. J., Conway, B. F., Ketron, J. L. & Bernstein, M.　1981　People's conceptions of intelligence. *Journal of Personality and Social Psychology*, **41**, 37-55.

第12章　領域別における比喩

Adams, J. A.　1971　A closed-loop theory of motor learning. *Journal of Motor Behavior*, **3**, 111-150.
Allport, G. W.　1955　*Becoming : Basic considerations for a psychology of personarity.* New Haven : Yale University Press.
Arkes, H. R. & Gaske, J. P.　1977　*Psychological theories of motivation.* Monterey, CA : Brooks/Cole.
Atkinson, R. C. & Shiffrin, R. M.　1968　Human memory : A proposed system and its control proceses. In K. W. Spence. & J. T. Spence.(Eds.) *The psychology of learning and motivation(Vol.2).* New York : Academic Press.
Attneave, F.　1954　Some informational aspects of visual perception. *Psychological Review*, **61**, 183-193.
Averill, J. A.　1990　Inner feelings, works of the flesh, the beast within, diseases of the mind, driving

引用文献

force, and putting on a show: Six metaphors of emotion and their theoretical extensions. In Leary, D. E.(Eds.) *Metaphors in the history of psychology*. Cambridge: Cambridge University Press.
Bartlett, F. C. 1932 *Remembering: A study in experimental and social psychology*. Camabridge: Cambridge University Press.
Bernbach, H. A. 1969 Replication processes in human memory and learning. In G. H. Bower. & J. T. Spence.(Eds.) *The psychology of learning andmotivation(Vol.3)*. New York: Academic Press.
Broadbent. D. E. 1958 *Perception and communication*. New York: Pergamon.
Broadbent, D. E. 1971 *Decision and stress*. New York: Academic Press.
Bruner, J. & Feldman, C. F. 1990 Metaphors of consciousness and cognition in the history of psychology. In D. E. Leary.(Eds.) *Metaphors in the history of psychology*. Cambridge: Cambridge University Press. 田中一彦 1991 心理学史における意識と認知のメタファー 田中一彦(編) 1991 現代のエスプリ286 メタファーの心理 至文堂
Cannon, W. B. 1932 *The wisdom of the body*. New York: Norton.
Collins, A. M. & Quillian, M. R. 1970 Facilitating retrieval from semantic memory: The effect of repeating part of an inference. *Acta Psychologica*, **33**, 304-314.
Craik, F. I. M. & Lockhart, R. S. 1972 Levels of processing: A framework for memory research. *Journal of Verbal Learnig and Verbal Behavior*, **11**, 671-684.
de Charms, R. 1968 *Personal causation: The internal affective determinants of behavior*. New York: Academic Press.
Edelman, G. M. 1992 *Bright Air Brilliant Fire*. New York: BasicBooks. 金子隆芳(訳) 1995 脳から心へ－心の進化の生物学－ 新曜社
Estes, W. K. 1955 Statistical theory of spontaneous regression and recovery. *Psychological Review*, **62**, 145-154.
Eysenck, H. J. & Kamin, L. 1981 *Intelligence: The battle for the mind*. London: Macmillan Press and Pan Books.
Freud, S. 1952 *A general introduction to psychoanalysis*. New York: Washington Square Press.
福井康之 1990 感情の心理学 川島書店
Gardner, H. 1983 *Frames of mind: The theory of multiple intelligences*. New York: Basic.
Gazzaniga, M. S. 1985 *The socail brain: Discovering the networks of the mind*. New York: Basic Books.
Gentner, D. & Grudin, J. 1985 The evolution of mental metaphors in psychology: A 90-year perspective. *American Psychologist*, **40**(2) 181-192.
Gibson, J. J. 1977 The theory of affordances. In R. Shaw & J. Bransford.(Eds.) *Perceiving, acting, and knowing*. Hillsdale, NJ: Erlbaum.
Gibson, J. J. 1979 *The ecological approach to visual perception*. Boston: Houghton Mifflin. 古崎 敬・古崎愛子・辻敬一郎・村瀬 旻(訳) 1985 生態学的視覚論 サイエンス社
林 道義 1998 図解ユング－自己実現と救いの心理学－ 河出書房新社
Hoffman, R. R., Cochran, E. L. & Nead, J. M. 1990 Cognitive metaphors in experimental psychology. In D. E. Leary.(Eds.) *Metaphors in the history of psychology*. Cambridge: Cambridge University Press.
Homans, G. W. 1950 *The human group*. New York: Harcourt Brace.
Hunt, E. L. 1971 What kind of computer is man? *Cognitive Psychology*, **2**, 57-98.
James, W. 1890 *Principles of psychology*. New York: Holt.
Kahneman, D. 1973 *Atention and effort*. Englewood Cliffs, NJ: Prentice-Hall.
小松伸一 1991 第2章 理解への認知マップ 6節 練習して覚えるしくみ 山下利之・山下清美(編) 教育の認知マップ 垣内出版 Pp77-84.
子安増生 1989 社会的知能の研究－文献展望－ 京都大学教育学部紀要，**35**, 134-153.
楠見 孝 1992 記憶のメタファー 佐々木正人(編) 現代のエスプリ No. 298 エコロジカルマインド－生活の認識－
Langs, R. 1979 *The therapeutic environment*. New York: Jason Aronson.
Leary, D. E.(Eds.) 1990 *Metaphors in the history of psychology*. Cambridge: Cambridge University Press.
Li, R. 1996 *A theory of conceptual intelligence: Thinking, learning, creativity, giftedness*. Westport: Praeger.
Lindsay, P. H. & Norman, D. A. 1977 *Human information processing*. New York: Academic Press.
Loftus, E. F. 1977 How to catch a zebra in semantic memory. In R. Shaw. & J. Bransford.(Eds.) *Perceiving, acting and knowing*. Hillsdale, N. J: Erlbaum.

MaCKay, D. M. 1956 Towards an information-flow model of human behavior. *British Journal of Psychology*, **47**, 30-43.
MaCKay, D. M. 1966 Cerebral organization and the concious control of action. In J. C. Eccles.(Ed.) *Brain and conscious experience*. Springer Verlag.
丸野俊一 1994 記憶観の変遷-自己に閉じた記憶観から状況に開かれた記憶観へ- 教育と医学 特集：記憶のふしぎさ 慶應通信 Pp4-12.
McDougall, W. 1908 *Introduction to social psychology*. London : methuen.
McDougall, W. 1920 *The group mind : A sketch of the principles of collective psychology*. New York : Putnam's.
McReynolds, P. 1990 Motives and metaphors : A study in scientific creativity. In Leary, D. E.(Eds.) *Metaphors in the history of psychology*. Cambridge : Cambridge University Press.
Metcalfe, J. 1990 Composite holographic associative recall model(CHARM) and blended memories in eyewitness testimony. *Journal of Experimental Psychology : General*, **119**, 145-160.
Miller, G. A. 1956 Humen memory and the storage of information. *IRE Trnsaction on Information Theory*, IT -2, 129-137.
Miller, G. A., Galanter, E. & Pribram, K. H. 1960 *Plans and the structure of behavior*. NewYork : Holt.
Milner, M. 1957 *On not being able to paint*. New York : International University Press.
Minsky, M. 1986 *The social of mind*. New York : Simon & Schuster. 安西祐一郎（訳）1990 心の社会 産業図書
Murdock, B. B. 1974 *Human memory : Theory and data*. Hillsdale, N. J : Erlbaum.
中島義明 1997 有斐閣-書斎の窓- 連載『心理学のことば』第10回「現代的知能」ってなんだろう（12月号）有斐閣 Pp28-33.
Norman, D. A.(Ed.) 1981 *Perspectives on cognitive science*. Nornwood, N. J. : Abex. 佐伯 胖（監訳）1984 認知科学の展望 産業図書
Olds, L. E. 1992 *Metaphors of interrelatedness : Toward a systems theory of psychology*. New York : State university of New York Press.
Pavio, A. 1969 Mental imagery in associative learning and memory. *Psychological Review*, **76**, 241-263.
Pepper, S. C. 1942 *World Hypotheses*.: A study in evidence. Berkeley, California : University of California Press.
Posner, M. I. & Konick, A. F. 1966 On the role of interference in short term retention. *Journal of Experimental Psychology*, **72**, 221-231.
Postman, L. & Underwood, B. J. 1973 Critical issues in interference theory. *Memory & Cognition*, **1**, 19-40.
Pribram, K. H. 1971 *Languages of the brain : Experimental paradoxes and principles in neuropsychology*. Englewwood Cliffs, N. J : Prentice-Hall.
Pribram, K. H. 1990 From metaphors to models : the use of analogy in neuro-psychology. In D. E. Leary.(Eds.) *Metaphors in the history of psychology*. Cambridge : Cambridge University Press.
Reed, E. S. & Jones, R. 1978 Gibson's theory of perception : A case of hasty epistemologizing? *Philosophy of Science*, **45**, 519-30.
Roediger, H. L. III 1980 Memory metaphors in cognitive psychology. *Memory and Cognition*, **8**, 231-246.
Rotter, J. B. 1966 Generalized expectancies for internal versus external control of reinforcement. *Psychological Monographs*, **80**(1, Whole No. 609).
Rumelhart, D. E., McClelland, J. L. & the PDP Research Group. 1986 *Parallel distributed processing : Explorations in the microstructure of cognition(Vol. 1)*. Cambridge, M. A.: Bradford Books.
Russell, B. 1948 *Human knowledge*. New York : Simon & Schuster.
Sarbin, T. R. 1986 The narrative as a root metaphor for psychology. In T. R. Sarbin.(Ed.) *Narrative Psychology ;The storied nature of human conduct*. New York : Praeger.
Selfridge, O. 1959 Pandemonuim : *A paradigm for learning. In Symposium on the mechanization of thought process*. London : HM Stationery office.
Schmidt, R. A. 1975 A schema theory of discrete motor skill learnig. *Psychological Review*, **82**, 225-260.
Siegelman, E. Y. 1990 *Metaphor & meaning in psychotherapy*. New York : The Guilford Press.
Sternberg, R. J. 1990 *Wisdom : Its nature, origins, and development*. Cambridge : Cambridge University Press.

Sternberg, S. 1966 High-speed scanning in human memory. *Science*, **153**, 652-654.
菅井勝雄 1983 人工知能と人間の思考 第8章 人工知能と人間の思考 八木 冕（監修） 坂元 昂（編） 現代基礎心理学第7巻 思考・知能・言語 東京大学出版会 Pp211-242.
竹村和久 1993 第7章 情動・動機づけ 佐藤 香（編）心理学マインド ナカニシヤ出版 Pp131-148.
田邊敏明 1996 心の理論を比喩から学ぶ試み－試案からハイパーテキスト学習への展開－ 山口大学教育学部附属 教育実践研究指導センター紀要, **7**, 89-100.
Thibaut, J. W. & Kelley, H. H. 1959 *The social psychology of groups*. New York : Wiley.
Tulving, E. 1972 Episodic and semantic memory. In E. Tulving. & W. Donaldson.(Eds.) *Organization of memory*. New York : Academic Press.
Tulving, E. & Thomson, D. 1973 Encoding specificity and retrieval processes in episodic memory. *Psychological Review*, **80**, 352-373.
Wagman, M. 1996 *Human intellect and cognitive science : Toward a general unified theory of intelligence*. New York : Praeger.
Weiner, B. 1991 Metaphors in motivation and attribution. *American psychologist*, **46**(9), 921-930.
Winnicott, D. W. 1971 *Playing and reality*. London : Tavistock.
Zajonc, R. B. 1965 Social facilitation. *Science*, **149**, 269-274.

◀◀ 事項索引 ▶▶

○ア
アフォーダンス　24,183
暗唱（リハーサル）　35
暗黙の性格観　171

○イ
鋳型　17,25-27,46,61
鋳型照合モデル　25
鋳型比喩　25
閾　8
移行対象　218
意識　177,203
1次的欲求　64
一般因子　93,211
一般問題解決プログラム（GPS）　83
遺伝　106
遺伝的柔軟性　174
イド　130,133
意味記憶　204
意味のネットワークモデル　42

○ウ
内田クレペリン検査　148

○エ
英智　102
エイムズの部屋　15
エゴグラム　146
S-R説　51
S-S説　54
エピソード記憶　204
援助行動　156
遠心性複写理論　184
エンメルトの法則　12

○オ
オープンシステムモデル　143
親への成り込み　123
オリジン　71,122,190,192

音響的貯蔵庫　203

○カ
絵画的手がかり　12
階層構造　98,220
回想的記憶　47
階層比喩　37
階層理論　214
概念駆動　182
外発的動機づけ　70
開放システム　58,69
開放ループ　184,185,220
快楽原則　133
可逆性　78
拡散的思考　76
学習　151,176
学習された無力感　54
カクテルパーティー効果　21,185
核文法　113
仮現運動　13
仮説　61
仮説構成体　3
画像的貯蔵庫　203
家族システム理論　143
家族療法　6,169,200
課題遂行機能　155
葛藤状態　72
活動的な代理人　175
カテゴリー化　39
神比喩　193,195
仮面　126
感覚　7
感覚運動期　212
感覚運動的知能　77,118
感覚遮断の実験　66
感覚受容器　31
感覚登録器　37
環境　24,105
環境閾値説　107

● *238* ● 事項索引

関係発達論　123
間主観的　188
干渉説　48,207
感知器　8,9

○キ
記憶　33
記憶痕跡　183
記憶の変容　44
機械的記憶　47
機械比喩　191,193,194
機械論　170,219
気質　191
帰属理論　195
期待−価値理論　195
機能的固着　76
機能的自律　68
記銘　34
共感覚現象　114
共感的理解　137
共鳴比喩　206
局所論　130

○ク
空間　33
空間貯蔵比喩　36
空間的知覚　12
空間比喩　130,166,169,201,203
具体的操作　78,118
具体的操作期　111
群化　19

○ケ
経験理論　97,214
経済的トレードオフ　186
形式的操作　79,118
形式的操作期　92,212
系列的悉皆型走査　38
劇場　188
ゲシュタルト心理学　18,54,151
ゲシュタルト体制化　19
ゲシュタルト（形態）の原理　14
結晶性因子　94
結晶性知能　97
欠乏欲求　69
原因帰属　72
限界容量説　22
言語性知能　94,95
言語理論　206

顕在夢　131
検索　33
検索失敗説　49
検索比喩　201
現実原則　133
原子論的見方　187
建築比喩　196

○コ
交換理論　6,198
好奇欲求　66
後光効果　158
構成　46
構成主義　165
構成主義心理学　3
構成比喩　205
構造論　133
後天的な欲求　64
行動主義　109,215
行動の報酬　198
行動特殊エネルギーモデル　191
行動療法　140
合法性　198
交流作用　172
刻印づけ　109
古典的条件づけ　52
コミュニケーション　213
コミュニティー心理学　143,200
根元的比喩　170
痕跡　35
コンピュータ　31,38,49,180,220
コンピュータ比喩　207,211,220
コンポーネント理論　97

○サ
サーモスタット　58,65
斉一性の圧力　153
再生　34
最適化理論　192
サイバネティックシステム　58
サイバネティックス　58,179
細胞分裂　105,117
作業記憶　37,204
作業曲線　149
作業検査法　148

○シ
GPS　169
シェイピング　60

事項索引 ● *239* ●

シェマ（scheme） 31
自我 130,133
自我同一性 119
自我の防衛機制 131,134
字義的言語 4
軸語 112
刺激－反応方略 197
資源比喩 22
自己 199
自己一致 137
試行錯誤説 54
自己概念 136
自己教育力 59
自己実現の欲求 69
辞書 204
システム 219,220
システム比喩 130,167,169,193,213,219
システム理論 5,215
自然淘汰 219,220
自然崩壊説 48
実存的療法 199
疾病性 142
実用的知能 97,214
実用論的スキーマ 88
自動運動 17
自明の理 162
社会学的比喩 212
社会システム療法 200
社会的学習理論 120
社会的環境 175
社会的構成主義 220
社会的促進 197
社会的知覚 16
社会的知能 97,100,171,214
社会的役割 188
社会的欲求 68
社会的リアリティー 153
習慣強度 56
習慣形成 174
収束的思考 76
集団 151
集団維持機能 155
集団凝集性 153
集団誤謬 152
集団心 151,196
集団的無意識 215
雌雄両性体の子ども 217
主観的輪郭線 18
手段－目的分析 83

手段－目標期待 58
受動的比喩 177
受容的態度 138
準拠する枠 16
順応 9
浄化法（カタルシス） 131
状況依存性記憶 171
状況文脈主義 219
条件刺激 52,53
条件反射 52,109
条件反応 52,53
象徴 197
小人化主義 31,178
小人比喩 25
情報処理過程 36,184
情報処理資源 79
情報処理資源比喩 75
情報処理比喩 35,166,219
情報処理モデル 94
情報処理容量 80
初期経験 109
触発 107
初頭効果 158
処理水準 43,206
処理水準説 44
自律的道徳判断 121
事例性 142
人格（パーソナリティ） 126
人格の統制 190
神経コネクション 4
神経システム 5
神経シナップス 168
神経心理学 179
神経淘汰説 208
神経比喩 75,167,168
信号検出理論 206
新行動主義 56,198
心的外傷 127
心的化学説 165
心的装置説 134,165
心的飽和 65
心理測定的知能 100
心理物理同型説 18
心理力学モデル 107
心理力動理論 199

○ス
水平的ずれ 212
水力学 135

事項索引

水力学の類推　191
数学理論　206
スキーマ　31,45,185,186
スキナー箱　53
スクリプト　27
ステレオタイプ　22,158
図と地　18

○セ

生活空間　65,126,215
制御システム　190
精神物理学　7,9
精神分析療法　140,216
精神分析理論　120,194
性心理発達説　119
生態学理論　194
生態的視覚論　182
精緻化　44
成長の原理　69
成長欲求　69
生得的な欲求　64
生物学的知能　100
生物学的プログラム　174
生命本質比喩　166
性欲求　65
生理的早産児　106
生理的手がかり　12
生理的欲求　64,66,68
世界仮説　6,170
責任の分散　156
接種理論　162
接触欲求　66
説得　161
説得者の信憑性　161
説明オーガナイザー　61
前意識　203
前概念的段階　78
先行オーガナイザー　61
潜在夢　131
漸成発達論　119
前操作（的思考）　78,118
全体論　174
全体論的見方　187
選択　175

○ソ

造形説　107
層構造理論　127
相互作用　172,173

相互作用説　111
操作　79,80,119
走査　205
操作的定義　92
創造過程　88
創造性　76
創造的統合　178
創造的忘却説　49
相貌的知覚　114
相補性　78
素朴理論　221
存在論的比喩　166

○タ

第一印象　158
体制化　42
態度変容　161
耐容性　142
代理状態　157
代理人（エイジェント）　30,61
代理人比喩　25,220
代理母親　66
多因子説　93,211
抱っこ（hold）　218
他律的道徳判断　121
短期記憶　37,203,204
短期貯蔵庫　37,203

○チ

知覚的仮説　15
知的好奇心　71
知能の鼎立理論　97,214
注意　21
仲介変数　57,126,169,188
聴覚想像　206
長期記憶　37,204
長期貯蔵庫　37,203
超自我　130,133
調節　32,212
貯蔵庫　33
貯蔵庫比喩　201
貯蔵庫モデル　36
直感的思考期　78
地理的比喩　219
知力　102

○テ

TAT　147
データ駆動　182

デーモン　29,182
デカルト・ヘルムホルツ伝統　182,183
適応　136
展開説　107
電解槽理論　204
転換ヒステリー　130
転換ヒステリー反応　188
展望的記憶　47

○ト
同一視　121
同一性　78
動因　56
動因理論　194
投影法　146
同化　32,212
導管　181
導管比喩　166
道具的条件づけ　52,53,67
動作性知能　94,95
洞察　55
動作主　193
動作主比喩　219
統制の位置　191
動体認知　214
同調行動　153
動物比喩　196
特殊因子　93
特殊神経エネルギー説　10
特性論　129,170
図書館比喩　42
トップダウン（概念駆動）型認知　27

○ナ
内因性欲求　64,66
内発的動機づけ　71
内容　76

○ニ
2因子説　93,211
2次的欲求　64,67
2重コード仮説　206
人間的比喩　171
認識論的比喩　212
認知　25,177,178
認知システム　190
認知心理学　97,208,220
認知地図　57
認知的不協和理論　159

認知発達理論　120
認知比喩　181

○ネ
ネットワーク　22,42

○ノ
能動者比喩　194
能動的人間比喩　219
能動的比喩　177
能力　175

○ハ
パーソナリティ　126,133
場依存　20
バウムテスト　147
箱庭療法　138
蜂の巣仮説　184
発見学習　61
発達段階　77
発達段階説　79
発動源　63
場独立　20
場の理論　114,194
バランス理論　161,195
パンデモニューム（万魔殿）モデル　28,182
反転図形　17,22

○ヒ
比較オーガナイザー　61
ヒステリー　187
比喩　3,4
ヒューリスティック　171
比喩的言語　4
表出　175
表象　213
標本抽出理論　207
開かれた記憶　47

○フ
フィードバック　58,65
フィードフォワード　58,186
フィルター比喩　22
フィルターモデル　21
フォーミズム　170,171
フォーム　219
符号化　37,38,44,83
符号特定性仮説　206
物理学比喩　75,196

プライミング効果　35
プラン　47,191
フレーム（枠）　99
プレグナンツ（簡潔性）の法則　20
プログラム学習　60
文脈主義　170,171
文脈比喩　219
文脈理論　97,214
分離－個体化　115

○ヘ
閉鎖システム　58,65
閉鎖ループ　58,184,220
並列分散処理（PDP）　23,208,220
変態　105,117
弁別閾　8

○ホ
方位的比喩　166
法・軍事比喩　130,131
放送比喩　206,207
ポーン　71,122,191,192
保持　34
保持曲線　34
保持率（節約率）　34
ホスピタリズム（施設病）　109
ボトムアップ（データ駆動型）　29
ほどよい母親　218
ホメオスタシス　64,65,192
ホメオスタティック　161
ホメオスタティックシステム　65
ホログラフィー　180,206,207

○マ
曼陀羅　217

○ミ
味覚嫌悪条件づけ　53
ミューラーリヤーの錯視　11

○ム
無意識　130,133,141,148,203
無意識的推論　12,183
無意味綴り　33
無条件刺激　53
無条件の受容　137

○メ
メタ認知　59,100,214

メンタルモデル　84,85,221

○モ
モダリティー（様相）　10
モデリング　121
モラトリアム　119

○ヤ
役割性格　128

○ユ
有意味受容学習　61
誘因　63
有機体　141,151,191,199
有機体説　170,171
有機体比喩　193
遊戯療法　138
誘導運動　16
夢の作業　131

○ヨ
容量比喩　79
抑圧説　48
欲求　63
欲求－圧力理論　147
欲求不満耐性　135

○リ
力動的体制　127
リーダーシップ　154
リハーサル　48
リビドー　119,130
流動性因子　94
流動性知能　95,97
領域固有の知識　87,171
臨界期　109

○ル
類型論　128
類推的転移　87

○レ
歴史的行為　200
レディネス　107
連合　35

○ロ
ロールシャッハテスト　146
論理的過誤　159

○ワ
Y-G 性格検査　144
枠　217

◀◀ 人 名 索 引 ▶▶

○A
アダムス（Adams, J. A.） 184
アドラー（Adler, A.） 215
飽戸 弘 160
秋山俊夫 134
オールポート（Allport, G. W.） 127,215
アルトマン（Altman, I.） 172,173
アンダーソン（Anderson, J. R.） 77
荒木紀幸 106
アルケス（Arkes, H. R.） 192
アロンソン（Arronson, E.） 159
アッシュ（Asch, S. E.） 153,154
アトキンソン（Atkinson, J. W.） 195
アトキンソン（Atkinson, R. C.） 36,203
アテニーブ（Attneave, F.） 182
オーズベル（Ausbel, D. P.） 61
アベリル（Averill, J. A.） 187,188

○B
バートレット（Bartlett, F. C.） 205
バーンバック（Bernbach, H. A.） 204
バーン（Berne, E.） 146
ベルタランフィ（Bertalanffy, L.） 67,111
ブロス（Blos, P.） 115,116
バウアー（Bower, G. H.） 27,28,37,56
バウアー（Bower, T. G. R.） 79
ブランスフォード（Bransford, J. D.） 26
ブリッジス（Bredges, K. M. B.） 113
ブレンナー（Brenner, C.） 131
ブロードベント（Broadbent, D. E.） 21,185,204
ブルーナー（Bruner, J.） 177
ブルーナー（Bruner, J. S.） 15,110

○C
キャノン（Cannon, W. B.） 192
カーマイケル（Carmichael, L.） 45
ケイス（Case, R.） 79,80
キャッテル（Cattell, R. B.） 93,96

チウ（Chiu, C.） 101
コリンズ（Collins, A. M.） 42,169,205
クレイク（Craik, F. I. M.） 44,206

○D
ダーレイ（Darley, J. M.） 156
デカーヴァロー（DeCarvalho, R. J.） 69
ド・シャームズ（deCharms, R.） 71,190

○E
エビングハウス（Ebbinghaus, H.） 33
エーデルマン（Edelman, G. M.） 178,179,208,209
エリクソン（Erikson, E. H.） 119,120
アーンスト（Ernst, G. W.） 83
エステス（Estes, W. K.） 207
アイゼンク（Eysenck, H. J.） 100,214

○F
フェヒナー（Fechner, G. T.） 7,8
フェルドマン（Feldman, C. F.） 177
フェスティンガー（Festinger, L.） 159
フィルモアー（Fillmore, C. J.） 113
フィッツジェラルド（Fitzgerald, D.） 61
フロイト（Freud, A.） 131
フロイト（Freud, S.） 133,48,119,129,187,191,194,201,216
藤井悦雄 62
福井康之 190

○G
ガルシア（Garcia, J.） 52
ガードナー（Gardner, H.） 99,214
ガスケ（Gaske, J. P.） 192
ガザニガ（Gazaniga, M. S.） 209
ゲントナー（Gentner, D.） 5,166,167,175,220
ガーゲン（Gergen, K. J.） 6
ゲゼル（Gesel, A.） 107
ギブソン（Gibson, J. J.） 24,183

人名索引

ジック（Gick, M. L.） 86
グッドマン（Goodman, C. C.） 15
グルーディン（Grudin, J.） 5,166,167,175,220
ギルフォード（Guilford, J. P.） 9,94

〇H
箱田裕司 21
原岡一馬 155
ハーロー（Harlow, H. F.） 66
早坂泰次郎 10,20,137,145
林　勝造 148
林　道義 217
ヘッブ（Hebb, D. O.） 94,109
ヘーゲル（Hegel, G. W. F.） 196
ハイダー（Heider, F.） 159,195
ヘンドリック（Hendrick, I.） 135
東山紘久 138
ヒルガード（Hilgard, E. R.） 37,56
平木典子 143
平本幸夫 112
ホフマン（Hoffman, R. R.） 181,182
ホリオーク（Holyoak, K. L.） 86
ホーマンズ（Homans, G. W.） 198
ホンジック（Honzik, C. H.） 57
ホーン（Horn, J. L.） 96
ハル（Hull, C. L.） 56,191,194
ヒューム（Hume, D.） 196
ハント（Hunt, E. L.） 203
ハーロック（Hurlock, E. B.） 70

〇I
市川亀久彌 76,117
石田　潤 136
磯崎三喜年 154
イッテルソン（Itteison, W. H.） 14

〇J
ジェームス（James, W.） 187,201
ジェンセン（Jensen, A. R.） 107
ジョンソン（Johnson, M.） 4,36,166,171
ジョンソン（Johnson, M. S.） 106,107
ジョンソンレアード（Johnson-Laird, P. N.） 84,87
ジョーンズ（Jones, R.） 184
ユング（Jung, C. G.） 129,138,191,215,217

〇K
カーネマン（Kahneman, D.） 171,185
ケイミン（Kamin, L.） 214

金子隆芳 179,209
カニッツァ（Kanizsa, G.） 18
カウフマン（Kaufman, L.） 11
河合隼雄 118,142
ケリー（Kelley, H. H.） 158,195,198
北尾倫彦 41
クラツキィ（Klatzky, R. L.） 21
クライン（Klein, M.） 219
コッホ（Koch, C.） 147,148
ケーラー（Köhler, W.） 54,165
小松伸一 23,181
コニック（Konick, A. F.） 204
古崎　敬 30,31
子安増生 98,102,214
クレッチマー（Kretschmer, E.） 129
楠見　孝 209

〇L
レイヒ（Lahey, B. B.） 106,107
レイコフ（Lakoff, G.） 4,36,166,171
ラングス（Langs, R.） 217
ラペリエリ（Laperrierie, R.） 115
ラッシュレイ（Lashlay, K. S.） 174
ラタネ（Latané, B.） 156
レアリー（Leary, D. E.） 4,5,6,177,221
レフォード（Lefford, A.） 85
レッパー（Lepper, M. R.） 71
レビン（Lewin, K.） 3,65,72,114,126,151,154, 155,194,195,197,215
リー（Li, R.） 214
リンゼイ（Lindsay, P. H.） 29,182
ロックハート（Lockhart, R. S.） 206
ロフタス（Loftus, E. F.） 46,204
ローレンツ（Lorentz, K.） 107,191,194
ルーチンス（Luchins, A. S.） 76

〇M
マクガイア（MacGuire, W. J.） 162
前田　明 32
前田重治 133
マーラー（Mahler, M. S.） 115
マイヤー（Maier, N, R. F.） 76
丸野俊一 173
マルクス（Marx, K.） 196
マズロー（Maslow, A. H.） 69,170
メイ（May, R.） 126
メイヤー（Mayer, R. E.） 85,112
マッカレル（McCarrell, N. S.） 26
マクレランド（McClelland, J. L.） 208

人名索引

マクドーガル (McDougall, W.) 151,196
マクレイノルズ (McReynolds, P.) 190
メルロポンティ (Merleau-Ponty, M.) 175
メトカルフェ (Metcalfe, J.) 181
メッツガー (Metzger, W.) 30,31
ミルグラム (Milgram, S.) 156,157
ミル (Mill, J. S.) 165
ミラー (Miller, G. A.) 36,191,203
ミルズ (Mills, J.) 159
ミルナー (Milner, M.) 218
ミンスキー (Minsky, M.) 30,209
三隅二不二 155
宮城音弥 127,131
茂呂雄二 46
モリス (Morris, C. G.) 64
毛利秀雄 112
村井潤一 123
村瀬 学 122
マードック (Murdock, B. B.) 205
マーフィー (Murphy, G.) 15,16
マレー (Murray, H. A.) 147

○N
長尾 博 116
中島義明 170,214
中西信夫 102
ナイサー (Neisser, U.) 22
ニューウェル (Newell, A.) 83
ノーマン (Norman, D. A.) 29,182,189
野呂 正 118

○O
小田 晋 143
大山 正 108,126
岡田康伸 139
オルズ (Olds, L. E.) 214

○P
パーマー (Palmer, J. C.) 46
ペイピオ (Pavio, A.) 206
パブロフ (Pavlov, I. P.) 52
パース (Peirce, C. S.) 178
ペパー (Pepper, S. C.) 6,170,172,192,198
ピアジェ (Piaget, J.) 77,118,121,174,212
プルチック (Plutchik, R.) 114
ポルトマン (Poltman, A.) 106
ポズナー (Posner, M. I.) 204
ポストマン (Postman, L.) 206
プラトン (Prato) 196,201

プリブラム (Pribram, K. H.) 179,190,206

○Q
キリアン (Quillian, M. R.) 42,169,205

○R
リード (Reed, E. S.) 184
ローディガー (Roediger, H. L.) 36,169,201,202,207,209
ロジャース (Rogers, C.) 70,136,171,215
ロゴフ (Rogoff, B.) 172,173
ローゼンバーグ (Rosenberg, S. V.) 171
ロッター (Rotter, J. B.) 191,195
ルーメルハート (Rumelhart, D. E.) 22,23,208
ラッセル (Russell, B.) 184
ルビン (Ruwin, E.) 17

○S
佐伯 胖 59
サービン (Sarbin, T. R.) 170,188,196,198
佐々木正人 24
澤口俊之 98,99
シャクター (Schachter, S.) 68
シェイファー (Schafer, E.) 15,16
シェイファー (Schafer, R.) 171
生和秀敏 135
セルフリッジ (Selfridge, O.) 28,182
シャピロ (Shapiro, D.) 87
シフリン (Shiffrin, R. M.) 22,36,203
新里里春 145
シュミット (Shmidt, R. A.) 185
シーゲルマン (Siegelman, E. Y.) 216
シーグラー (Siegler, R. S.) 79,80,81
シンガー (Singer, J. E.) 153
スキナー (Skinner, B. F.) 60,174
外山滋比古 71
ソイランド (Soyland, A. J.) 174
スピアマン (Spearman, C. E.) 92,93,211,214
スペンス (Spence, D. P.) 171
シュプランガー (Spranger, E.) 129
スタウド (Staude, J. R.) 139
スターンバーグ (Sternberg, R. J.) 97,98,102,171,210,213
スターンバーグ (Sternberg, S.) 38,205
スティーブンス (Stevens, S. S.) 34
ストラットン (Stratton, G. M.) 11
杉村 健 41
鈴木高士 27,28

○T

多鹿秀継　112
田島信元　122
竹村和久　189
田邊敏明　5, 82, 221
田中一彦　177
田中熊次郎　152
ティボー（Thibaut, J. W.）　198
トンプソン（Thompson, D.）　206
ソーンダイク（Thorndike, E. L.）　54, 219
サーストン（Thurstone, L. L.）　93, 211, 214
ティンバーゲン（Tinbergen, N.）　194
トールマン（Tolman, E. C.）　57
タルビング（Tulving, E.）　44, 204, 206
トヴァスキー（Tversky, A.）　171

○U

上野　矗　10, 20, 137, 145
梅本堯夫　56
アンダーウッド（Underwood, B. J.）　206

○V

ヴィゴツキー（Vygotsky, L.）　174, 212

○W

ワグマン（Wagman, M.）　213
ウェイソン（Wason, P. C）　87
ワラス（Wallace, G.）　88
ワトソン（Watson, J. B.）　52, 109, 110, 165, 174
ウェーバー（Weber, E. H.）　8
ウェクスラー（Wechsler, D.）　92, 96
ワイナー（Weiner, B.）　72, 193, 194
ウェルナー（Werner, H.）　114
ウェルトハイマー（Wertheimer, M.）　19
ウィーナー（Winer, N.）　58
ウィニコット（Winnicott, D. W.）　218
ウィトキン（Witkin, H. A.）　20
ウルフ（Wulf, F.）　44, 45
ヴント（Wundt, W.）　3, 187

○Y

横田象一郎　149
湯澤正通　86

○Z

ザイアンス（Zajonc, R. B.）　197

【著者紹介】

田邊敏明（たなべ　としあき）
　　1956年　山口県生まれ
　　1981年　広島大学大学院教育学研究科教育心理学専攻修了
　現　在　山口大学教育学部教授
　　　　　臨床心理士　学校心理士
主著(訳)書　青年心理学（共著）学術図書出版社　1987年
　　　　　青年心理学要論（共著）北大路書房　1989年
　　　　　教室でどう教えるかどう学ぶか－認知心理学からの教育方法論－（共著）
　　　　　　北大路書房　1992年
　　　　　乳幼児発達心理学（共著）福村出版　1993年
　　　　　子どもの発達と学習（共著）北樹出版　1997年
　　　　　アイデンティティ研究の展望Ⅴ－1（共訳）ナカニシヤ出版　1998年
主　論　文　心理学概念の理解と保持における比喩的説明の効果
　　　　　－比喩の特性と用法に関して－
　　　　　教育心理学研究第38巻2号166-173　1990年
　　　　　大学生におけるネガティブストレスタイプと対処行動の関連
　　　　　－性格類型およびストレス認知・反応を通した分析－
　　　　　教育心理学研究第47巻2号239-247　1999年
文部科学省　2003年8月～2004年5月　アメリカ合衆国バージニア州リッチモンド大学客員研究員
在 外 研 究　（レアリー教授（Leary, D）のもとで心理学における比喩の研究に従事）

比喩から学ぶ心理学－心理学理論の新しい見方

2000年3月15日　初版第1刷発行	定価はカバーに表示
2007年4月10日　初版第3刷発行	してあります。

著　　者　田　邊　敏　明
発　行　所　㈱北大路書房
〒603-8303　京都市北区紫野十二坊町12-8
電　話　(075) 431-0361㈹
FAX　(075) 431-9393
振　替　01050-4-2083

ⓒ2000　印刷／製本　亜細亜印刷㈱
検印省略　落丁・乱丁はお取り替えいたします。

ISBN978-4-7628-2175-2　　Printed in Japan